동양고전연구회

원전에 충실한 주석과 현대적 해석을 통한 동양 고전 출판을 목표로 1992년 6월 출범했다. 한국 철학·선진 유가 철학·송명 유학·청 대 유학·도가 철학을 전공한 연구자들로 구성되어 있으며, 지난 25년 동안 회합하며 고전을 번역하고 주해해 왔다. 우리 전통의 발판 위에 미래 문화를 창달하기 위해 계속해서 번역 작업에 힘쓰고자 한다. 동양고전연구회의 첫 사업으로 간행한 『논어』는 《교수신문》 선정 최고의 번역본으로 꼽혔다.

이강수(李康洙) / 전 연세대 철학과 교수
김병채(金炳采) / 전 한양대 철학과 교수
장숙필(張淑必) / 한양대 철학과 겸임교수
고재욱(高在旭) / 강원대 철학과 교수
이명한(李明漢) / 중앙대 철학과 명예교수
김백현(金白鉉) / 강릉원주대 철학과 교수
유권종(劉權鍾) / 중앙대 철학과 교수
정상봉(鄭相峯) / 건국대 철학과 교수

KB106013

논어

論語

논어

論語

동양고전연구회 역주

민음사

일러두기

1. 이 번역은 중국의 한, 당, 송, 명, 청, 현대 중국의 주석 및 조선 유학자들의 주석을 고루 참
   조하고, 『논어(論語)』의 원뜻과 공자의 사상을 충실히 드러내고자 했다.
2. 이 책은 베이징대학출판사가 펴낸 십삼경주소(十三經注疏)(표점본) 가운데 『논어주소(論
   語注疏)』를 대본으로 하여 역해했다.
3. 이 책은 양보쥔(楊伯峻)의 『논어역주(論語譯注)』에 따라 장절을 아라비아 숫자로 표기
   했다.
4. 이 책은 매 장절에 『논어』 원문, 번역문, 주해하는 글, 보충 설명하는 글, 그리고 해설하는
   글을 실어 역해했다.
5. 원문 해석에서 이설(異說)은 주해와 해설에서 소개했다.
6. 인명, 서명, 지명, 중요 개념은 처음 나올 경우에만 한자와 한글을 병기하고, 그 뒤에는 되
   도록 한글로 표기했다. 주해의 한자도 필요하면 한자와 한글을 병기했다.
7. 이 책에서는 다음과 같은 부호를 사용하여 인용한 서명과 편명, 글 등을 표기했다.
   서명: 『 』
   편명과 글: 「 」
   인용문: " "
   강조의 뜻: ' '
   원문과 한글을 병기할 때 음이 일치할 경우: ( )
   원문과 한글을 병기할 때 음이 일치하지 않을 경우: [ ]
8. 판본을 지칭할 때는 편의상 주석가의 이름에 근거하여 불렀다.
   예: 황간의 『논어의소(論語義疏)』본→'황간본'

우리 사회는 지금 세계화와 다문화주의라는 거대한 격랑 속을 흘러 가고 있다. 세계화가 제2차 세계 대전 이후 정치·경제·문화 세 방면에서 동시적으로 그리고 상호 연관을 이루며 진행되어 왔다면, 다문화주의는 20세기 내내 주류 문화로 군림해 온 서구 및 백인 문화 중심에서 벗어나 비서구 및 소수 인종의 문화도 동등하게 존중하자는 의미에서 시작되었 다. 세계화는 일부 국가와 사회의 경제적·문화적 삶을 향상시켰지만 다 른 한편에서는 전쟁·테러·성폭력·빈부 격차 등에 의한 전 지구적 문제를 증대시켰고, 다문화주의 역시 곳곳에서 문화적 충돌을 일으키며 소수 민족, 소수 인종의 아름다운 전통문화가 사라지는 원인이 되기도 했다. 특히 여과 없이 받아들여진 서구 문화는 우리 사회 구석구석까지 파고들 어 우리 고유의 정체성과 가치관까지 흔들고 있다.

인류의 우수한 정신 유산과 아름다운 전통문화는 현대 사회에 맞게 계승되고 발전되어야 한다. 세계화와 다문화주의 역시 각 민족의 고유 사 상과 문화를 존중하는 바탕 위에서 전개되어야 한다. 우리는 이러한 문제 를 함께 고민하면서 고전에서 그 해결의 길을 찾아보자는 데 뜻을 같이 하고 동양고전연구회를 결성했다. 1992년 6월의 일이었다.

우리는 연구회의 사업 목표를 원전에 충실한 주석과 현대적 해석을 통한 동양 고전 출판에 두었다. 그것은 다음과 같은 이유에서였다.

첫째, 우리의 정체성 회복과 올바른 가치관의 확립은 그 뿌리가 되는 고유의 사상이나 문화를 바르게 인식하는 데서 시작해야 한다. 우리는 우리의 전통 사회를 형성한 근본 사상과 문화가 한자 및 사서오경(四書五經)과 불가분의 관계에 있음을 잘 알고 있다. 한자와 함께 들어온 오경은 뒤이어 들어온 불교와 더불어 우리 정신문화의 한 축을 이루어 왔고, 고려 말에 성리학과 같이 전래된 사서는 조선 시대의 정치·사회·문화의 근본이념이 되기도 했다. 이 책들은 지금부터 약 440여 년 전 『논어』 언해본 출판을 필두로 우리말로 번역되기 시작했다. 그동안 적지 않은 번역서들이 나왔지만 일반인들이 이 책들을 고전 이해의 길잡이로 삼기에는 부족했다. 가장 큰 이유는 아마 주요 개념에 대한 부정확한 설명과 고어(古語)적 표현 때문일 것이다. 사실 원전의 의미에 충실한 정확한 주석과 현대적 재해석은 고전 번역 작업의 필수 조건이 되고, 전통 사상과 문화를 올바르게 인식하는 출발점이 될 것이다.

둘째, 우리는 철학적 의미를 담은 주석서(註釋書)를 내고 싶었다. 사실 우리가 이 작업을 시작하던 당시까지 출간된 책 중에는 대부분 송 대(宋代) 주희(朱熹)의 집주(集註)나 현대 중국 학자 혹은 일본 학자들의 책을 대본으로 한 번역서가 많았다. 이 때문에 개념에 대한 정확한 설명이나 철학적 해설의 필요성을 느낀 독자들이 많았으며, 철학이나 유학을 연구하는 사람들도 경전의 정확한 의미를 파악하는 데 어려움이 적지 않았다. 이런 문제들을 직접 겪었던 우리는 주석과 번역에 필요한 자료를 폭넓게 조사하고 고증하여 그것을 바탕으로 세밀하게 주석하고 번역해야 한다고 생각했다.

셋째, 제1차 세계 대전 이후 지금까지 이어지고 있는 심각한 문제 가운데 하나는 도덕성의 타락과 비인간화이다. 특히 현대 사회로 들어오면서 많은 사람들이 동양의 전통문화와 사상은 사회의 민주화에 걸림돌이 된다고 여겨 왔다. 그러나 동양 고전은 도덕성을 바탕으로 한 인본주의 그리고 인간과 자연의 조화에 기초한 인문 세계의 건설에 있다. 우리는 동양 고전이 본질적으로 민주주의나 정의 사회 실현과 어긋나지 않으며 오히려 도움이 된다는 사실을 드러내고 싶었고, 또 독자들이 올바르게 번역된 고전을 읽을 수 있도록 현대화하는 번역 작업에 충분한 가치가 있다고 생각했다.

이러한 생각에서 우리 연구회는 먼저 『논어』, 『중용』, 『대학』, 『맹자』의 순서로 사서 주석서를 내기로 하고 그 첫 사업으로 『논어』를 선정했다. 그 까닭은 이 책이 우리의 전통 사상과 문화에 가장 큰 영향을 끼쳤다고 생각했기 때문이다. 『논어』에 대한 주석은 한 대(漢代)부터 최근에 이르기까지 손꼽을 수 없을 정도로 많다. 그러나 우리나라에서 출간된 『논어』는 그동안 주로 주희의 『논어집주(論語集注)』에 근거해서 해석·번역되어 왔다. 우리는 『논어집주』와 공자의 원뜻 사이에 적지 않은 차이가 있다고 보았다. 그래서 한 대 이후 간행된 책 가운데 중요한 주석서와 참고서를 선정한 후 회원 각자가 한 권씩 분담하여 중요한 개념과 사상적 의미를 정리하기로 했다.

초역 작업에서 우리 번역자들은 먼저 각자가 담당한 한 편씩을 번역하고 각 장마다 필요한 부분에 주석을 달아 모임에서 발표했다. 이렇게 발표된 번역과 주석은 나머지 사람들이 분담한 주석서와의 비교, 토론을 거쳐 정리되었고, 이것이 쌓여서 전체 초역이 완성되었다. 2차 작업은 초역에서 발견된 오역을 바로잡고 또 주석에 근거하지 않은 번역을 주석에 근거한 번역으로 바꾸는 일이었다. 아울러 초역에서 붙인 주해 가운데 지나치게 초보적이거나 또는 문맥의 이해에 직접 도움을 주지 못하는 주석을 솎아 내는 작업도 함께 이루어졌다.

최종 작업은 번역문과 주해를 다듬는 한편 철학적 사유와 개념이나 배경 설명이 필요한 부분을 선정하여 해설을 붙이는 일이었다. 이 작업도 각자가 분담하여 검토와 토론의 과정을 거쳐 이루어졌음은 두말할 나위 없다. 번역 작업을 진행하는 과정에서 우리는 한문의 특성상 여러 가지 뜻으로 옮겨질 수 있는 구절과 마주치곤 했는데, 이때는 항상 유가의 기본 정신에 가장 합당한 뜻이 무엇인가를 염두에 두었다. 또 용어의 선택에서도 요즈음 사람들이 이해하기 쉽도록 현대적 언어로 풀어 쓰는 데 최선을 다했음은 물론이다. 2001년 가을, 우리는 길고 격렬했던 토론의 시간을 마무리했다. 그리고 이듬해인 2002년 4월, 지식산업사에서 우리들의 첫 작품인 『논어』가 출간되었다. 9년여에 걸친 긴 여정이었다. 그러니 그 감회를 어찌 말로 다 표현할 수 있었겠는가?

약 한 학기의 휴식을 가진 뒤 우리는 다시 『중용』과 『대학』의 주석 및 번역 작업에 착수했다. 『중용』과 『대학』의 작업 방법과 절차는 물론 『논어』의 경우와 동일했다. 다만 차이가 있다면 그동안 함께 작업하던 회원 한 사람이 빠지고 대만과 중국에서 막 유학을 마치고 돌아온 젊은 학자 두 사람이 보강되었다는 점이다. 2002년 가을 새 학기가 시작될 즈음 시작한 이 작업은 2011년 가을쯤에 끝났다. 책의 분량에 비해 예상 외로 많은 시간이 걸렸던 것은 중간에 가끔 휴식 기간이 필요해서였다.

마지막으로 『맹자』의 주해와 번역 작업은 2011년 말경에 시작하여 2014년 여름에 끝났다. 『맹자』의 작업도 이전과 같은 방식이었다. 다만 이때도 참여자의 교체가 있었다. 그동안 『논어』, 『중용』, 『대학』의 번역 작업에 참여했던 세 사람이 각자의 사정으로 빠지고 새로 대만과 중국에서 유학을 마치고 돌아온 젊은 학자 두 사람이 참여하게 되었다.

우리 연구회는 한국 철학·선진 유가 철학·송명 유학·청 대 유학·도가 철학 전공자들로 구성되어 있다. 이러한 다양한 전공은 아무래도 주석과 번역의 작업에 단점보다는 장점이 많았다고 할 수 있다. 우리는 각자 자신의 전공에 관련된 기존의 주석서를 조사하고 정리해 왔다. 이로 인해 매우 폭넓은 기초 자료를 바탕으로 다양한 견해를 주고받을 수 있었고 발표와 토론의 내용도 더욱 풍부해졌다.

인공 지능 시대의 도래가 진지하게 논의되는 이 시점에서 2000여 년 전에 나온 고전의 번역 작업은 과연 어떤 의미가 있을까? 한편 지금 사람들은 왜 인문학과 고전에 열광하고 있을까? 이것은 어쩌면 물질적 욕망과 문화적 이상 추구 사이에 있는 인간의 아이러니일지 모른다. 그러나 고개를 들고 지금 지구 상에서 일어나고 있는 일들을 둘러보면 그 답은 자명해진다. 지금 세계 곳곳에서는 인종, 문화, 종교 간 갈등으로 인한 폭력과 성별, 빈부 격차에서 비롯한 충돌이 끊임없이 일어나고 있으며 그 끝은 보이지도 않는다.

1989년 스위스 출신의 로마 가톨릭교회 사제이자 저명한 기독교 신학자 한스 큉(Hans Küng)은 "종교 간의 평화 없이 세계 평화는 없다."라고 말했다. 당시 그는 세계 6대 정신 전통으로 유대교, 기독교, 이슬람교, 힌두교, 불교, 유교를 들고 이들 종교 간의 대화를 이끌며 적극적인 지지를 얻어 냈다. 4년 후인 1993년 그는 시카고에서 열린 세계종교회의에서 「세계 윤리 선언」을 통과시켰다. 이 회의에서는 특히 공자가 말한 "자신이 원치 않는 일을 남에게 베풀지 말 것이다.〔己所不欲, 勿施於人.〕"를 현대적 황금률이라고 표현하면서 「세계 윤리와 종교의 대화」의 서막을 열었다. 서구의 기독교인인 그가 어째서 『논어』를 세계 평화의 길잡이로 선포했을까? 어쩌면 한스 큉도 평등과 평화가 실현되는 세계를 이루어 나가는 데 공자의 정신이 잘 부합한다고 생각한 것이 아닐까? 우리는 이들 선언을 접하면서 우리의 작업이 그다지 쓸데없는 일은 아님을 다시 한 번 확인했다.

　우리의 작업은 2014년 여름 『맹자』의 주석과 번역을 끝으로 대단원의 막을 내렸다. 때로는 휴식기도 있었지만 22년가량의 세월이 걸린 이 작업에는 우리의 인내와 땀이 배어 있다. 그렇지만 아직 많은 문제점이 남아 있으리라는 생각은 지울 수가 없다. 우리는 이 책들의 내용이 완전해질 때까지 계속 수정판을 낼 것이며 독자들이 보내 주는 의견들은 연구회의 논의를 거쳐 반드시 반영할 것임을 약속한다. 독자들의 아낌없는 지적과 바른 가르침을 기다린다.

　안타깝게도 우리 모임의 주춧돌이시던 김병채 선생께서 책이 출판되기 1년여 전에 『대학』 해제 초고를 써 놓고 영면에 드셨다. 22년을 함께하며 모임을 이끌어 주시던 선생께서는 사서의 출간을 누구보다 더 기뻐하셨을 것이다. 늘 환하게 웃는 선생의 모습은 영원히 우리의 가슴에 남아 있으리라.

　출판계의 어려운 상황에도 불구하고 이미 여러 해 전에 우리 연구회의 사서 완역본 출간을 결심하고 지원해 주신 민음사와 편집부 여러 분께 감사드린다.

역자들을 대신하여
고재욱 삼가 씀

해제

"반부논어치천하(半部論語治天下)"라는 말이 있다. 이는 『논어』 반 권만 읽어도 천하를 다스릴 수 있다는 말이다.

송(宋)나라 초기에 재상을 지낸 바 있는 조보(趙普)는 송 태종(太宗)에게 "신(臣)이 평생 아는 것은 이것(『논어』 읽는 것)을 벗어나지 않습니다. 이전에는 그 절반으로 태조(조광윤(趙匡胤))를 도와서 천하를 평정했으니 이제 그 절반으로써 폐하를 도와서 태평성대를 이루고자 합니다."(송 나대경(羅大徑), 『학림옥로(鶴林玉露)』 권7)라고 말했다. 19세기 말에 활약했던 중국의 근대 사상가 엄복(嚴復)도 "천하의 일을 반부논어로써 충분히 다스릴 수 있는데 내가 또 무엇을 의심하고 또 무엇을 어려워하리오!"(「구망결론(求亡決論)」)라 하였다.

1984년에 필자는 홍콩 중문대학(中文大學)에 머물고 계시던 첸무(錢穆) 선생을 방문한 일이 있다. 그때 필자가 선생께 중국 문화를 대표할 수 있는 문헌을 하나 들어 달라고 청했더니 서슴없이 『논어』라고 말씀하셨다. 이로써 보면 『논어』가 중국 문화에서 차지하는 비중이 얼마나 큰 것인가를 짐작할 수 있다.

『논어』는 공자가 죽은 뒤에 그의 제자들이 직접 선생님으로부터 듣고서 각기 기록해 지니고 있던 말들을 그 뒤의 제자들이 모아서 논찬하여 이루어진 것이다. 논찬(論纂)은 논찬(論撰)이라고도 쓰는데, 뽑아서 평론한 것을 뜻한다. 『논어』는 일종의 대화집이다. 그 안에는 공자와 그의 제자 사이의 대화뿐 아니라 공자와 당시 사람들과의 대화, 그리고 제자와 제자들 사이의 대화도 수록되어 있다.

한(漢)나라 때 조기(趙岐)는 「맹자제사(孟子題辭)」에서 『논어』는 오경(五經)의 관할(錧鎋)이고 육예(六藝)의 후금(喉衿)이라고 하였다. '관할'은 수레의 비녀장을 뜻하는데, 수레의 운행에 가장 중요한 부품이다. 목과 목덜미를 뜻하는 '후금'은 인체에서 가장 중요한 부분이다. 『시경(詩經)』, 『서경(書經)』, 『예기(禮記)』, 『역경(易經)』, 『춘추(春秋)』의 오경과 예(禮), 악(樂), 사(射), 어(御), 서(書), 수(數)의 육예는 유학에서 가장 중요한 경전과 학술이다. 이로써 보면 『논어』는 유학의 핵심적 문헌임을 알 수 있다.

1 『논어』 판본과 주해서

한나라 때까지 전해 온 『논어』에는 세 가지 판본이 있었다. 『노논어(魯論語)』와 『제논어(齊論語)』가 그것이다.

『노논어』는 노(魯)나라 사람들이 전한 것으로 오늘날 통행하는 판본과 마찬가지로 20편으로 되어 있었다. 상산도위(常山都尉) 공분(龔奮), 장신소부(長信少府) 하후승(河侯勝), 승상(承相) 위현(韋賢) 등이 전했다고 한다.

『제논어』는 제(齊)나라 사람들이 전한 것으로 모두 22편으로 되어 있었다고 한다. 『노논어』에 비해 「문왕(文王)」과 「지도(知道)」 두 편이 더 들어 있었다. 창읍중위(昌邑中尉) 왕길(王吉), 소부(少府) 송기(宋畸), 낭야

(琅邪) 왕경(王卿) 등이 전했다고 한다.

『고문논어(古文論語)』는 공자 집안의 벽 속에서 나온 것인데 21편으로 「자장(子張)」이 두 편으로 되어 있었다. 편장(篇章)의 순서도 『노논어』, 『제논어』와 같지 않았다고 한다. 공자의 11세 후손인 공안국(孔安國)이 전(傳)을 짓고 한나라 때 마융(馬融)이 그에 훈설(訓說)을 붙였다.

서한(西漢) 때 안창후(安昌侯) 장우(張禹, 기원전 ?~기원전 5년)가 하후건(夏侯建)으로부터 『노논어』를 전수받고, 또 용생(庸生)과 왕길로부터 『제논어』를 전수받아 취사선택해서 『장후론(張侯論)』이라고 불리는 『논어』를 만들었다. 『장후론』은 20편으로 되어 있고 편 머리의 두세 글자로서 편명(篇名)을 삼았는데, 이 편명에 특별한 뜻이 들어 있는 것은 아니다. 오늘날 통행하는 『논어』는 바로 이 『장후론』이다. 동한(東漢) 때 포함(包咸)과 주씨(周氏)가 함께 『논어장구(論語章句)』를 만들었다. 역시 동한 때 정현(鄭玄)이 『장후론』을 근거 삼아 『제논어』와 『고문논어』를 참고해 『논어주』를 지었다.

위진(魏晉) 때 하안(何晏)이 공안국, 포함, 주씨, 마융, 정현, 진군(陳群), 왕숙(王肅), 주생렬(周生烈) 등의 학설을 모으고, 거기에 자기의 견해를 붙여서 『논어집해(論語集解)』를 만들었다. 남조(南朝) 때 양(梁)나라 황간(皇侃)이 이 『논어집해』를 다시 상세하게 주해해서 『논어집해의소(論語集解義疏)』를 지었다.

북송(北宋) 때 다시 형병(形昺)이 하안의 『논어집해』를 주해해서 『논어소(論語疏)』를 지었다. 이 『논어소』가 송나라 이후에 많이 읽히게 되고, 십삼경주소(十三經注疏)에 수록되었다.

남송(南宋) 때에 이르러 주희(朱熹)가 이전의 주소(注疏)들을 참고하고 자기의 견해를 덧붙여 『논어집주(論語集註)』를 지었다. 역시 남송 때 조순손(趙順孫)이 이 『논어집주』를 주해해서 『논어찬소(論語纂疏)』를 지었다. 이것이 『통지당경해(通志堂經解)』본이다.

그 뒤 청(淸)나라 때 유보남(劉寶楠)이 청 대 학자들의 연구 성과를 모아서 하안의 『논어집해』를 주해해 『논어정의(論語正義)』를 지었다. 이것이 『속청경해(續淸經解)』본이다.

2 『논어』의 편찬

『논어』가 언제 누구에 의해 편찬되었는가에 대해 몇 가지 설이 있다. 동한 때 정현은 이 책이 공자의 제자인 중궁(仲弓)과 자유(子遊)와 자하(子夏) 등에 의해 편찬되었다고 하였다. 그러나 당(唐)나라 때 유종원(柳宗元)을 비롯한 몇몇 학자들은 이 책이 증자(曾子)의 제자들이 편찬한 것이라고 주장했다.

『논어』는 상논어와 하논어 두 부분으로 되어 있다. 상논어의 마지막에는 「향당」이 있는데 오로지 공자의 생활 습관을 기록하고 있어서 마치 책을 마무리하려는 것처럼 보인다. 원래에는 상논어만 있었는데 뒷날 편폭이 점점 늘어나 하논어가 이루어졌을지도 모른다.

상논어에 실려 있는 글들은 매우 간결하다. 그러나 하논어는 뒤로 갈수록 문장이 길어지고 글이 상세하다. 특히 하논어의 마지막에 있는 「요왈」은 문장이 마치 산문처럼 길다. 이것은 『논어』가 어느 한 시기에 어떤 사람 혼자서 만든 것이 아니라 상당한 시일이 지나면서 여러 사람들의 손을 거쳐 이루어졌으리라는 사실을 짐작하게 한다.

『논어』 각 편에서 공자에 대해 사용한 호칭으로는 여러 가지가 있다. 자(子)라고 일컬은 경우가 많기는 하지만 부자(夫子)니 공자니 하는 호칭도 있다. '부자'는 원래 '그 선생님' 또는 '그분'을 뜻한다. '자'는 공자의 제자가 그들의 스승을 일컬은 칭호다. 그러나 『논어』 안에는 증삼(曾參), 유약(有若)과 같은 공자의 제자를 '증자', '유자'라 부른 곳도 있다. 공자 제자의 제자들은 자기들의 스승을 '증자', '유자'라 부르고, 그들 스승의 스승인 공자에 대해서는 자기들의 스승과 구별해 '공자'라고 일컬었을 것 같다.

또한 『논어』에는 증자가 죽을 무렵에 그의 제자들에게 하는 말도 있다. 이로써 보면 『논어』는 공자의 직접 제자들이 만든 것이 아니라 그 뒤의 제자들이 그들의 스승들이 기록한 공자의 언행을 모아서 편찬한 것이다. 오늘날 학계에서는 이 책이 대체로 중국 전국 시대(기원전 475~222년) 초에 이루어졌으리라 추정한다.

3 『논어』의 내용

『논어』는 중국 고대의 정치·경제·윤리·교육·철학·역사 등 여러 분야를 아는 데 도움이 되는 내용을 수록하고 있으며, 공자 사상을 연구하는 데 가장 중요한 자료다.

『논어』의 중심 사상은 인(仁)이다. 『논어』 50여 곳에서 공자는 '인'에 관하여 말했으나 그 의미가 똑같이 쓰인 것은 아니다. 그 이유는 아마 공자가 제자들의 자질과 그들이 자라 온 배경을 고려해서 그에 맞게 교육시키려 한 데도 있지만, 그 뜻이 매우 깊고 풍부하기 때문이기도 할 것이다.

안회(顔回)라는 제자가 인에 관해 물으니 공자는 "자기를 이겨 예(禮)로 돌아가면 인하게 된다."라고 말했다. 또 번지(樊遲)라는 제자가 인에 관해 물으니, 공자는 "사람을 사랑하는 것이다."(「안연」)라고 하였다. 또 자공이라는 제자가 "만일 백성에게 널리 은혜를 베풀고 뭇사람들을 구제

할 수 있는 사람이 있다면 어떻습니까? 인하다고 일컬을 만합니까?" 하니, 공자는 이렇게 말했다. "어찌 인에서 그치겠는가? 틀림없이 성인이리라. 요임금과 순임금도 그렇게 하기는 쉽지 않았을 것이다. 대체로 인한 사람은 자기가 서고자 하는 것으로 남도 서게 해 주며, 자신이 이루고자 하는 것을 남도 이루게 해 준다."(「옹야」)

　이상의 글로써 보면, 공자가 말한 인은 자기 자신에 대한 것과 다른 사람과의 관계에 대한 것 두 가지 측면에서 이해할 수 있다. 자기 자신에 대해 말하자면, 자기 자신을 이겨 내 예(禮)에 맞게 보고 듣고 말하고 행동해야 한다. 그렇게 하려면 충(忠)이 요구된다. 『논어』「학이」에서는 "남을 위하여 일할 때 불충실했는가?"라 하였다. 송나라 때 주희는 '자기를 다하는 것〔盡己〕'을 충이라 한다고 하였다. '진기'는 자기의 가능성을 남김없이 발휘해서 최선을 다하는 것이라고 말할 수 있다. 다른 사람과의 관계에서는 서(恕)가 요구된다. 공자는 "자기가 바라지 않는 것을 남에게 베풀지 않는 것"을 '서'라고 보았다. 공자의 사상을 후세에 전하는 데 중요한 역할을 한 증자는 충서(忠恕)를 공자 사상의 핵심이라고 보았다.

　『논어』에서는 '인'을 실천하는 근본으로 효제(孝悌)를 들었다. 인한 마음씨와 태도로 부모를 섬기는 것이 효라면, 인한 마음씨와 태도로 형이나 어른을 따르는 것이 제(悌)다.

　『논어』에서는 가까운 이를 먼저 사랑하는 것이 인간의 떳떳한 감정이라고 보았다. 그래서 아버지가 설사 남의 양을 훔쳤을지라도 그 사실을 숨겨 줄 수 있다. 당시 섭공(葉公)이라는 귀족이 "우리 고장에 정직한 사람이 있습니다. 그의 아버지가 양을 훔치자 자식이 그 사실을 알려 주었습니다."라 하니 공자가 "우리 고장의 정직한 사람은 그와 다릅니다. 아버지는 아들을 위해 숨기며, 아들은 아버지를 위해 숨기니, 정직함이 그 속에 있습니다."(「자로」)라고 하였다. 공자는 양을 훔친 아버지를 숨겨 주고 감싸 주는 것이 인간의 정직한 감정이라고 본 것이다.

『논어』에서는 효를 실천할 때, 부모의 육신을 봉양하는 것보다 부모의 뜻을 공경하고 받드는 것을 더욱 중시했다. 그래서 "오늘날 효도는 부모를 잘 부양하는 것만을 일컫는다. 그러나 개와 말도 모두 길러 줌이 있을 수 있는데, 공경하지 않으면 무엇으로써 구별할 수 있겠는가?"(「위정」)라 하였다. 자식은 부모를 공경해야 하지만, 부모에게 잘못이 있으면 간해야 한다. 그래서 다음과 같이 말했다. "부모를 섬김에 부드럽게 간해야 하니, 자기의 뜻이 부모를 따르지 않음을 드러내면서도 부모를 공경하여 어기지 않고, 힘들더라도 원망하지 않는다."(「이인」) 부드럽게 간한다는 것은 성내지 않고 화기(和氣)를 띤 얼굴빛과 부드러운 음성으로 말하는 것이다.

공자는 형벌을 수단으로 하는 정치를 반대하고, 덕(德)과 예(禮)로 나라를 다스릴 것을 주장했다. 그래서 "백성을 정령으로 인도하고 형벌로써 그들을 질서 정연하게 한다면, 백성들은 형벌을 피하고자 할 뿐이요, 부끄러워하는 마음이 없게 된다. 덕으로써 인도하고 예로써 질서 정연하게 하면, 백성들은 부끄러워하는 마음이 있을 뿐 아니라 또한 바르게 될 것이다."(「위정」)라고 하였다. 이와 같이 덕치와 예치를 값있게 보는 공자 사상은 지난날 동아시아 사회의 정치 이상이 되어 왔다.

공자는 또한 학문과 사색을 중시했다. "배우기만 하고 생각하지 않으면 종잡을 수 없어 터득하지 못하고, 생각만 하고 배우지 않으면 위태롭다."(「위정」) 공자는 또 "군자는 광범하게 문헌에서 배운다."(「옹야」)라고 해서 문헌을 통한 학습을 중시했다. 그는 여기에서 그치지 않고 "세 사람이 걸어갈 때 반드시 여기에 나의 스승이 있다."(「술이」)라고 해서 사람에게는 누구나 배울 점이 있다고 주장했다. 이와 같이 배우기를 좋아해서 공자는 호학지사(好學之士)라는 칭호를 얻었고 지성선사(至聖先師), 문선왕(文宣王)이라는 존칭으로 숭앙되어 왔다.

"진금불파화(眞金不怕火)"라는 말이 있다. 진짜 황금은 불을 무서워하지 않는다. 이 말은 학문의 경우에도 적용할 수 있다. 참된 학문은 세상이 아무리 변해도 그 가치를 잃지 않을 것이다. 『논어』의 가르침은 2000여 년이 지났는데도 끊임없이 되살아나고 있다. 그 이유는 무엇일까? 인간이 일으킨 일체 사회 현상은 결국 인간 심성의 드러남(所現)이라고 하지 않을 수 없다. 따라서 인류 사회의 여러 문제들을 좀 더 근본적으로 해결하고자 한다면, '인간'을 알아야 할 것이다. 사람들에게 인간의 문제에 대해 눈을 뜨게 하고 사람 노릇 하는 방법을 알려 줄 수 있는 고전으로서 『논어』보다 좋은 것을 찾기도 쉽지 않다. 『논어』의 가르침은 이러한 면에서 인류에게 앞으로도 계속 지혜를 줄 것이다.

역자들을 대신하여
이강수 삼가 씀

차례

서문 5

해제 11

1 학이
學而

모두 16장(章)이다. 첫 장 첫머리의 두 글자로 편명(篇名)을 삼았다. 선진(先秦) 시대 일반적인 저작 관례에 의하면 그 책에서 제일 중요한 내용이 첫 편에 배열되었다. 공자는 호학지사(好學之士)로 알려져 왔으며 지성선사(至聖先師), 문선왕(文宣王)이라 불려 왔다. 고대의 시법(諡法)에서는 "근학호문왈문(勤學好問曰文)", 즉 "힘써 배우고 묻기를 좋아하는 것을 문(文)이라 한다."라 했다. 공자는 일생에 걸쳐 묻고 배우며 살아갔으며, 그 목표는 우리가 사람다운 사람이 되어 사람답게 살아갈 수 있는 사회를 이룩하는 데 있었다. 이러한 정신으로 공자는 이 편의 첫 장에서 다음과 같이 말했다. "배우고 그것을 때에 맞게 익혀 나가면 기쁘지 않겠는가? 벗이 먼 곳에서 찾아오면 즐겁지 않겠는가? 남들이 알아주지 않아도 노여움을 품지 않으면 군자답지 않겠는가?"

子曰: "學而時習之, 不亦說乎? 有朋自遠方來, 不亦樂乎? 人不知而不慍, 不亦君子乎?"

子(자) 춘추 시대에는 경대부(卿大夫)를 모두 자 또는 부자(夫子)라 불렀다. 그러므로 마융(馬融)은 자가 일반적으로 남자를 부르는 말이라고 하였다. 공자는 노(魯)나라의 대부를 지냈으므로 제자들은 그를 자 혹은 부자라 불렀다. 그런데 개인이 제자들을 모아서 학문을 강의하는 일은 공자가 시작했으므로 그 이후 스승을 부자라 부르는 관습이 생겼다. 자는 본래 존칭이지만 『논어』에서 홀로 쓰인 것은 모두 공자를 가리킨다. 學(학) 『논어』에서 말하는 학은 모두 사람 되는 도리를 배우는 일을 가리킨다. 이는 바르게 살아가는 행위를 배우는 일로서 실천의 문제에 치중한다. 『설문해자(說文解字)』에는 각오(覺悟), 곧 알지 못하던 것을 깨달아 알게 되는 것이라 말한다. 주희는 효(效, 본받다)라 본다. 그러므로 학은 '깨달아 아는' 것과 '본받아 아는' 것 두 가지 뜻이 있다. 학에 대한 이러한 해석은 송·명 철학에 이르러 존덕성(尊德性)을 중시하는 쪽과 도문학(道問學)을 중시하는 쪽으로 나누어진다. 時(시) 알맞은 때 혹은 일정한 시기라는 뜻이다. '항상', '끊임없이'로 해석하기도 한다. 習(습) '익히다'로, 복습한다는 말이다. 주희는 '본받는 것을 그침 없이 계속하는 것'이라고 하였다. 실습(實習)·복습(復習)·연습(練習) 등을 뜻하며 실천을 강조하는 말이다. 說(열) 열(悅)과 같다. 학문의 성취와 인격 도야의 과정에서 오는 기쁨이다. 有朋(유붕) 붕우(朋友)로 되어 있는 고본도 있다.(『백호통(白虎通)』「벽옹편(辟雍篇)」) 붕(朋)은 동문(同門), 『논어집해』 가운데 포함(包咸)의 말, 우(友)는 '뜻이 같고 도가 합치하는 사람(志同道合之人)' 즉 동지(同志, 『주역정의(周易正義)』 건구오(乾九五)·『주례(周禮)』「사간소(司諫疏)」)를 가리키므로 벗이라고 번역했다. 樂(락) 다른 사람과 더불어 갖는 즐거움을 뜻한다. 君子(군자) 『주역정의』 건괘(乾卦) 상전(象傳)의 구절 "군자는 원래 윗자리에 군림하여 백성들을 아들처럼 사랑한다.(君臨上位, 子愛下民.)"에서 보듯이 군자는 군왕의 지위에 있는 사람을 뜻했다. 공자에 이르러 군자를 도덕적 품성을 갖춘 사람을 뜻하는 말로 사용하기 시작했다. 여기에서는 덕이 있는 사람을 가리킨다. 『논어』에서 군자는 경우에 따라 지위에 있는 사람을 말하기도 하고, 덕 있는 사람을 가리키기도 한다.

선생님께서 말씀하셨다. "배우고 그것을 때에 맞게 익혀 나 가면 기쁘지 않겠는가? 벗이 먼 곳에서 찾아오면 즐겁지 않 겠는가? 남들이 알아주지 않아도 노여움을 품지 않으면 군 자답지 않겠는가?"

해설

학(學)은 새로운 것을 아는 일, 습(習)은 이미 안 것을 반복해서 익혀 잊어버 리지 않음을 뜻한다. 따라서 학이시습지(學而時習之)는 일차적으로 널리 일 반적인 지식을 학습하는 것을 말한다. 물론 여기에서 지식의 대상은 당시 예 악(禮樂)을 가리킨다. 공자는 요순(堯舜) 이래의 중국 문화를 집대성한 사람 이다. 그는 주나라 시대의 문물을 가장 이상적인 제도로 여겼는데, 이것을 주 문(周文)이라고 부른다. 주문의 실질적인 내용이 곧 예악이다. 공자는 이러한 예악을 다시 일으켜 주문의 정신을 부흥하고자 하였다. 이미 완성된 객관적 도덕규범인 예악을 학습하고 이 예악에 따라 행하면, 사람은 그 마음이 순수 해져서 지극히 평온해지고 무한한 즐거움을 얻게 된다. 이것은 객관적 이(理) 의 체득을 통한 영원한 가치의 실현을 뜻하며, 인격 완성으로 이어진다.

인부지(人不知)를 "남들이 알아듣지 못해도"라고 해석하는 사람도 있다. '과 외 교사가 학생들을 가르치는데 그 학생이 알아듣지 못해도 성내지 않으면 군자답지 않겠는가'라는 뜻이 되어 자못 신선해 보인다. 그러나 이러한 해석 은 위아래의 문맥을 제대로 살펴보지 않은 데 문제가 있다. 『논어정의』를 편 찬한 당나라 공영달에 따르면 이 장은 사람들이 군자가 되도록 배우기를 권 하는 글이다. 배우는 이가 경전의 글을 때에 맞게 외우고 익히면 희열을 느끼 게 되고, 학업이 좀 이루어졌을 때 먼 곳에서 도를 함께하는(同道) 벗이 찾 아와서 함께 학문을 토론하면 즐거워지고, 덕(德)이 이루어졌을 때 남들이 알아주지 않아도 성나지 않는다는 뜻이다. 군자는 심산유곡에서 아무도 알 아주지 않아도 홀로 자라나 꽃을 피워 향기를 내뿜는 지란(芝蘭)과 같다.

有子曰: "其爲人也孝弟, 而好犯上者, 鮮矣! 不好犯上, 而好作亂者, 未之有也. 君子務本, 本立而道生. 孝弟也者, 其爲仁之本與!"

有子(유자) 공자의 제자로 성은 유(有), 이름은 약(若)이며 노나라 사람이다. 공자보다 13살이 적다고 하며, 33살 적다는 견해도 있다. 爲仁(위인) 행인(行仁), 즉 인을 실천하는 것.『맹자(孟子)』에서는 인의 실질이 부모를 섬기는 것(仁之實, 事親是也)이라 하였고,『중용(中庸)』에서는 인(仁)은 인(人)으로, 친친(親親)을 가장 크게 여긴다(仁者, 人也, 親親爲大.)고 하였다. 유가에서는 효제가 인을 실천하는 가장 실질적인 시작이라고 한다. 그러므로 효제의 실천에 힘쓰는 일이 바로 근본에 힘쓰는 일이고, 인도(仁道)의 실천은 바로 여기에서부터 시작된다. 孝弟(효제) 효는 부모를 섬기는 도리, 제는 형과 어른을 섬기는 도리이다. 제(弟)는 제(悌)와 같다. 其~與(기~여) 기는 여와 호응하여 완곡한 반문을 나타낸다.

子曰: "巧言令色, 鮮矣仁!"

巧言(교언) 듣기 좋게 하는 말. 令色(영색) 얼굴 표정을 남에게 좋게 보이려 꾸미는 것. 교언과 영색 모두 남에게 아첨하는 행위를 뜻한다.

曾子曰: "吾日三省吾身: 爲人謀而不忠乎? 與朋友交而不信乎? 傳不習乎?"

曾子(증자) 공자의 제자. 이름은 삼(參), 자는 자여(子輿)로 남무성(南武城, 현재 중국 산둥성 짜오좡 시(棗莊市)) 사람이며 공자보다 46세 연하다. 三省(삼성) 성(省)은 살피다로, 자기를 스스로 검사하고 반성하는 것을 말한다. 즉 내성(內省)의 뜻이다. 형병은 삼(三)을 세 번, 여러 번, 자주로 새긴다. 주희는 그다음에 나오는 세 가지 일을 가리킨다고 했다. 이에 따르면 "나는 날마다 세 가지 일로써 반성한다."로 번역된다. 忠(충)『설문해자』에서는 경(敬)의 뜻이며, 심(心)에서 비롯한 글자로 중(中)은 소리라고 했다.(敬也. 從心, 中聲) 단옥재(段玉裁)는 "마음을 극진히 하는 것이 충(盡心曰忠)"이라고 말한다. 주희는 진기(盡己)라 했다. 남을 위해 모종의 일을 계획할 때 자신의 속마음을 다하는 것을 뜻한다. 傳(전) 전수(傳授),

1·2   유자가 말했다. "그 사람됨이 효성스럽고 공손하면서 윗사람 거스르기를 좋아하는 사람은 드물다. 윗사람 거스르기를 좋아하지 않으면서 난을 일으키기를 좋아하는 사람은 없었다. 군자는 근본에 힘써야 하니, 근본이 서야 도(道)가 생겨난다. 효성스러움과 공손함은 인(仁)을 실천하는 근본이 아니겠는가?"

1·3   선생님께서 말씀하셨다. "듣기 좋게만 말하고 얼굴 표정을 잘 꾸미는 사람에게는 인덕(仁德)이 드물다."

1·4   증자가 말했다. "나는 날마다 자주 스스로를 반성한다. 남을 위해 일할 때 불충실했는가? 벗들과 사귀는 데 불성실했는가? 가르쳐 준 학업을 익히지 않았는가?"

즉 스승으로부터 배운 것이다.

子曰: "道千乘之國, 敬事而信, 節用而愛人, 使民以時."

道(도) 도(導)의 뜻으로 여기에서는 다스리다(治)이다. 千乘之國(천승지국) 전쟁 시 말 네 필이 끄는 수레 1000대를 낼 만한 국력을 지닌 나라. 敬(경) 경천(敬天)에서 온 것으로 이때의 경은 하늘을 대하는 태도를 말한다. 후세에 와서는 일을 할 때 존중하고 삼가는 태도를 가리킨다. 事(사) 제사, 정사, 전쟁 등의 일이다. 使民以時(사민이시) 당시는 농업 사회였으므로 '때'에 맞게 하라는 것은 백성을 부릴 때 백성의 편의를 위해서 농사철을 피하라는 것이다.

子曰: "弟子入則孝, 出則弟, 謹而信, 汎愛衆而親仁. 行有餘力, 則以學文."

弟子(제자) 젊은이와 학생을 가리키나 여기에서는 젊은이를 가리킨다. 謹而信(근이신) 주희는 근(謹)이란 행위에 항상 됨이 있는 것(行之有常也)이고, 신(信)이란 말씀에 진실이 담겨 있는 것(言之有實也)이니, 언(言)과 행(行)의 두 측면에서 말하는 것이라 한다. 정약용은 『주역』의 건괘(乾卦) 문언전(文言傳)에서 "언제나 신실하게 말하며 언제나 신중하게 행한다.(庸言之信, 庸行之謹.)"라고 한 것에 근거해 주희의 설을 지지한다. 그러나 장보첸은 효제가 행위에 관계된 일이라면 근신은 말에 관계된 일로, 신중히 말하면 믿을 수 있다는 뜻이라고 하였다. 文(문) 책, 문헌(文獻). 마융은 "옛적부터 전해지는 문헌이다.(古之遺文也.)"라고 말한다. 정현은 도예(道藝)라고 하였다. 주희는 시서육예(詩書六藝)를 가리켜 문(文)이라고 하였다.

子夏曰: "賢賢易色; 事父母, 能竭其力; 事君, 能致其身; 與朋友交, 言而有信. 雖曰未學, 吾必謂之學矣."

子夏(자하) 공자의 제자. 성은 복(卜), 이름은 상(商)이고 자하는 자(字)이다. 공자보다 44세 적다고 한다. 賢賢(현현) 앞의 현은 동사로 존중하다라는 뜻이고, 뒤의 현은 현인(賢人)·현덕(賢德)을 뜻한다. 易色(이색) '이색'이라고 읽으면 '용모를 중시하지 않는다', '가벼이 보아 귀하게 여기지 않는다(輕易, 안사고(顏師古))'는 뜻이 된다. 또는 '같다(如, 왕념손(王念孫))'

1·5 　선생님께서 말씀하셨다. "천승의 나라를 다스리되, 일을 경건하게 처리하고 미덥게 하며, 비용을 절약하고 사람을 사랑하며, 백성을 부리되 때에 맞게 해야 한다."

1·6 　선생님께서 말씀하셨다. "젊은이들은 집에 들어가면 부모에게 효도하고, 밖에 나가면 어른을 공경하며, 말을 삼가되 말하게 되면 미덥게 하고, 널리 사람들을 사랑하며, 어진 사람을 가까이해야 한다. 이와 같이 몸소 실천하고 여력이 있으면 문헌을 배운다."

1·7 　자하가 말했다. "아내의 현덕을 높이되 용모를 중시하지 않으며, 부모를 섬기되 그의 힘을 다 기울일 수 있으며, 임금을 섬기되 그의 몸을 바칠 수 있으며, 벗을 사귀되 말에 신용이 있으면, 비록 배우지 않았다 할지라도 나는 반드시 그를 배운 사람이라고 말할 것이다."

는 뜻으로, "덕 좋아하는 것을 마치 색 좋아하듯이 한다."로 해석된다. '역색'으로 읽으면 '바꾼다[替換, 주희]'는 뜻이 된다. 賢賢易色(현현이색) 송상봉(宋翔鳳)의 『기학재찰기(機學齋札記)』에서는 『시경(詩經)』 「관저(關雎)」 편의 뜻을 밝힌 것으로, 부부의 윤리를 말한다고 보았다. 『중용』에서 부부 관계를 인륜(人倫)의 시작[君子之道, 造端乎夫婦]이라 말했으므로 현현이색을 맨 앞에 배열했고, 뒤에서는 부자 관계의 효(孝), 군신 관계의 충(忠), 붕우 관계의 신(信)의 윤리를 각각 말한다는 것이다. 본문에서는 이 해석을 따른다. 공안국은 이 구절이 '호색(好色)하는 마음으로 현자(賢者)를 좋아하는 것을 선하다고 여긴다[以好色之心, 好賢則善.]'는 뜻이라 한다. 주희는 현자를 좋아하는 마음으로 미색 좋아하는 마음을 바꾸는 것[賢人之賢, 而易其好色之心]이라 해석한다.

子曰: "君子不重則不威, 學則不固. 主忠信, 無友不如己者, 過則勿憚改."
重(중) 장중. 威(위) 위엄. 固(고) 주희는 견고하다는 뜻으로 해석한다. 밖으로 표현되는 것이 경박하면 그 내면이 견고할 수 없다. 따라서 이런 상태에서는 배운다고 해도 그 배움이 견고하지 않다는 것이다. 반면 공안국은 폐(蔽)라 해석했고, 정현도 고(固)를 이치[理]에 이르지 못하는 것이라 해서 역시 폐색(蔽塞)으로 풀이했다. 폐의 뜻으로 보면 "군자는 중후하지 않으면 위엄이 없으며, 배우게 되면 가림이 없게 된다."로 풀이된다. 공자는 「양화(陽貨)」 편 (17-8)에서 배우지 않는 여러 폐단을 말함으로써 '학(學)'의 중요성을 강조한다. 無友不如己者(무우불여기자) 이 구절에 대해서는 훈고(訓詁) 면에서 이설이 많으나 여기에서는 문자 그대로 새긴다. 憚(탄) 꺼리다.

曾子曰: "愼終追遠, 民德歸厚矣."
愼終(신종) 어버이의 상사를 신중히 거행하는 것. 공안국은 부모의 상사에 그 슬픔을 극진히 함[喪盡其哀]이라 했다. 정약용은 상례를 차질 없게 처리 후회가 없도록 하는 것이라 했다. 追遠(추원) 조상에 대한 제사를 잊지 않는 것. 공안국은 조선(祖先)의 제사에 그 경건함을 극진히 하는 것[祭盡其敬]이라 했다.

1·8   선생님께서 말씀하셨다. "군자는 장중하지 않으면 위엄이 없으며, 배운다고 해도 학문이 튼튼하지 못할 것이다. 충성과 신의를 위주로 하며, 나보다 못한 사람을 사귀지 말며, 허물이 있으면 고치기를 꺼리지 말아야 할 것이다."

1·9   증자가 말했다. "어버이의 상사(喪事)를 신중히 거행하고 조상에 대한 제사를 모셔 추모하면, 백성의 덕이 두터워질 것이다."

子禽問於子貢曰: "夫子至於是邦也, 必聞其政. 求之與? 抑與之與?" 子貢曰: "夫子溫, 良, 恭, 儉, 讓以得之. 夫子之求之也, 其諸異乎人之求之與!"

子禽(자금) 성은 진(陳)이고 이름은 항(亢)이며, 자가 자금이다. 정현은 공자의 제자라고 하지만, 『사기(史記)』「중니제자열전(仲尼弟子列傳)」에는 기록되어 있지 않다. 『공자가어(孔子家語)』에 따르면 진(陳)나라 사람으로 공자보다 40살 적다. 子貢(자공) 공자의 제자. 성은 단목(端木)이고 이름은 사(賜)로, 공자보다 31살 적다. 夫子(부자) 고대에 대부를 지낸 사람을 부르는 경칭이었는데 공자가 노나라의 대부를 지냈으므로 제자들은 그를 부자라고 불렀으며, 후대에는 일반적으로 스승을 부르는 호칭이 되었다. 『논어』에서는 대부분 공자를 가리킨다. 聞其政(문기정) 정치에 관해 그곳의 지도자들에게 질문을 받고 대답해 주는 것. 其諸(기저) 긍정하지 않음을 표시하는 어조사로 '혹시' 또는 '아마'의 뜻으로 본다.

子曰: "父在觀其志, 父沒觀其行. 三年無改於父之道, 可謂孝矣."

其(기) 아버지를 가리킨다. 아버지가 살아 계실 때에는 아버지가 모든 일을 주관하고 자식은 독자적으로 할 수 없으므로, 단지 아버지의 뜻만을 살필 수 있을 뿐이다. 아버지가 돌아가시

유가에서 상장(喪葬)과 제사를 중요하게 여기는 까닭을 설명하고 있다. 상사를 신중히 거행하고 조상 제사를 모셔 추모하는 것은 바로 도덕 생명의 가치라는 근본을 잃지 않는 일이다. 유가에서는 도덕 생명의 자기 실천을 내성성덕(內聖成德)의 시작이라고 본다. 이것은 효도를 그 근본으로 삼고 여기에서 확충해 나아간다. 즉 도덕 실천의 최초이자 가장 기본이 바로 효이다. 효는 인애(仁愛)의 출발로, 종으로는 가까이 부모부터 멀리 조상까지 이어진다. 이러한 도덕 생명의 연속은 조상에서 자손까지 이어지는 인간 가치의 연속적인 표현이고 실천인 셈이다. 효라는 인애의 실현은 횡으로는 형제자매로 확충된다. 그리하여 친친(親親)이라는 도덕 실천의 기초가 이루어지고, 이로써 백성의 덕이 두터워진다.

1-10

자금이 자공에게 물었다. "선생님께서는 어느 나라에 가시든 그 나라의 정사를 듣게 되시는데, 그것은 스스로 구하신 것인가 아니면 다른 사람이 자진해서 알려 드린 것인가?" 자공이 말했다. "선생님께서는 온순하고 선량하고 공경스럽고 검약하고 겸손했기 때문에 그 나라의 정사를 들으셨다. 선생님께서 구하는 방법은 아마도 다른 사람들과 다르지 않겠는가?"

1-11

선생님께서 말씀하셨다. "아버지가 살아 계실 때에는 그의 뜻을 보고, 돌아가신 뒤에는 그의 행위를 보아야 할 것이다. 돌아가신 뒤 적어도 3년 동안 아버지의 방식을 바꾸지 않면 자식은 독자적으로 일할 수 있으므로, 마땅히 아버지가 한 일을 보아야 한다. '기'를 자식으로 보는 해석도 있으나, 여기에서는 따르지 않았다. 父之道(부지도) 아버지가 일하던 방식. 정약용은 '도'를 정령(政令)을 시행하던 방식이라고 본다.

有子曰: "禮之用, 和爲貴. 先王之道, 斯爲美, 小大由之, 有所不行. 知和而和, 不以禮節之, 亦不可行也."

和(화) 음악이나 음식 맛이 이루는 조화. 일반적으로는 희노애락(喜怒哀樂) 같은 감정의 조화라는 뜻으로 쓰이지만, 여기에서는 일이나 행위를 조화롭게 한다는 뜻으로 썼다. 斯(사) 앞 문장 전체를 가리킨다. 美(미) 선(善)의 뜻도 있다. 小大(소대) 형병은 크고 작은 모든 일이라 하였고, 정약용은 상하(上下)와 같은 뜻으로 천자(天子)·제후(諸侯)·대부·사(士) 등을 말한다고 하였다. 小大由之(소대유지) '지'를 두고 황간은 화(和), 형병은 예(禮), 정약용은 선왕의 도를 뜻한다고 하였다.

有子曰: "信近於義, 言可復也. 恭近於禮, 遠恥辱也. 因不失其親, 亦可宗也."

因(인) 『시경』 「대아(大雅) 황의(皇矣)」 모전(毛傳)에서는 "가까이함(親也)"이라 했고, 공안국과 형병은 "친함과 같은 것(猶親也)", 주희는 "의지함과 같은 것(猶依也)"이라고 했다. 정약용은 접속사 '그리하여'라 본다. 亦(역) 황간은 중(重)이라고 본다 宗(종) 공안국은 종경(宗敬), 양보쥔은 '믿을 만하다'는 뜻으로 풀이한다.

아야 효도라고 할 수 있다."

1-12   유자가 말했다. "예의 쓰임은 조화가 중요하다. 선왕의 도는 이것을 아름답게 여기므로, 작은 일이거나 큰 일이거나 모두 이에 말미암았다. (그러나 그 방법이) 통용되지 않는 경우가 있으니, 조화의 중요성만 알아서 조화하려고만 하고 예로써 절제하지 않으면, 역시 통용되지 않을 것이다."

해설   예의 본질은 공경하는 데 있고, 그 작용은 조화를 이루는 데 있다. 즉 예는 양보를 위주로 한다. 예가 절제하는 것이라면 화(和)는 서로 맞아 어울림을 뜻한다. 그러므로 여기에서는 규제하고 절제함과 어울리고 조화로움이 함께 할 때가 가장 아름답다고 말하는 것이다.

1-13   유자가 말했다. "약속이 의(義)에 맞으면 그 말을 실천할 수 있다. 공손함이 예에 맞으면 치욕을 받지 않을 것이다. 마땅히 가까이해야 할 사람을 가까이한다면 존중할 만하다."

해설   신(信)과 공(恭)은 모두 좋은 덕목이다. 그러나 만일 약속이 사리에 합당 〔義〕하지 않다면 그 약속은 고지식하게 신의를 고수하는 미생지신(尾生之信)이 된다. 미생이 여자와 다리 밑에서 만나기로 약속하고, 그곳에서 기다리고 있었다. 그러다 갑자기 물이 불어났는데도 약속을 지키느라 다리를 붙들고 기다리다가 결국 익사했다는 고사가 『장자(莊子)』 「도척(盜跖)」 편에 보인다. 또한 공손함이 예로써 절제되지 못하면 업신여김을 당하게 된다.

子曰: "君子食無求飽, 居無求安, 敏於事而愼於言, 就有道而正焉, 可謂好學也已."

正(정) 『논어』의 정은 광정(匡正), 단정(端正)을 뜻하는데, 여기에서는 바로잡는다는 뜻으로 썼다.

子貢曰: "貧而無諂, 富而無驕, 何如?" 子曰: "可也. 未若貧而樂, 富而好禮者也." 子貢曰: "詩云: '如切如磋, 如琢如磨', 其斯之謂與?" 子曰: "賜也, 始可與言詩已矣, 告諸往而知來者."

諂(첨) 아첨하다. 貧而樂(빈이락) 황간본에는 이 다음에 도(道) 자가 있다. 詩(시) 『시경』을 말한다. 如切如磋, 如琢如磨(여절여차, 여탁여마) 『시경』 「위풍(衛風) 기욱(淇奧)」 편에 보인다. 『이아(爾雅)』에서는 절차탁마(切磋琢磨)가 뼈·상아·옥·돌을 각각 갈고 다듬는 것이라고 해석하지만, 사실상 이 두 구절의 시는 학문과 덕행을 끊임없이 갈고닦아 더욱더 정진한다는 뜻을 담고 있다.

子曰: "不患人之不己知, 患不知人也."

1-14 　선생님께서 말씀하셨다. "군자가 먹는 데 배부르기를 구하지 않으며, 거처하는 데 편하기를 구하지 않으며, 해야 할 일은 부지런히 하고, 말은 신중히 하며, 도덕과 학문이 높은 사람에게서 (자기 자신을) 바로잡으면, 배우기를 좋아한다고 할 수 있다."

1-15 　자공이 말했다. "가난해도 아첨하지 않으며, 부유해도 교만하지 않으면 어떻습니까?" 선생님께서 말씀하셨다. "괜찮다. 그러나 가난해도 도를 즐기고, 부유해도 예를 좋아하는 것만 못하다." 자공이 말했다. "『시』에 '쪼개 놓은 듯 갈아 놓은 듯하고, 쪼아 놓은 듯 닦아 놓은 듯하다.'라고 한 것은 아마 이를 일컫는 것이 아닐까요?" 선생님께서 말씀하셨다. "사(賜)야말로 이제 함께 시를 이야기할 만하다. 지나간 일을 말해 주니 다가올 일을 아는구나!"

1-16 　선생님께서 말씀하셨다. "남이 자기를 알아주지 않는 것을 근심할 것이 아니라, 내가 남을 알아보지 못할까 근심해야 한다."

2 위정
爲政

모두 24장이다. 공자는 이 편에서 형벌을 수단으로 하는 정치를 반대하고 덕과 예로써 나라를 다스릴 것을 주장했다. 『학기(學記)』에서는 "군자가 백성을 교화하여 좋은 풍속을 만들려면 반드시 교학에서 시작해야 한다."라고 했다. 공자의 교육은 예를 가르치는 데서 시작한다. 그리고 덕은 배움을 통해 마음에 간직된 도덕 정서다. 공자는 위정자가 이 예와 덕을 바탕으로 정치를 할 때 백성은 교화되고 사회는 도덕적 풍속을 갖추게 된다고 보았다. 이것이 「위정」 편을 「학이」 편 다음에 둔 이유다. 이와 같이 덕치(德治)와 예치(禮治)를 가치 있게 보는 공자의 사상은 지난날 동아시아 사회의 정치 이상이 되어 왔다.

子曰: "爲政以德, 譬如北辰, 居其所而衆星共之."

北辰(북신) 북쪽 하늘의 천추(天樞). 북극성이라고도 한다. 정약용은 성(星)이 아니고 신(辰)이라고 한 것으로 보아서 북극성이 아니라 하늘의 추축(樞軸)을 가리킨다고 본다. 共(공) 주희는 향(向)이라고 한다. 즉 뭇별이 북극성의 둘레를 돈다. 북극성으로 귀향(歸向)한다는 뜻이 된다. 한편 양보쥔은 공(拱)으로 보고, 공경스럽게 두 손을 맞잡고 둘러싸고 있는 모습으로 해석한다. 정약용은 동(同)으로 보아 공동(共同)이라고 해석한다.

子曰: "詩三百, 一言以蔽之, 曰: '思無邪'."

詩三百(시삼백) 『시경』에 수록된 시는 모두 311편이고, 그 가운데 제목만 있는 것이 여섯 편이다. 삼백이란 여기에서 큰 자리 수만 말한 것이다. 蔽(폐) 뭉뚱그리다. 개괄하다의 뜻이다. 曰(왈) 배학해(裴學海)의 『고서허자집석(古書虛字集釋)』 권2에 따르면 '사무사' 앞의 왈(曰)은 시(是)의 용법과 같다. 중국의 번역서들은 주로 이 주석을 따른다. 思無邪(사무사) 형병은 『시경』「노송(魯頌) 경(駉)」 편에 나오는 글이라고 한다. 원래 「경」에서 사(思)는 의미 없는 접두어로 쓰였는데, 공자는 '생각하다'라는 의미가 있는 글자로 썼다.

子曰: "道之以政, 齊之以刑, 民免而無恥. 道之以德, 齊之以禮, 有恥且格."

道(도) 도(導). '다스리다', '인도하다'의 뜻이 있는데 여기에서는 후자의 뜻을 취한다. 齊(제) 질서 정연하게 하다. 정약용에 따르면 윗면을 평평하게 하는 것[上平]을 뜻하는데, 『설문해자』의 '땅 위에 영근 벼와 보리가 이삭을 머금고 고개를 숙이면 그 윗면이 평평하게 되는 것[齊者, 禾麥吐穗上平也.]'이라는 설명에 근거한다. 이를 사회에 적용하면 마치 사물이 잡스럽게 솟아 나온 것을 잘라서 평평하게 가다듬듯이, 형벌로 악한 자를 벌주고 예로써 지나친 선생님께서 말씀하셨다. "덕으로써 정치하는 것은, 비유하자면 (북극성은) 제자리에 있고 뭇별이 그 둘레를 도는 것과 같다."

해설   유가에서 무위지치(無爲之治)의 뜻을 보여 주는 구절이다. 이때 관건이 되는 것은 다름 아닌 위정자의 참된 덕이다. 북극성이 한곳에 고정되어 움직이지 않고 다른 뭇별이 모두 북극성을 향해 있듯, 임금이 덕으로 정치를 행하면 백성이 모두 감화되어 그를 따른다는 것이다.

2-2   선생님께서 말씀하셨다. "『시』 삼백 편을 한마디로 뭉뚱그린다면, 그것은 '생각에 사특함이 없다'는 것이다."

해설   주희는 "사무사는 성(誠)이다.〔思無邪者, 誠也.〕"라는 정자의 말을 인용한다. 『역전(易傳)』에서는 "말이나 글을 다듬고 꾸며서 더 아름답고 정연하게 하는 데는 진실함이 있어야 한다.〔修辭立其誠.〕"라 해서 문학에서의 성(誠)을 강조한다. 참되고 진실한 마음에서 우러나는 문장을 높이 평가하면서 이 『시경』을 예로 든 것이다. 이 장은 동양에서 문학 비평에 관한 첫 번째 언급이라 말해지기도 한다.

2-3   선생님께서 말씀하셨다. "백성을 정령으로 인도하고 형벌로써 질서 정연하게 한다면, 백성들은 형벌을 피하고자 할 뿐이요, 부끄러워하는 마음이 없게 된다. 덕으로써 인도하고 예로써 질서 정연하게 하면, 백성들은 부끄러워하는 마음을 가질 뿐 아니라 또한 바르게 될 것이다."

것을 막는 것과 같다. 免(면) 선진 시대 문헌에서 면죄(免罪), 면화(免禍), 면형(免刑)이라는 뜻으로 사용되었다. 格(격) 주희는 지(至)로 해석한다. 하안은 정(正)으로 해석한다. 황간도 "모두 바르게 된다〔皆歸於正也〕"고 한다.『서경(書經)』「경명(冏命)」편에서 "그 잘못된 마음을 바로잡는다〔格其非心〕"고 한 것이 그 근거다. 또 각(恪)과 동의어로 보아 경(敬)의 뜻으로 해석한 사람도 있다. 양보쥔은『예기(禮記)』「치의(緇衣)」편의 내용을 든다. "공자가 말했다. 대저 백성은 그들을 덕으로써 가르치고 예로써 가지런하게 하면 삼가려는 마음이 있게 되고, 정령으로 그들을 교화하고 형벌로써 그들을 가지런하게 하면 숨기려는 마음이 있게 된다.〔子曰: "夫民, 敎之以德, 齊之以禮, 則民有格心, 敎之以政, 齊之以刑, 則民有遯心。〕" 숨기려는 마음인 둔심(遯心)과 상대되는 삼가려는 마음, 곧 격심(格心)이 위 구절의 '격'과 의미가 통한다는 것이다. 그러나 격심을 정심(正心), 즉 바른 마음으로, 둔심을 사악한 마음으로 해석해도 문제가 없다. 정약용은 격심의 격을 신실하게 감응하다〔孚感〕, 감응하여 이르다〔感格〕 또는 감동하여 변화하다〔感化〕의 뜻이라고 보아 본문을 감화의 의미로 해석한다. 여기에서는 하안의 설을 따른다.

子曰: "吾十有五而志于學, 三十而立, 四十而不惑, 五十而知天命, 六十而耳順, 七十而從心所欲不踰矩."

志(지) 주희는 마음이 지향하는 것〔心之所之〕, 황간은 마음에 두는 것을 일컫는다〔在心之謂也〕고 한다. 立(립) 예를 알아 독립적 인격체로 자립할 수 있음을 뜻한다. 하안은 이루는 것이 있음〔有所成也〕이라고 했다.『논어』자체에 따르면 「태백」편에 "예로써 입신하다〔立於禮〕", 「계씨」편에 "예를 배우지 않으면 남 앞에 나설 수 없다.〔不學禮 無以立〕"라고 한 것이 그렇게 해석할 수 있는 근거다. 不惑(불혹) 공안국은 의혹하지 않게 되었다고 한다.『논어』에서는 「자한」편의 "지혜로운 사람은 의혹하지 않는다〔知者不惑〕"가 그에 해당한다. 주희도 사물의 당연한 이치를 알아서 의혹하지 않게 되었다고 보았다. 知天命(지천명) 공안국은 천명의 처음과 끝을 알게 되었다고 한다. 주희에 따르면 천명은 천도(天道)가 유행하여 사물에 부여된 것이니, 곧 사물의 당연한 법칙이다. 정약용에 따르면 상제(上帝)의 뜻에 순종하여 궁

선생님께서 말씀하셨다. "나는 15세에 학문에 뜻을 두었고, 30세에 예의를 알아 독립적 인격체로 자립했고, 40세에 판단하는 데 혼란을 일으키지 않았고, 50세에 천명을 알았고, 60세에 다른 사람의 말을 들으면 곧 그 이치를 알고 따를 수 있었고, 70세에 마음 내키는 대로 해도 규범에 벗어나지 않았다."

하거나 형통하거나 일관된 자세를 지니는 것〔順帝之則, 窮通不貳也〕, 천덕(天德)에 통하는
것〔達天德〕이다. 펑유란(馮友蘭)은 『설문해자』를 인용해 천명은 하늘이 자기에게 시킨 사명
을 뜻한다〔命, 使也〕고 하였다. 耳順(이순) 정현은 귀로 그 말씀을 듣고 그 은미한 뜻을 안다
〔耳聞其言而知其微旨〕고 했다. 주희는 『순자(荀子)』의 구이지학(口耳之學)과 대립적인 뜻
으로 보아서 '소리가 들어오면 마음으로 통하여 어기는 바가 없다〔聲入心通, 無所違逆〕'고
해석했다. 한이(韓李)의 『필해(筆解)』에서는 이(耳) 대신 이(爾)를 쓰고 '천명을 알 뿐만 아니
라 또한 이와 같이 하늘에 순종한다〔旣知天命又如此順天〕'고 풀었다. 이 경우 70세는 낙천
(樂天)이 된다. 不踰矩(불유구) 유(踰)는 '넘다'이다. 구(矩)는 옛날 목수들이 직선과 방형을
그릴 때 쓴 잣대인데, 여기에서는 규범, 법도를 뜻한다.

孟懿子問孝. 子曰: "無違." 樊遲御, 子告之曰: "孟孫問孝於我, 我對曰, 無
違." 樊遲曰: "何謂也?" 子曰: "生, 事之以禮. 死, 葬之以禮, 祭之以禮."
孟懿子(맹의자) 노나라 대부. 성은 중손(仲孫)이고 이름은 하기(何忌)이며, 의는 시호이다. 無
違(무위) 무(無)는 무(毋)와 같은 금지사로, 예 또는 도리를 어김이 없어야 한다는 뜻이다. 어
버이의 명을 어기지 말라는 것은 아니다. 樊遲(번지) 번수(樊須). 공자의 제자로 이름은 수
(須), 자는 자지(子遲)이다. 『사기』에는 공자보다 36살 연하, 『공자가어』에서는 46살 연하라 한
다. 양보쥔은 『사기』에서 "三十六"의 三이 오자일 수 있다고 보고 『공자가어』의 설을 따랐다.

孟武伯問孝. 子曰: "父母唯其疾之憂."
孟武伯(맹무백) 맹의자의 아들인 중손체(仲孫彘). 무는 시호, 백은 제후급의 지위다. 唯其(유
기) 기(其)는 마음에 따르면 자식이다. 왕충(王充)의 『논형(論衡)』에서는 부모라고도 한다.

2·5 　　맹의자가 효에 관하여 물으니 선생님께서 말씀하셨다. "예를 어기지 마라." 번지가 선생님을 수레로 모셨을 때, 선생님께서 그에게 말씀하셨다. "맹손이 나에게 효를 묻기에 나는 '예를 어기지 말라'고 하였다." 번지가 "무슨 말씀입니까?" 하고 물으니 선생님께서 대답하셨다. "부모가 살아 계실 때에는 예로써 섬기고, 돌아가시면 예로써 장사 지내고 예로써 제사 지낸다."

2·6 　　맹무백이 효를 물으니, 선생님께서 대답하셨다. "부모가 오직 자식이 병들까만을 걱정하게 하는 것이다."

해설 　　왜 병들 것을 걱정하는가? 마융의 주석에 따르면 효자는 평소 부모에게 염려를 끼치지 않으나 병들 경우에는 어쩔 수 없이 부모가 걱정하게 되기 때문이다. 한편 왕충에 의하면 효자는 부모를 모실 때 추호도 소홀함이 없지만 오직 부모가 병드는 일만은 그로서도 어찌할 수 없는 까닭이다.

子游問孝. 子曰: "今之孝者, 是謂能養. 至於犬馬, 皆能有養. 不敬, 何以
別乎?"

子游(자유) 공안국에 따르면 공자의 제자로 성은 언(言), 이름은 언(偃)이며 자유는 자다.
『사기』에는 오(吳)나라 사람으로 공자보다 45살 적다고 하였다. 是謂能養(시위능양) 왕인지
(王引之)의 『경전석사(經傳釋詞)』에 따르면 시(是)는 지(祇)이며, 이때 지(只)로 해석된다.
『염철론(鹽鐵論)』에서는 위(謂)를 위(爲)라고 했다[是爲能養]. 養(양) 형병과 주희는 공양
(供養)으로 보았다. 단 형병은 견마가 사람을 공양한다는 뜻으로 해석하지만, 주희는 사람이
견마를 기르는 것이 공양하는 일과 비슷하다고 해석해서 서로 차이가 있다. 정약용은 음식을
공양하는 것이 아니라 곁에서 봉양하는 것[侍奉]이라고 해석하는데, 이는 '개가 지키게 하고
말이 수고를 대신하게 하는 것은 모두 사람을 봉양하는 일'이라는 포함의 설에 근거한다. 즉
개와 말이 사람을 봉양하고 자식이 그 양친을 봉양하는데, 만일 자식에게 부모를 공경하는
마음이 없으면 개와 말의 봉양과 무엇이 다르겠느냐는 뜻이다.

子夏問孝. 子曰: "色難. 有事, 弟子服其勞; 有酒食, 先生饌, 曾是以爲
孝乎?"

色難(색난) 주희는 색(色)을 자식의 안색이라고 보아 자식이 부드러운 얼굴빛으로 부모를 섬
기기가 어렵다고 해석한다. 이 해석은 부모를 섬김에 기를 고르게 하고 낯빛을 부드럽게 하는
것[事親和氣易色]이 예라는 데 근거한다. 이와 달리 포함은 부모의 안색을 살펴 행한다[承
望父母顏色]고 해석한다. 하안도 부모의 안색을 보고 따르는 것이 곧 효가 된다[順承父母
顏色, 乃爲孝]라 한다. 이에 따르면 색난은 부모의 안색을 살펴서 섬기기가 어렵다는 뜻이다.
弟子(제자) 젊은이, 문인(門人). 酒食(주사) 식(食)은 여기에서 음식물을 뜻하므로 '사'로 읽
는다. 先生(선생) 연장자. 마융에 따르면 부형(父兄)이다. 그러나 정약용에 따르면 부모를 선
생이라고 하지 않으므로 마융의 견해는 잘못이다. 饌(찬) 마융은 음식이라고 한다. 정약용은
이 해석을 부정하고 진열한다는 뜻으로 풀이하는데, 『의례(儀禮)』「사관례(士冠禮)」의 "시초
를 서쪽 문 옆방에 진설하다[筮饌于西塾]"와 「사혼례(士婚禮)」의 "초와 장을 방 안에 진설

2-7 　자유가 효에 대하여 물으니, 선생님께서 말씀하셨다. "오늘날의 효도는 부모를 잘 부양하는 것만을 일컫는다. 그러나 개와 말도 모두 길러 줌이 있을 수 있는데, 공경하지 않으면 무엇으로써 구별할 수 있겠는가?"

2-8 　자하가 효에 대하여 물으니, 선생님께서 말씀하셨다. "온화한 얼굴빛으로 부모를 섬기기가 어렵다. 일이 생기면 젊은이가 그 수고로움을 맡고, 술과 음식이 있으면 어른이 먼저 드시게 하는 것만을 설마 효라고 생각하느냐?"

하다[醢醬饌于房中]"라는 데에 근거한 것이다. 이렇듯 『의례』 여러 편에서 찬(饌)은 대부분 진열의 뜻으로 쓰였다. 이에 따르면 본문의 "선생찬(先生饌)"은 연장자 앞에 먼저 진설한다는 뜻으로 풀이된다. 曾(증) '마침내' 경(竟, 양보쥔), '일찍이' 상(嘗, 황간·주희)과 같다는 설이 있으나, 여기에서는 '설마'(장보첸)로 해석한다.

子曰: "吾與回言終日, 不違, 如愚. 退而省其私, 亦足以發, 回也不愚."

吾與回言終日(오여회언종일) 주희는 이 여섯 자를 한 구로 끊어야 한다고 했다. 정약용은 '言終日'이라고 하면 문맥이 잘 통하지 않으므로 '吾與回言, 終日不違'로 끊어 읽어야 뜻이 잘 통한다고 했다. 이 경우 '내가 안회와 말했는데 종일토록 그 말을 그대로 받아들이기만 해서……'로 해석된다. 回(회) 성은 안(顏), 자는 자연(子淵). 노나라 사람으로 공자보다 30살 어리다. 공자가 가장 아꼈던 제자이며 요절했다. 不違(불위) 가르치는 그대로 잘 받아들이며, 어떠한 질문이나 반대 의견을 제시하지 않는다는 뜻이다. 私(사) 형병에 따르면 안회가 사적인 자리에서 동학(同學)과 담론하는 것이다. 개인의 언행이라는 해석도 있다. 發(발) 공자의 가르침을 받아들이는 데서 그치지 않고, 더 나아가 공자가 말하는 뜻의 본질을 규명하며 이에 근거해 창조적인 의견을 개진함을 뜻한다.

子曰: "視其所以, 觀其所由, 察其所安, 人焉廋哉? 人焉廋哉?"

視(시), 觀(관), 察(찰) 『춘추곡량전(春秋穀梁傳)』 은공(隱公) 5년에 따르면 유의하지 않고 범상하게 보는 것을 '시'라 하고, 유의해서 살펴보는 것을 '관'이라 한다. 『이아』「석고(釋詁)」에 따르면 '찰'이란 자세히 살펴보는 것이다. 以(이) 하안은 용(用), 주희는 위(爲), 정약용은 인(因), 양보쥔은 여(與)로 각각 주석한다. 由(유) 주희는 동기[所從來]로, 하안은 경과[經]로 해석했다. 양보쥔은 방법, 방식이라 보았다. 安(안) 락(樂), 즉 마음이 편안하게 여기는 것을 뜻한다. 焉(언) 양수다(楊樹達)의 『고등문법(高等文法)』 110쪽에 따르면 하처(何處), 즉 '어디에'이다. 그러나 장보첸은 '어찌'로 해석한다. 廋(수) 숨긴다는 뜻이다.

2-9 선생님께서 말씀하셨다. "내가 안회와 종일토록 말했으나 어기지 않으니, 어리석은 사람 같아 보였다. 그가 물러간 뒤 그의 사생활을 살펴보건대 충분히 발휘하는 바가 있으니, 안회는 어리석지 않도다."

2-10 선생님께서 말씀하셨다. "그가 하는 일을 보고, 그 일을 하게 된 동기를 살펴보고, 그 마음이 편안히 여기는 바를 헤아린다면, 사람이 어디에 자신을 숨기겠는가?"

해설 이 구절은 사람 됨됨이를 평가하는 공자의 기준을 설명한다. 공자는 먼저 그 사람이 일을 하는 동기를 고려하지만, 더불어 일하는 방식을 보고 특히 결과의 어느 면에 대해서 만족해하는지를 유심히 살핀다. 일의 결과가 가져다주는 만족이란 개인적인 욕심을 채운 것일 수도 있고, 공적인 도리를 지켰을 때 오는 떳떳함일 수도 있다. 양자가 함께 있다고 하더라도 일을 한 사람이

子曰: "溫故而知新, 可以爲師矣."

溫(온) 하안에 따르면 찾다[尋], 주희에 따르면 찾아내 풀이한다[尋繹]는 뜻이다. 정현에 따르면 『예기』 「중용(中庸)」 편에서 "온고이지신(溫故而知新)의 '온'은 음식을 따뜻하게 데우다[燖溫]의 온과 같은 발음이다. 이전의 학문을 배운 후 때에 맞게 익혀 나가는 것을 온이라고 한다." 故(고) 황간에 따르면 배워서 얻은 일[所學已得之事]이고, 주희에 따르면 과거에 들은 것이다. 新(신) 양보쥔에 따르면 새로 발견하거나 깨닫는 일이다. 즉 배운 것을 익히는 데 그치지 말고, 그것을 기초로 삼아 스스로 창조적인 견해를 낼 줄 알아야 한다는 것이다.

子曰: "君子不器."

器(기) 주희에 따르면 각각 제 나름의 쓰임이 있으나 서로 통하지 못하는 것[各適其用而不能相通]이고, 정자에 따르면 바로 하나의 재주와 하나의 기예[一才一藝]이다.

子貢問君子. 子曰: "先行其言而後從之."

子曰: "君子周而不比, 小人比而不周."

周(주), 比(비) 왕인지의 『경의술문(經義述聞)』에 의하면 '주'는 의로써 합하는 것[以義合者]이고, '비'는 이익으로써 합하는 것[以利合者]이다. 정약용에 따르면 '주'는 밀(密), 즉 마음으로 가까이한다는 뜻이고 '비'는 병(竝), 즉 힘을 함께해 편당을 세운다는 뜻이다. 양보쥔

만족을 얻는 측면이 어디인지가 공자의 관찰 대상인 것이다.

2·11   선생님께서 말씀하셨다. "배운 것을 음미해 새로운 것을 터
        득해 나간다면 스승 노릇을 할 수 있을 것이다."

2·12   선생님께서 말씀하셨다. "군자는 일정한 용도에만 쓰이는
        그릇이 아니다."

해설   어떤 특정한 분야에만 능통하다고 해서 군자가 될 수 있는 것은 아니다. 『예
        기』 「학기(學記)」 편의 "대도불기(大道不器)"도 이와 같은 뜻이다. 또한 어떠
        한 상황에 처하더라도 근본을 잃지 않으면서 그 환경에 적응해 인도(仁道)
        를 실천할 수 있어야 한다는 뜻이기도 하다.

2·13   자공이 군자에 대해 물으니, 선생님께서 말씀하셨다. "먼저
        실천하고 그런 뒤에 말이 따라야 한다."

2·14   선생님께서 말씀하셨다. "군자는 두루 통하고 편당 짓지 않
        으며, 소인은 편당 짓고 두루 통하지 못한다."

에 따르면 '주'는 도의로써 단결하는 것, '비'는 잠시 공동의 이해관계에 따라 모이는 것이다.

子曰: "學而不思則罔, 思而不學則殆."

罔(망) 포함은 미망에 빠져 터득하지 못한다는 뜻으로 보았다. 양보쥔은 속임을 당하다〔誣罔〕로 풀이했다. 殆(태) 포함에 따르면 위험해서 불안하다는 뜻이고, 양보쥔에 따르면 믿음을 결여했다는 뜻이다.

子曰: "攻乎異端, 斯害也已矣."

攻(공) 주희에 따르면 전치(專治)로, 나무나 돌 혹은 금속을 다듬는다는 뜻이다. 이는 전공(專攻), 곧 전적으로 연구한다는 말이 된다. 초순(焦循)에 따르면 치(治)로, 착(錯)으로 해석해 절마(切磨) 즉 연마(硏磨, 절차탁마)의 뜻이다. 손혁(孫奕)은 『시아편훈(示兒編訓)』에서 공인지악(攻人之惡)의 공과 같다고 보고 비판(批判)으로 해석한다. 異端(이단) 주희에 따르면 기이하고 극단적인 설, 즉 성인의 도와는 다른 도를 뜻한다. 이것은 곧 정확하지 않은 의론이다. 한편 사물의 양단 가운데 다른 한쪽 끝(일설에는 자기의 단점)을 이단이라고 한다. 정

2-15   선생님께서 말씀하셨다. "배우기만 하고 생각하지 않으면 종잡을 수 없어 터득하지 못하고, 생각만 하고 배우지 않으면 위태롭다."

해설   정약용의 견해를 참조할 때 '학이불사(學而不思)'는 본말을 살피지 않고 옛 서적을 경솔하게 믿으면 혹 무망(誣罔)에 떨어지기도 한다는 뜻이다. 무망은 성인의 도를 속이는 것을 말한다. 예를 들면 한유(漢儒)는 경을 주석하면서 고증을 법으로 삼았으나 명변(明辨)이 부족했다. 그러므로 참위사설(讖緯邪說)을 함께 받아들일 수밖에 없었다. 이것이 학이불사의 폐단이다. '사이불학(思而不學)'은 옛 선인들의 문헌을 고찰하지 않고 자신의 생각만을 경솔하게 믿으면, 그 사정(邪正)과 시비(是非)가 정해지지 않기 때문에 위태롭다는 뜻이다. 하나의 예로 송유(宋儒)는 경을 강설하면서 궁리를 위주로 했으나 간혹 고증에는 소홀해서 제도와 명물에 어긋나는 것이 있었으니, 이것이 사이불학의 허물이다. 그러므로 이 장은 학(學)과 사(思) 가운데 어느 한쪽이라도 소홀히 할 수 없음을 말한 것이다.

2-16   선생님께서 말씀하셨다. "이단을 전공하면 해가 될 뿐이다."

해설   이 장은 여러 가지로 해석될 수 있다. 첫째, 이단을 전공하면 해가 될 뿐이다. 즉 이단의 도를 연구하는 일, 부정확한 학술에 종사하는 일은 해로울 뿐이라는 것이다. 둘째, 부정확한 의론들을 비판하면 해로움이 그치게 된다. 셋째, 이단을 전공하면서 그것들을 반면교사로 삼아 자기를 연마하면 해가 그친다. 즉 남의 단점이 자기에게 있을 때 자기의 주관에 얽매이지 않고 과약용에 따르면 이단은 군자지학(君子之學)이 아닌 것이다. 斯(사) 이단을 전공 또는 공격하는 것이다. 也已(야이) 어사(語辭). 동사로 지(止)의 뜻이라고 손혁은 『시아편훈』에서, 초순은 『논어보소(論語補疏)』에서 주장한다. 양보쥔도 이를 따라 '(이단이) 소멸되다'로 해석한다.

子曰: "由, 誨女知之乎! 知之爲知之, 不知爲不知, 是知也."

由(유) 공자의 제자. 이름은 중유(仲由), 자는 자로(子路)이다. 『사기』에서는 자로가 공자보다 9살 적다고 한다. 생몰년은 기원전 542~480년이다. 誨(회) 가르치다. 女(여) 여(汝).

子張學干祿. 子曰: "多聞闕疑, 愼言其餘, 則寡尤. 多見闕殆, 愼行其餘, 則寡悔. 言寡尤, 行寡悔, 祿在其中矣."

子張(자장) 공자의 제자. 성은 전손(顓孫)이고 이름은 사(師)이며 자장은 자이다. 『사기』에 따르면 진(陳)나라 사람으로 공자보다 48살 적다고 한다. 干(간) 정현에 따르면 '구(求)하다'의 뜻이다. 祿(록) 주희에 따르면 벼슬하는 자의 봉급이다. 闕(궐) 빠진다는 뜻이다.

哀公問曰: "何爲則民服?" 孔子對曰: "擧直錯諸枉, 則民服. 擧枉錯諸直, 則民不服."

哀公(애공) 노나라의 임금. 성명은 희장(姬蔣)이며 정공(定公)의 아들로 재위 기간은 기원전 494~466년이다. 對曰(대왈) 대는 윗사람에 대한 존경의 뜻으로 쓰인다. 『논어』의 문체에서는 신하가 군주의 질문에 대답할 때 반드시 대왈이라고 한다. 錯(조) 『석문(釋文)』에 따르면 정현본에는 조(措)로 되어 있다. 정약용도 놓다의 뜻으로 해석했다. 『의례』에서 "두조(豆錯)·조조(俎錯)"의 조는 그릇을 땅에 놓는 것[奠]이며, 이에 따르면 조를 '버려두다'로 감히 고친다면 해로움이 그친다는 뜻이다. 넷째, 모든 사물에는 양단, 즉 시와 비라는 두 가지 측면이 있다. 시의 입장에서 보면 모두가 옳고, 비의 입장에 서면 모두가 옳지 않다. 그런데 그 가운데 부정적인 한쪽 측면만을 공격하면 올바른 판단을 할 수 없다. 사물의 도리에는 반드시 긍정적인 측면이 있기 때문이다. 모든 사상에서 특수성만을 볼 것이 아니라 그 안에 있는 보편적 가치를 찾아 계발하면 폐단이 없어진다는 뜻이다.

2-17   선생님께서 말씀하셨다. "유야! 너에게 안다는 것을 가르쳐 주랴? 아는 것을 안다고 하고, 모르는 것을 모른다고 하는 것, 이것이 아는 것이다."

2-18   자장이 녹을 얻는 방법을 배우고자 했다. 선생님께서 말씀하셨다. "많이 듣되 의심나는 것은 잠시 유보하며 그 나머지를 신중히 말하면, 허물이 적게 될 것이다. 많이 보되 미심쩍은 것은 유보하며 그 나머지를 삼가 행하면, 후회가 적게 될 것이다. 말에 허물이 적고 행실에 후회가 적으면, 녹은 자연히 그 속에 있을 것이다."

2-19   애공이 "어떻게 하면 백성이 복종하겠는가?" 하고 물었다. 공자께서 대답하셨다. "정직한 사람을 발탁해 곧지 못한 사람들의 윗자리에 앉히면, 백성은 복종할 것입니다. 그러나 곧지 못한 사람을 등용해 정직한 사람들의 위에 앉히면, 백성은 복종하지 않을 것입니다."

해설   정약용의 견해로 조(錯)란 들었던 것을 놓는다는 뜻이다. 이에 따르면 본문 해석하면 안 된다는 것이다. 한편 포함과 주희는 버려두다〔廢置, 捨置〕의 뜻으로 보았다. 여기에서는 전자로 새긴다. 諸(저) 일반적으로 지어(之於)의 축약형 어사로 쓰이는데, 포함과 주희에 따르면 여기에서는 중(衆)의 의미로 쓰였다.

季康子問: "使民敬‧忠以勸, 如之何?" 子曰: "臨之以莊則敬, 孝慈則忠, 擧善而敎不能則勸."

季康子(계강자) 노나라 애공 대의 정경(正卿) 계손비(季孫肥)를 말한다. 당시 정치적으로 군주를 능가하는 실권을 행사해 무도하고 참월했으며 폭정을 일삼았다. 以勸(이권) 이는 접속사로 이(而) 또는 동(同)과 같다. 권은 형병에 따르면 권면(勸勉) 또는 권장(勸奬)의 뜻이다. 여기에서는 장려하다, 격려하다의 뜻으로 보아 '서로 격려하다'로 해석한다. 정약용은 백성이 스스로 흥기해 그 덕과 예(藝)를 나아가게 하는 것이라고 한다.

或謂孔子曰: "子奚不爲政?" 子曰: "書云: '孝乎惟孝, 友于兄弟, 施於有政.' 是亦爲政, 奚其爲爲政?"

書(서) 『상서(尙書)』, 즉 『서경(書經)』을 말하나 위에 인용된 부분은 현재는 전하지 않는 일문(逸文)이라고 한다. 『위고문상서(僞古文尙書)』 「군진(君陳)」 편에는 이렇게 되어 있다. "그대는 아름다운 덕을 갖추고 효도하고 자기 행실을 공손히 하라. 부모에게 잘해야 형제에게 우애은 현자를 불현자 위에 임용한다는 뜻이다. 그러므로 여러 주석가들이 거(擧)와 조(錯)를 대립되는 자로 생각해 '정직한 사람은 들어서 쓰고, 사악하고 굽은 사람은 등용해서 쓰지 않고 버려둔다'고 해석한 것은 잘못되었다. 정약용은 그 근거로 다음 설들을 거론했다. 『논어』 「안연」 편(12-22)에서는 이렇게 말했다. "정직한 이를 등용해 여러 바르지 못한 자 위에 놓으면, 바르지 않은 이를 정직하게 할 수 있을 것이다." 『주역』 「계사(繫辭)」에서는 "『역(易)』이 변화하는 이치를 들어서 천하의 백성들에게 조치하는 것을 사업이라고 일컫는다.〔擧而錯之天下之民, 謂之事業.〕"라 했다. 『예기』 「악기(樂記)」 편에는 "예악의 도를 궁구하여 들어서 몸소 실천하면 천하에 어려운 일이 없으리라.〔禮樂之道, 擧而錯之, 天下無難矣.〕"했고, 왕응린(王應麟)의 『고이(考異)』에도 "왕(枉)은 원래 직(直)에 복종한다.〔枉固服於直.〕"라고 했다.

2-20 　 계강자가 "백성들로 하여금 공경하고 충성하며 서로 격려하게 하려면 어떻게 해야 합니까?" 하고 물었다. 선생님께서 말씀하셨다. "백성에게 정중한 태도로 임하면 공경할 것이고, 효성스럽고 자애로우면 충성할 것이고, 어질고 능력 있는 사람을 등용하고 능력이 부족한 사람을 가르치면 서로 격려할 것입니다."

2-21 　 어떤 사람이 공자에게 물었다. "선생님은 왜 정치에 참여하지 않습니까?" 선생님께서 말씀하셨다. "『서』에서 '효도하라 오직 효도하라, 형제간에 우애하여 (이러한 기풍이) 정치에까지 이르게 하라.'라고 하였다. 이것도 역시 정치에 참여하는 것이니, 어찌 벼슬자리에 앉아야만 정치하는 것이겠는가?"

하여 정치에까지 베풀 수 있느니라.〔惟爾令德孝恭. 惟孝, 友于兄弟, 克施有政.〕" 孝乎惟
孝(효호유효) 유(惟)는 '단지'인데, 무의미한 발어사로 보기도 한다. 施(시) 연장하다, 늘이
다. 파급하다. 영향을 주다 등의 뜻이다. 포함은 시행(施行)하다로 풀기도 한다.

子曰: "人而無信, 不知其可也. 大車無輗, 小車無軏, 其何以行之哉!"
大車(대거), 小車(소거) 포함에 따르면 대거는 무거운 짐을 싣는 수레로 소가 끌고, 소거는 사
람이 타는 수레로 말 네 필이 끈다. 輗(예), 軏(월) 예는 수레의 끌채, 마구리이며 월은 멍에
막이다. 예월은 마소와 수레를 연결하는 멍에의 비녀 장치로 큰 수레의 것이 예, 작은 수레의
것이 월이다.

子張問: "十世可知也?" 子曰: "殷因於夏禮, 所損益, 可知也. 周因於殷禮,
所損益, 可知也. 其或繼周者, 雖百世, 可知也."
十世(십세) 주희는 왕조를 바꾸어 천명을 받는 것〔易姓受命〕이 일세(一世)라고 했다. 세는
하나의 조대(朝代)이니 십세는 열 개의 조대를 뜻한다. 因(인) 잉(仍), 습(襲). 인습하다. 그
대로 이어받다의 뜻이다. 禮(예) 예는 동아시아의 전통 사회에서 공동생활을 하는 데 표준으
로 삼았던 신분 제도와 도덕규범과 예절 의식을 뜻한다. 순자에 따르면 예에는 세 가지 근본
이 있으니 천지와 조상과 군사(君師)이다. 천지는 생명의 근본이요, 조상은 인류의 근본이요,
군사는 다스림의 근본이며, 그러한 근본을 중시하는 예에는 길례(吉禮)·흉례(凶禮)·군례(君
禮)·빈례(賓禮)·가례(嘉禮)의 다섯 가지가 있다. "주관(周官) 삼백, 의례 삼천이다."라는 말
이 있을 정도로 당시 사회 구성원들은 언어·음식·복식·거처·응대·진퇴 등에서 지위와 신분
에 따라 지켜야 할 예법을 상세하게 제정했다.

子曰: "非其鬼而祭之, 諂也. 見義不爲, 無勇也."
非其鬼(비기귀) 기는 자기이므로 기귀는 제 귀신, 곧 자신이 마땅히 제사 지내야 하는 조상신
을 말한다. 정약용은 천신(天神)·지기(地祇)·인귀(人鬼)를 통칭하는 것으로 해석한다.

2-22 선생님께서 말씀하셨다. "사람으로서 신의가 없으면, 그것이 괜찮을지 모르겠다. 소가 끄는 큰 수레에 예(輗)가 없고, 말이 끄는 작은 수레에 월(軏)이 없으면 어떻게 갈 수 있겠는가?"

2-23 자장이 "10대 이후의 일을 미리 알 수 있습니까?" 하고 물었다. 선생님께서 말씀하셨다. "은나라는 하나라의 예의와 제도를 이어받았으니 덜고 보탠 것을 알 수 있고, 주나라는 은나라의 예의와 제도를 이어받았으니 덜고 보탠 것을 알 수 있다. 혹시 주나라를 계승한 나라가 일어난다면, 비록 100대 이후라도 미리 알 수 있다."

2-24 선생님께서 말씀하셨다. "자기 조상이 아닌데도 제사 지내는 것은 아첨하는 것이다. 의로운 일을 보고서도 실행하지 않는 것은 용기가 없는 것이다."

3 팔일
八佾

이 편은 모두 26장으로, 예악(禮樂)의 득실에 관해 논했다. 공자는 천하에 예와 악이 실현되도록 하는 것을 훌륭한 정치라고 보았다. 예(禮)에 의해 상류층은 편안함을 누리고 백성들은 잘 다스려지며, 악(樂)에 의해 좋은 풍속이 형성된다. 예악이 바로 서고 실천되면 나라가 편안해지며, 예악이 흐트러지면 나라가 위험하다. 이 때문에 「위정」 다음에 이 편을 안배한 것이다. 공자는 예가 살아 숨 쉬는 문화 세계를 건설하고자 했으며 이러한 정신은 그 뒤 유가에서 추구하는 이상이 되었다.

孔子謂季氏, "八佾舞於庭, 是可忍也, 孰不可忍也?"

季氏(계씨) 노나라 대부 계손씨(季孫氏). 포함은 계환자(季桓子)를 가리킨다고 한다. 八佾
舞(팔일무) 한 줄에 여덟 사람씩 여덟 줄로 늘어서서 모두 64명이 추는 춤. 천자의 종묘에서
만 거행할 수 있는 의식이다. 제후는 48명, 대부는 32명, 사는 16명이 춘다. 是(시) 이런 일을
하는 계씨. 또는 이런 무례한 일, 즉 팔일무를 자기 집에서 추게 한 일. 忍(인) 황간에 따르면
용인(容忍)이다. 주희는 '감히 ~하다'로 보았다. 주희에 따르면 '이런 일을 서슴지 않고 한다
면 어떤 일인들 감히 하지 못하겠는가?'로 해석된다. 孰(숙) 마융과 황간에 따르면 '누구', 주
희에 따르면 '무슨 일[何事]'의 의미다.

三家者以雍徹. 子曰: "'相維辟公, 天子穆穆', 奚取於三家之堂?"

三家(삼가) 당시 노나라의 실권자인 대부 계손(季孫)·맹손(孟孫)·숙손(叔孫)의 집. 이 가운
데 가장 위세를 떨친 집안이 계손의 집안이다. 雍(옹)『시경』「주송(周頌)」의 편명. 徹(철)
제사가 끝나고 제기를 거두는 것. 천자는 종묘에 제사 지낸 뒤「옹」을 노래하면서 제기를 거둔
다. 相(상) 도울 조(助). 여기에서는 천자가 조상에게 제사를 지낼 때 제후들이 와서 돕는다
는 의미이다. 辟公(벽공) 제후.

子曰: "人而不仁, 如禮何? 人而不仁, 如樂何?"

如~何(여~하) 여는 '~에 대하여'라는 뜻이다. 허세영(許世瑛)에 따르면 여하(如何)는 '무
엇에 대하여 어찌하겠는가'라는 뜻이다.

3-1

공자께서 계씨를 평하여 말씀하셨다. "자기 집 마당에서 여덟 줄로 춤을 추게 하니, 이를 용인할 수 있다면 누구인들 용인하지 못하겠는가?"

해설

노나라의 역대 임금들은 주공(周公)의 후예이므로 특별히 천자의 예악인 팔일무를 거행할 수 있었다. 그러나 계씨는 대부의 신분인데도 자기 집 마당에서 팔일무를 추게 했다. 공자는 이러한 행위가 당시의 사회 질서인 예를 어지럽히는 것이라 보고 그를 비평했다. 예가 무너짐은 사회 질서의 붕괴를 뜻하며, 곧 천하의 혼란을 의미한다. 공자는 이것을 두려워한 것이다.

3-2

세 대부 집이 「옹(雍)」을 노래하며 제기를 거두었다. 선생님께서 말씀하셨다. "'(천자가 제사를 지낼 때) 제후들이 찾아와 도우니 천자의 용모가 장엄하구나.' 하였다. 어찌 세 대부 집의 대청마루 위에서 이런 노래를 부를 수 있겠는가?"

3-3

선생님께서 말씀하셨다. "사람이면서 인(仁)하지 않으면 예는 해서 무엇하며, 사람이면서 인하지 않으면 악은 해서 무엇하겠는가?"

해설

인은 예악의 근본이니, 예악은 인으로 말미암아 생겨나는 것이다. 『예기』「유행(儒行)」에 "예절은 인의 형식이고, …… 음악은 인이 일으키는 조화로움의 표현이다.〔禮節者, 仁之貌也, …… 歌樂者, 仁之和也.〕"라고 했다. 그러므로 만일 불인(不仁)하다면 예악의 뿌리를 잃어버리는 셈이 된다.

林放問禮之本. 子曰: "大哉問! 禮, 與其奢也, 寧儉. 喪, 與其易也, 寧戚."

林放(임방) 정현에 따르면 노나라 사람이다. 공자의 제자인지, 방이 이름인지 혹은 자인지는 알 수 없다. 易(이) 예의 절차에 익숙해서 일사불란하게 진행시키되 애통해하는 마음은 없이 문식(文飾), 곧 겉을 꾸미는 것만을 잘한다는 뜻으로 쓰였다. 戚(척) 슬프다는 뜻이다.

子曰: "夷狄之有君, 不如諸夏之亡也."

夷狄(이적) 동이(東夷)·서융(西戎)·남만(南蠻)·북적(北狄)과 같은 중국 주변의 종족을 가리킨다. 不如(불여) '~에는 미치지 못하다〔不及〕' 또는 '~과는 다르다〔不像〕' 두 가지로 해석된다. 諸夏(제하) 중국, 제후 각국을 말한다.

季氏旅於泰山. 子謂冉有曰: "女不能救與?" 對曰: "不能." 子曰: "嗚呼! 曾謂泰山不如林放乎?"

旅(려) 고대 중국에서 천자나 제후가 산천에 지낸 제사의 이름이다. 冉有(염유) 염구(冉求). 공자의 제자로 자는 자유(子有)이며 공자보다 29살 어리다. 나중에 계씨의 가신이 되었다.

3-4   임방이 예의 본질을 물으니, 선생님께서 말씀하셨다. "정말 중요한 물음이구나! 예는 사치하기보다는 차라리 검소한 것이 낫고, 상례는 매끄럽게 잘 치르기보다는 차라리 애통해하는 것이 낫다."

해설   이 장은 의례나 상례를 거행할 때는 형식적이고 사치스러운 것보다는 근본 정신이 중요함을 강조하고 있다. 공자는 모든 예가 그 근본을 지키는 가운데 실행된다고 보았다.

3-5   선생님께서 말씀하셨다. "오랑캐의 나라에 임금이 있는 것이 중국에 임금이 없는 것만 못하다."

해설   여기에서 '오랑캐의 나라'와 '중국'은 문화 수준에 따라 구분한 것이지 종족이나 지역으로 구분한 것은 아니다. 하안, 황간, 형병 등은 문화 전통을 기준으로 삼아 "군주가 없더라도 문화가 있는 중화가 문화 없이 군주만 있는 오랑캐보다 차라리 낫다."라고 보았다. 그러나 정자는 "이적이라도 군장(君長)이 있는 것은 참란(僭亂)한 제하에서 도리어 위아래의 구분이 없는 것과 같지 않다."라 해서 전자가 낫다고 해석했다. 또 양보쥔도 "이적의 군주는 초(楚)나라 장왕(莊王), 오(吳)나라 군주 합려(闔閭)를 가리키는데, 여기에서 군(君)은 현명한 군주의 뜻"이라고 했다.

3-6   계씨가 태산에서 여제(旅祭)를 지냈다. 선생님께서 염유에게 말씀하셨다. "너는 말리지 못했느냐?" 염유가 대답했다. "못했습니다." 선생님께서 말씀하셨다. "아! 태산의 신이 설마 (예의 본질을 물은) 임방만도 못하겠는가?"

救(구) 지(止). 저지하다, 말리다. 曾(증) 경(竟). 허세영에 따르면 '설마'라는 뜻이다.

子曰: "君子無所爭. 必也射乎! 揖讓而升, 下而飮. 其爭也君子."
射(사) 활쏘기 시합을 말한다.

子夏問曰: "'巧笑倩兮, 美目盼兮, 素以爲絢兮'. 何謂也?" 子曰: "繪事後素." 曰: "禮後乎?" 子曰: "起予者商也! 始可與言詩已矣."
巧笑倩兮, 美目盼兮, 素以爲絢兮(교소천혜, 미목반혜, 소이위현혜) 『시경』 「위풍 석인(碩人)」 제2장의 구절이다. 주희는 일시(逸詩)라고 했다. 倩(천) '예쁘다' 또는 '볼우물'. 모전에 천(倩)은 구보(口甫)라 했는데, 구보는 뺨[頰]이다. 盼(반) '눈이 예쁘다' 또는 눈의 흑백이 분명한 것. 絢(현) 무늬, 다섯 가지의 색깔. 繪事後素(회사후소) 그림 그리는 방식. 호분(胡

고대에 천자는 천하의 명산대천에 제사 지내고, 제후는 자기 나라 안의 산천에 제사 지내며, 대부는 단지 가묘에 제사 지냈다. 계씨가 태산에서 여제를 지낸 것은 대부로서 노나라 제후를 무시하고 자기 신분에 넘치는 제후의 예를 사용한 격이다. 공자는 이를 비난하며 태산의 신은 예에 어긋나는 제사를 받아들이지 않을 것이라 말했다.

3-7　　선생님께서 말씀하셨다. "군자는 다툴 일이 없으나, (만약 다툴 일이 생긴다면) 반드시 활쏘기 시합 하듯이 한다. 겸손하게 읍하고 사대(射臺)에 오르며 내려와서 진 사람에게 벌주를 마시게 하니, 그러한 경쟁 방식이 군자답다."

군자는 사양함과 겸손함을 중요하게 여긴다. 이러한 생각이 예에서 표현된다. 활쏘기는 무예를 비교하고 시험하는 것으로, 비교하고 시험할 때는 반드시 이기려고 생각하게 된다. 군자도 활쏘기를 할 때는 다투지 않을 수 없는데, 역시 예를 지켜 겸양의 덕을 쌓아야 한다. 고대의 예에서는 사대 위에 올라가 활을 쏘았다. 올라갈 때 사람들에게 읍을 하고, 활 쏜 뒤에 다시 읍하고 사대를 내려오며 승부가 결정되면 진 편이 벌주를 마셨다. 경쟁을 할 때는 이렇게 예를 갖추어야 군자답게 되는 것이다.

3-8　　자하가 물었다. "'볼우물 지은 웃음 어여쁘고, 아름다운 눈동자 선명하구나, 하얀 바탕에 고운 색 입혔네.'라 했으니, 이것은 무엇을 말하는 것입니까?" 선생님께서 말씀하셨다. "그림은 먼저 바탕을 희게 한 다음 그리는 것이다." 자하가 물었다. "예를 뒤로해야 한다는 뜻입니까?" 선생님께서 말씀하셨다. "나를 일깨워 주는 사람은 상(商)이로구나! 비로

粉)이나 백분(白粉)을 먼저 비단에 칠해 바탕을 마련하고 채색한다. 禮後(예후) 구체적 언급은 없으나 예는 인의나 충신 같은 바탕을 갖춘 뒤에 베풀어야 함을 뜻한다고 볼 수 있다.

子曰: "夏禮, 吾能言之, 杞不足徵也. 殷禮, 吾能言之, 宋不足徵也. 文獻不足故也. 足, 則吾能徵之矣."

杞(기) 주 무왕이 천자가 된 다음에 하(夏)의 후손에게 땅을 나누어 주어 기국(杞國)을 세우게 했다. 宋(송) 역시 주 무왕이 천자가 된 후 은의 후손에게 땅을 주어 송국(宋國)을 세우게 했다. 徵(징) 주희는 험(驗), 증(證)이라 했고, 하안은 성(成)이라고 했다. 文獻(문헌) 문은 주희에 따르면 전적(典籍)이다. 정현은 문장(文章)을 가리킨다고 했는데 이때 문장은 제도를 뜻한다. 헌에 대해 『논어집해』에서는 정현의 말을 인용해 '현인과 같다〔獻猶賢〕'고 했고, 『이아』에서는 성(聖)이라 했다.

子曰: "禘自旣灌而往者, 吾不欲觀之矣."

禘(체) 종묘의 시제(時祭) 이름으로 본래 왕(王, 천자)의 예이다. 옛날에는 5년에 한 번 행하는 큰 제사였다. 灌(관) 물을 대다. 울창주(鬱鬯酒)를 땅에 뿌려서 강신(降神, 제사 때 조상신을 맞이하는 일)하는 절차다.

或問禘之說. 子曰: "不知也. 知其說者之於天下也, 其如示諸斯乎!" 指其掌.

示(시) 주희에 따르면 본다〔視〕는 뜻이다. 하안과 형병에 따르면 손바닥을 보여 주다, 가리키소 너와 더불어 시를 말할 만하구나!"

3-9 선생님께서 말씀하셨다. "하 대의 예를 나는 말할 수 있으나, 기나라는 (그 예를) 증명하기에 부족하다. 은 대의 예를 나는 말할 수 있으나, 송나라는 (그 예를) 증명하기에 부족하다. 전적과 성현이 부족하기 때문이다. 만약 충분하다면, 내가 그것을 증명해 낼 것이다."

3-10 선생님께서 말씀하셨다. "체 제사에서 술을 뿌려 강신한 이후의 절차를 나는 보고 싶지 않다."

해설 이 구절에는 왕위 계승에서 적장자의 계통을 문란케 해서 종법 제도를 어지럽히는 것에 대한 비판적 뜻이 담겨 있다. 공영달에 따르면 노나라 문공(文公) 2년의 체 제사를 말한다. 민공(閔公)의 위패보다 그 서형(庶兄)인 희공(僖公)의 위패를 앞에 놓았는데, 민공이 살아 있을 때 희공은 신하였다. 주희에 따르면 노나라 군신들은 관(灌)을 하고 난 뒤 태도가 점점 해이해져서 제사에 경건함이 없으므로 공자는 그 이후를 보고 싶지 않다고 한 것이다.

3-11 어떤 사람이 체 제사의 의의를 물으니, 선생님께서 "모르겠다. 그 뜻을 아는 사람이 천하를 다스린다면, 마치 이것을 보는 것처럼 쉬울 것이다."라고 하면서 자기 손바닥을 가리

다이다. 포함에 따르면 손바닥 위의 물건을 가리킨다는 뜻이다.

祭如在, 祭神如神在. 子曰: "吾不與祭, 如不祭."
祭(제) 조상에게 제사 지내는 것. 神(신) 천지 산천의 각종 신. 與(예) 여(與)는 '예'로 읽을 때 참여하다, 몸소 제사를 지내다의 뜻이다. 정약용에 따르면 제사에서 일정한 직책을 맡아 진행을 돕는 것이다.

王孫賈問曰: "與其媚於奧, 寧媚於竈, 何謂也?" 子曰: "不然. 獲罪於天, 無所禱也."
王孫賈(왕손가) 왕손씨로 이름은 가. 위(衛)나라의 대부로서 위 영공(靈公)을 도와 군사를 다스린 사람이다. 媚(미) 아첨하다. 奧(오) 방 서남쪽 구석. 주부(主婦)가 있는 곳. 竈(조) 부뚜막. 밥 짓는 여자가 있는 곳. 주희는 조가 다섯 제사[五祀]의 하나라 했다. 조 제사에서는 신주를 부뚜막에 놓으며, 제사가 끝나면 다시 제수를 오(奧)에 진설해 놓고 시동(尸童)을 맞아 오신(奧神)에게 제사를 지낸다.

子曰: "周監於二代, 郁郁乎文哉! 吾從周."
監(감) 하안에 따르면 '비교하여 보다', '장점을 취하고 단점을 버리다'라는 뜻이다. 文(문) 예의(禮義)·제도·전장(典章)·문물·문화.

子入太廟, 每事問. 或曰: "孰謂鄹人之子知禮乎? 入太廟, 每事問." 子聞之, 曰: "是禮也."

키셨다.

해설   정권 성립의 정당성을 아는 사람이야말로 정치를 잘한다는 뜻이다. 종법 사
회에서는 적장자가 계승하는 것이 당연했으며 그로부터 질서가 비롯되었다.

3·12   조상에게 제사 지낼 때에는 조상이 실제로 계시는 것처럼
하고, 신에게 제사 지낼 때에는 신이 앞에 있는 것처럼 하
셨다. 선생님께서 말씀하셨다. "만약 제사에 몸소 참여하지
않았다면, 나는 제사를 지내지 않은 것 같았다."

3·13   왕손가가 물었다. "안방 귀신에게 아첨하는 것보다는 부뚜
막 귀신에게 잘 보이는 것이 낫다고 하는데, 어떻게 생각하
십니까?" 선생님께서 말씀하셨다. "잘못된 말이다. 하늘에
죄를 짓는다면 빌 곳이 없다."

해설   하안에 따르면 오(奥)는 안(內)으로 가까운 신하의 비유이고, 조(竈)는 집
정자인 왕손가 자신이다. 왕손가는 공자가 자기를 가까이하기를 원했기에
은근히 속담으로 그를 감동시키려고 했다는 것이다.

3·14   선생님께서 말씀하셨다. "주나라는 하와 상 두 왕조를 거
울삼았으니, 찬란하구나, 그 문화여! 나는 주나라를 따르
겠다."

3·15   선생님께서 태묘에 들어가서는 일일이 물어보셨다. (이를 보
고) 어떤 사람이 말했다. "누가 추 땅 사람의 아들이 예를

太廟(태묘) 주공의 사당. 鄹人之子(추인지자) 추(鄹) 땅에서 살았던 숙량흘(叔梁紇)의 아들이라는 뜻으로, 공자를 가리킨다.

子曰: "射不主皮, 爲力不同科, 古之道也."

射不主皮(석부주피) 『의례』 「향사례(鄕射禮)」의 말이다. 피(皮)는 사방 10척의 가죽으로 된 과녁이다. 『주례』 「고공기(考工記)」에 따르면 피는 피후(皮侯)로, 예사(禮射)에 사용하는 세 가지 과녁[侯] 가운데 하나이며 정곡이 표시되어 있다. 그 밖의 채후(采侯), 수후(獸侯)에는 정곡 표시가 없다. 피후를 놓고 활을 쏠 때는 정곡을 맞히는 것을 중시한다. 그러므로 석부주피는 정곡을 맞히기를 주로 하지 않는다는 뜻이다. 마융은 "활쏘기는 정곡 맞히는 것을 잘하는 것으로 볼 뿐만 아니라, 온화하고 관대함도 함께 취하는 것을 말한다.〔言射者不但以中皮爲善, 亦兼取和容.〕"라고 해석했다. 활 쏘는 일은 첨예한 경쟁을 유발한다. 이때 예의를 연마하는 이유는 어떠한 경우라도 선한 본성을 지켜 아름다운 인간성을 유지하는 데 있으며, 과녁을 맞히는 일은 목적이 아니다. 이러한 관점에서 주희는 "활쏘기는 과녁을 꿰뚫는 것을 위주로 하지 않는다."라고 하였고, 다음에 오는 구절도 활쏘기와 연결했다. 爲力不同科(위력부동과) 마융에 따르면 "힘쓰고 부역하는 일에도 상중하의 세 등급이 있다. 그래서 삼동과라고 한다.〔爲力, 力役之事, 亦有上中下設三科焉, 故曰三同科.〕"라고 해석된다. 주희에 따르면 과(科)는 동등하다〔等〕는 뜻이다. 주희는 주석에서 이렇게 해석했다. "활쏘기는 과녁 뚫는 것을 주로 하지 않는다는 말은 힘의 등급이 다르기 때문이다. 이것은 예부터 활 쏘는 정신이다."

子貢欲去告朔之餼羊, 子曰: "賜也! 爾愛其羊, 我愛其禮."

告朔(곡삭) 삭은 매월 초하루를 말한다. 천자가 섣달에 그다음 해 열두 달의 책력(冊曆)을 나누어 주면 제후는 그것을 종묘에 보관하고 매월 초하루에 양을 희생으로 써서 제사 지내는데, 이것이 곡삭의 예다. 餼羊(희양) 제후가 곡삭의 예를 행할 때 희생으로 바치는 양이다.

안다고 말했는가? 주공의 사당에 들어가면서 일일이 묻다니!" 선생님께서 이 말을 듣고 말씀하셨다. "이렇게 하는 것이 예다."

3-16   선생님께서 말씀하셨다. "활쏘기는 정곡 맞히는 것만을 위주로 하지 않았고, 부역에 동원할 때는 힘의 등급을 나누어서 하였으니, 이것이 예로부터 도다."

3-17   자공이 매월 초하루에 지내는 종묘 제사에 희생양을 쓰지 않으려고 하자, 선생님께서 말씀하셨다. "사야, 너는 그 양을 아까워하느냐? 나는 그 예를 아끼노라!"

子曰: "事君盡禮, 人以爲諂也."

諂(첨) 아첨한다는 뜻이다.

定公問: "君使臣, 臣事君, 如之何?" 孔子對曰: "君使臣以禮, 臣事君以忠."

定公(정공) 노나라 소공(昭公)의 동생. 소공이 외국으로 망명하자 왕위를 계승했다. 당시 정공은 예로써 신하를 대하지 않았고 신하도 정공에게 충성하지 않았기에 이렇게 말한 것이다.

子曰: "關雎樂而不淫, 哀而不傷."

關雎(관저) 『시경』 첫 편의 제목으로, 군자가 사모하는 숙녀를 얻어서 짝으로 삼기를 바라는 노래다.

哀公問社於宰我. 宰我對曰: "夏后氏以松, 殷人以栢, 周人以栗, 曰使民戰栗." 子聞之, 曰: "成事不說, 遂事不諫, 旣往不咎."

社(사) 나무 위패. 이 위패를 어떤 나무로 만들고 있는지를 뜻한다. 여기에서는 사직단에 심는 나무(社稷樹)로 해석했다. 옛날에는 한 국가가 성립하면 반드시 사직을 세워 그 토지를 지배하는 신에게 제사를 지냈으니, 이때 지역의 토질에 알맞은 나무를 심어 토질의 성질을 표시하면서 그 신의 성격을 묘사하기도 했다. 이 구절에서 사(社)는 지역의 토질에 알맞은 나무를 가리키는 것이기도 하다. 宰我(재아) 공자의 제자이며 성은 재(宰), 이름은 여(予), 자는 자

3-18 선생님께서 말씀하셨다. "임금을 섬기는 데 예를 극진히 하니, 사람들은 그것을 아첨이라 하는구나."

해설 그 당시 권세를 가진 신하들이 힘없는 임금을 안중에 두지 않는 일이 있었다. 그래서 예를 갖추어 임금을 대하면 도리어 아첨한다고도 했다.

3-19 정공이 물었다. "임금이 신하를 부리고, 신하가 임금을 섬기는 것은 어떻게 해야 합니까?" 공자께서 대답하셨다. "임금이 예로써 신하를 부리면, 신하는 충성으로써 임금을 섬길 것입니다."

해설 공자의 답을 "임금은 예로써 신하를 부리고, 신하는 충성으로써 임금을 섬겨야 합니다."로 해석하는 이들도 있다. 주희와 정약용이 그렇다.

3-20 선생님께서 말씀하셨다. "『시』「관저」 편은 즐거워도 음란하지 않고, 슬퍼도 몸을 상하기에 이르지 않는다."

3-21 애공이 재아에게 사직단에 심을 나무에 대해 물었다. 재아가 대답했다. "하후씨는 소나무를 심었고, 은나라 사람은 측백나무를 심었고, 주나라 사람은 밤나무를 심었으니, 백성으로 하여금 벌벌 떨게 하려는 것이었습니다." 선생님께서 그 말을 듣고 말씀하셨다. "이미 이루어진 일이라 말하지 못하며, 이미 끝난 일이라 간하지 못하며, 이미 지난지라 탓하지 못하리로다."

아(子我) 또는 재아다. 정현은 노나라 사람이라고 했다.

子曰: "管仲之器小哉!" 或曰: "管仲儉乎?" 曰: "管氏有三歸, 官事不攝, 焉得儉?" "然則管仲知禮乎?" 曰: "邦君樹塞門, 管氏亦樹塞門. 邦君爲兩君之好, 有反坫, 管氏亦有反坫. 管氏而知禮, 孰不知禮?"

管仲(관중) 이름은 이오(夷吾), 자는 중(仲)이며 시호는 경(敬). 제(齊)나라 대부로서 제 환공(齊桓公)을 도와 제나라를 제후의 패자에 오르게 했다. 三歸(삼귀)『논어집해』에서 포함은 "부인이 시집가는 것을 귀라고 한다.[婦人謂嫁曰歸]"하여, 삼귀는 세 성씨의 여자를 취하는 것이라 보았다. 이와 달리 황간은 제후가 한 번 장가들 때 세 나라에서 아홉 명의 여자를 취한다고 보았다. 주희는『설원(說苑)』에 근거해 삼귀를 대(臺)의 이름으로 보았다. 그러나 고증학자 유월(兪樾)은 다른 문헌에 관중이 대를 축조한 일이 보이지 않으므로 주희의 설이 틀렸다고 주장했다. 유월의『군경평의(群經平議)』에 따르면 세 군데의 집이다. 무억(武億)의『군경의증(群經義證)』에는 화폐나 재물을 저장하는 창고라는 해석도 있다. 양보쥔은 세금을 거두어들이는 세 군데의 관청을 뜻한다고 한다. 樹塞門(수새문) 집의 안팎을 나누기 위해 나무 병풍을 쓰기도 하고 토담을 쌓기도 한다. 정현의 주석에 따르면 천자는 문 밖[外屏]에, 제후는 문 안[內屏]에 설치한다. 대부의 집에는 단지 대나무로 만든 가리개[簾]를 정원 계단 앞에 설치할 수 있었다. 관중은 집에 임금과 같은 것을 설치했으므로 예를 참용(僭用)한 셈이 된다. 反坫(반점) 흙으로 쌓아 두 나라 군주의 기둥 사이에 두는 것. 두 나라 군주가 만날 때에는 술을 접대한 뒤 술 그릇을 점 위에 올려놓았다. 술을 마신 후 술잔을 물릴 때 올려놓는 것이므로 반점이라고 한다. 이것 역시 임금만 사용할 수 있었다.

子語魯大師樂, 曰: "樂其可知也: 始作, 翕如也; 從之, 純如也, 皦如也, 繹如也, 以成."

大師(태사) 음악을 담당하는 관리인 악관(樂官)의 우두머리. 翕如(흡여) 흡(翕)은 합(合)

당시 삼환(三桓)의 전횡이 매우 심해 재아는 애공에게 공포 정치를 건의했
는데, 이렇듯 경솔한 재아를 공자가 심하게 꾸짖은 것이다.

3-22　　선생님께서 말씀하셨다. "관중의 그릇이 작구나!" 어떤 사
람이 "관중은 검소하였습니까?" 하고 물었다. 선생님께서
말씀하셨다. "관중은 세 나라에서 시집온 여자 아홉이 있
었고, (그가 부리는) 관리들에게 공무를 분담시켜 겸하지 않
게 했으니, 어찌 검소하다고 할 수 있겠는가?" "그렇다면 관
중이 예는 알았습니까?" 선생님께서 말씀하셨다. "임금이
라야 새문(塞門)을 세우는데 관씨도 새문을 세웠으며, 임금
이라야 두 나라 임금의 우호를 다지기 위해 반점(反坫)을 두
는데 관씨도 반점을 두었으니, 관씨가 예를 안다면 누가 예
를 모르겠는가?"

3-23　　선생님께서 노나라 태사에게 음악에 대해 말씀하셨다. "음
악은 알 수 있으니, 처음 연주를 시작할 때는 갖가지 악기의
소리가 일제히 나온다. 그 소리를 풀어 놓으면 서로 어우러

으로 각종 악기의 음이 서로 화합한다는 뜻이다. 從(종) 풀어 놓다. 『논어집해』에서는 종(縱)이라 하고, 주희는 방(放)이라고 했다. 악기들이 제 소리를 풀어 놓는 것을 뜻한다. 純如(순여) 갖가지 악기 소리가 왜곡됨이 없이 순수하게 발하여 조화를 이루는 것이다. 皦如(교여) 교(皦)는 '맑다'로, 악기들의 소리가 명백한 것, 즉 음절이 또렷하게 들리는 것이다. 繹如(역여) 소리가 서로 이어져 그치지 않고 계속되는 것이다.

儀封人請見, 曰: "君子之至於斯也, 吾未嘗不得見也." 從者見之. 出曰: "二三子何患於喪乎? 天下之無道也久矣, 天將以夫子爲木鐸."
儀(의) 위(衛)나라의 고을 이름. 封人(봉인) 출입국 관리의 책임자. 不得見也(부득견야), 見之(현지) 앞의 見은 '견'으로 읽고, 뒤는 '현'으로 읽는다. 현(見)은 제자들이 의봉인(儀封人)으로 하여금 공자를 '뵙게 하는' 것이다. 喪(상) 주희에 따르면 공자가 노나라에서 지위를 잃은 일을 가리킨다. 공자는 그 이후 노나라를 떠나 천하를 여행하기 시작했다. 54세에 노나라 사구(司寇, 법무 관련 직무를 맡는 최고 책임자) 벼슬을 그만두고 처음 간 곳이 의 땅이다. 그러나 형병은 상(喪)을 성인의 덕을 상실하는 것으로 보았다. 이에 따르면 "여러분은 어찌하여 선생님께서 성인의 덕을 잃을까 걱정합니까?"로 번역된다. 木鐸(목탁) 구리로 요령과 같은 모양을 만들고 나무로 혀를 매단 것. 옛날 관청에서 정교(政敎)를 발표할 때 이것을 흔들어 백성들을 모은 뒤에 알렸다. 일설에는 길을 순행하면서 사람을 교도하는 것을 뜻한다고 한다.

子謂韶: "盡美矣, 又盡善也." 謂武: "盡美矣, 未盡善也."
韶(소) 순임금의 음악. 순임금이 요임금에게서 선양받음을 찬미한 노래이다. 武(무) 무왕의 음악. 무력으로 주(紂)를 정벌한 것을 찬미한 노래다.

지고 음절이 또렷한 듯하며 그침 없이 이어져 연주가 이루어진다."

3-24 　　의 땅의 국경 관리인이 공자를 만나자고 청하면서 "군자가 이곳에 왔을 때 만나 보지 못한 적이 없습니다."라 말했다. 공자를 수행하는 제자가 그더러 뵙게 했다. 그가 공자를 뵙고 나오며 제자들에게 말했다. "여러분들은 어찌하여 선생님께서 지위를 잃은 것을 걱정합니까? 세상이 무도한 지 오래되었으니 하늘이 장차 선생님을 목탁으로 삼을 것입니다."

3-25 　　선생님께서는 소(韶)에 대해서 "지극히 아름답고, 또 지극히 선하다."라 말씀하시고, 무(武)에 대해서는 "지극히 아름답기는 하지만, 지극히 선하지는 못하다."라 말씀하셨다.

해설 　　진미(盡美)는 음악이 지극히 아름다운 상태를 형용한 말이고, 진선(盡善)은 여기에 더해 도덕적 의의를 함유하고 있어서 조금도 결함이 없음을 뜻한다. 순임금은 요임금으로부터 천하를 선양받았으므로 그의 음악은 지극히 아

子曰: "居上不寬, 爲禮不敬, 臨喪不哀, 吾何以觀之哉!"

臨喪(임상) 상을 당한 사람의 집에 가는 일이다.

름다우면서 또한 지극히 선하다. 그러나 무왕은 주를 정벌하여 천하를 얻었으므로 그의 음악은 지극히 아름답기는 하지만 지극히 선하지는 않다. 한편 미(美)는 소리를, 선(善)은 그 내용을 형용한다고 풀이하기도 한다.

3-26   선생님께서 말씀하셨다. "윗자리에 있으면서 너그럽지 않고, 예의를 차리되 공경스럽지 않으며, 상가에 가서 애통해 하지 않는다면, 내가 무엇으로써 그를 보아 주리오!"

4 이인
里仁

이 편은 모두 26장이다. 인(仁)·의(義)·효(孝)·예(禮)·덕(德)·도(道) 등에 대하여 언급했다. 사람이 인(仁)에 바탕을 두고 행동하지 않으면 예악도 형식으로 끝날 뿐 별 쓸모가 없기 때문에 이 편을 「팔일」편 다음에 두었다. 편 가운데 "덕은 외롭지 않으니, 반드시 이웃이 있다."라는 말이나 "군자는 의에 밝고, 소인은 이(利)에 밝다."는 말, "부모를 섬길 때는 부드럽게 간해야 한다."라는 말 그리고 "선생님의 도는 충서(忠恕)일 뿐"이라는 말과 "오직 인한 사람이라야 사람을 좋아할 수 있고 사람을 미워할 수도 있다."라는 말 등이 주목을 끈다.

子曰: "里仁爲美. 擇不處仁, 焉得知."

里仁爲美(이인위미) 정현은 이인이라고 붙여 읽어서 인자(仁者)의 마을에 사는 것이 좋다고 해석한다. 주희는 마을에 인후한 풍속이 있어서 아름답다고 해석한다. 한편 정약용은 이(里) 자를 하나의 구로 삼아 끊어 읽고, 사람이 사는 곳은 인한 것이 좋다고 새기며 「자한」(9-13)과 「위령공」(15-6)의 다음 두 구절을 인용한다. "선생님께서 구이(九夷)에서 살고자 하셨다. …… '군자가 그곳에 살게 된다면 무슨 누추함이 있으리오?'" "말이 충성스럽고 신실하며, 행실이 돈독하고 공경스러우면, 비록 오랑캐의 나라일지라도 두루 통할 것이다." 군자의 수도(修道) 는 자기 자신에게 달려 있으니, 어디를 가더라도 인을 행하지 않음이 없다. 만약 정현처럼 인자 의 마을만 골라서 거처하려고 한다면, 이는 자기 자신은 책하지 않고 남을 먼저 책하는 것이 므로 공자의 가르침이 아니라는 것이 정약용의 비판이다. 여기에서는 정현의 풀이를 따랐다.

子曰: "不仁者不可以久處約, 不可以長處樂. 仁者安仁, 知者利仁."

約(약) 『설문해자』에서는 묶어 동여맴(纏束)이라고 풀이한다. 즉 빈곤하고 곤궁한 상태라 자기 뜻을 펼 수 없는 상황을 뜻한다. 樂(락) 부유하고 사회적 지위가 높아서 편안하고 즐거운 처 지. 安仁(안인) 포함에 따르면 수양이 되어 인한 사람은 자연스럽게 인을 체득하기에 인을 편 하게 여긴다. 왕숙(王肅)에 따르면 『중용』의 "편안하게 여겨서 행한다.〔安而行之〕"라는 뜻이 다. 利仁(이인) 지혜로운 사람은 인이 자기를 이롭게 해 준다는 것을 알기 때문에 인을 이롭게 여긴다는 것이다. 왕숙에 따르면 『중용』의 "이롭게 여겨서 행한다.〔利而行之〕"라는 뜻이다.

子曰: "唯仁者能好人, 能惡人."

4-1   선생님께서 말씀하셨다. "인(仁)한 사람의 마을에 사는 것
       이 좋으니, 인한 사람의 마을을 가려서 살지 않으면, 어찌
       지혜롭다고 할 수 있겠는가?"

4-2   선생님께서 말씀하셨다. "인하지 아니한 사람은 곤궁한 데
       오래도록 살지 못하며, 안락한 데 오래도록 살지 못할 것이
       다. 인한 사람은 인을 편안하게 여기고, 지혜로운 사람은 인
       을 이롭게 여긴다."

해설   소인은 곤궁 속에서 오래 살면 그릇된 일과 악한 짓을 꾸미고, 안락함 속에
       서 오래 살면 교만하고 사치스럽고 음탕하며 방종하게 된다.

4-3   선생님께서 말씀하셨다. "오직 인한 사람이라야 사람을 좋
       아할 수도 있고, 사람을 미워할 수도 있다."

해설   인한 사람은 사람의 도리를 알고, 그에 따라서 판단할 줄 아는 사람이다. 인
       한 사람만이 사사로운 감정에 치우치지 않고 도리에 근거해서 사람을 좋아
       할 수도 있고 미워할 수도 있다.

子曰: "苟志於仁矣, 無惡也."

子曰: "富與貴, 是人之所欲也, 不以其道得之, 不處也. 貧與賤, 是人之所惡也, 不以其道得之, 不去也. 君子去仁, 惡乎成名? 君子無終食之間違仁, 造次必於是, 顚沛必於是."

不以其道得之, 不去也(불이기도득지, 불거야) 본문의 번역은 정약용의 견해에 따른 것이다. 정약용은 "정당한 방법으로 벗어나지 못한다면 그것을 떠나지 않는다.(不以其道得去之, 則不去也.)"라 하였다. 양보쥔도 이와 같이 번역했다. 그러나 형병에 따르면 시대가 비색(否塞)할 때와 태평할 때가 있다. 군자가 도를 실천할지라도 도리어 빈천할 수 있으니, 그 도 때문에 빈천하게 된 것은 아니다. 비록 빈천함은 사람들이 싫어하는 바이지만, 억지로 벗어나려 해도 소용없는 일이다. 형병의 주에 따라서 주희는 "정당하게 주어진 것이 아닐지라도 억지로 그 상황을 벗어나지 않는다."라 해석했다. 造次(조차) 형병은 초차(草次)라 했고, 정약용은 초차가 창졸간(倉卒間)에 지은 임시 거처(野次)라고 하였다. 여기에서 창졸지간이 '급작스러운 사이'를 뜻하게 되었다. 顚沛(전패) 거꾸러질 전, 나빠질 패. 나무가 뽑힌다(木拔)는 뜻이다. 『시경』 「대아 탕지십(蕩之什)」의 "나무가 넘어지고 뽑혀서 뿌리가 드러날 때, 가지와 잎은 아직 꺾어지는 해가 없으나 뿌리가 실로 먼저 뽑힌다고 한다."(顚沛之揭, 枝葉未有害, 本實先拔)에 대하여 모전에서는 "패는 뽑는 것이다.(沛, 拔也.)"라 했다. 전패는 넘어지고 뽑힌다는 뜻이니, 매우 어렵고 위태로운 상황을 의미한다.

子曰: "我未見好仁者, 惡不仁者. 好仁者, 無以尙之. 惡不仁者, 其爲仁矣, 不使不仁者加乎其身. 有能一日用其力於仁矣乎? 我未見力不足者. 蓋有之矣, 我未之見也."

無以尙之(무이상지) 형병은 상(尙)이 상(上)과 같다고 한다. 최상의 덕을 말한다. 加(가) 주희는 이르다(及)로, 정약용은 베풀다(施)로 보았다.

4-4 선생님께서 말씀하셨다. "진실로 인에 뜻을 두면 악을 행하는 일이 없게 될 것이다."

4-5 선생님께서 말씀하셨다. "부유함과 높은 지위는 누구나 원하는 바지만, 정당한 방법으로 얻은 것이 아니면 그에 머물러 있지 않는다. 가난함과 비천함은 누구나 싫어하는 바지만, 정당한 방법으로 벗어나지 못하면 그것을 떠나지 않는다. 군자가 인을 버리면 어디에서 명예를 이루리오? 군자는 밥 먹는 사이라도 인을 떠나지 않으니, 아무리 황급한 때에도 여기에 있으며, 아무리 어려운 상황에도 반드시 여기에 있다."

4-6 선생님께서 말씀하셨다. "나는 아직 인을 좋아하는 사람과 불인(不仁)을 미워하는 사람을 보지 못했다. 인을 좋아하는 사람은 더 이상 바랄 것이 없으며, 불인을 미워하는 사람은 자신이 인을 행할 때에 불인한 일이 그 몸에 이르지 못하도록 한다. 누가 하루라도 인의 실행에 힘을 써 보았는가? 나

子曰: "人之過也, 各於其黨. 觀過, 斯知仁矣."

過(과) 허물, 잘못〔愆〕. 죄악에는 미치지 않는 가벼운 과실(過失)을 말한다. 其黨(기당) 당
은 각각 그 류(類)에 따라 한 편(偏)을 이루므로〔各以其類爲一偏.〕주희는 류라고 해석한다.
예를 들면 지혜로운 사람의 허물은 항상 그 지(智) 때문에 일어나고, 용기 있는 사람의 과실
은 항상 그 용(勇) 때문에 일어나고, 의(義)를 좋아하는 자는 그 의 때문에 과실을 범하고, 예
(禮)를 좋아하는 자는 그 예 때문에 과실을 범하며, 사람 믿기를 좋아하는 자〔好信者〕는 그
신(信) 때문에 과실을 범하는 것과 같다. 따라서 그 잘못한 바를 보면 그가 지키고자 한 것을
알 수 있다. 斯知仁也(사지인야) 청 대 유학자인 진공무(陳公懋)와 현대 중국학자인 양보쥔
은 여기에서 인(仁)이 인(人)이라 해석했다. 그러나 정약용은 앞에서 말한 것이 모두 인(仁)에
관한 것이므로 마찬가지로 인(仁)이라 봄이 옳다고 한다. 주희는『논어집주』에서 오역(吳棫)
의 설을 인용해 "사람이 인한가 아니한가를 알 수 있다."라고 해석한다. 따라서 다음 세 가지
의 해석이 가능하다. 타인의 과실을 보고 그가 인한 사람인지를 안다. 자기의 과실을 관찰함
으로써 인을 깨닫는다. 타인의 과실을 보고 그가 어떠한 사람인지를 안다.

子曰: "朝聞道, 夕死可矣."

는 힘이 부족한 사람을 아직 보지 못했다. 아마도 그런 사람이 있기는 하겠지만, 내가 아직 보지 못했는지도 모른다."

4-7   선생님께서 말씀하셨다. "사람의 잘못은 각각 그 부류에 따라 다르다. 그 잘못을 보면 그가 인한가를 알게 된다."

4-8   선생님께서 말씀하셨다. "아침에 도를 들으면 저녁에 죽더라도 괜찮다."

해설   하안과 형병의 해석에 따르면 말년의 공자가 세상에 도가 행하지 못한다는 것을 보고 한탄한 것이다. 그러나 주희는 도를 참되게 깨우친다면 살아서는 그것을 따르고 죽어서도 마음이 편안할 수 있으니 여한이 없게 된다고 보았다.

子曰: "士志於道, 而恥惡衣惡食者, 未足與議也."

子曰: "君子之於天下也, 無適也, 無莫也, 義之與比."

之於天下(지어천하) 천하의 사물에 응하는 것으로 보는 관점과, 세상 사람에게 응하는 것으로 보는 관점으로 나누어진다. 無適(무적), 無莫(무막) ① 형병에 따르면 "세상 사람들과 사사롭게 친하거나 소원함이 없다.〔情無親疏〕"라는 뜻이다. ② 후한(後漢)의 유량(劉梁)이 지은 『화동론(和同論)』에서는 "세상 사람들에게 사사롭게 후하거나 박하게 하지 않는다.〔無厚薄〕"로 새겼다. ③ 정현과 육덕명(陸德明)에 따르면 "세상 사람들을 사사롭게 적대하거나 흠모하는 일이 없다.〔無敵無慕〕"이다. ④ 주희는 적(適)이 '꼭 ~을 해야 한다〔專主〕', 막(莫)이 '~을 하려고 하지 않는다〔不肯〕'라고 한다. ⑤ 주희는 또 사량좌(謝良佐)의 말을 인용해 적은 가(可), 막은 불가(不可)라고 한다. 이는 한유(韓愈)의 설에 근거한 것이다. 정약용은 ⑤를 따른다. ①~③은 사람에 대한 태도로 보는 관점이고, ④~⑤는 사물에 대한 태도로 보는 관점이다. 전자에 따르면 원문은 "군자는 세상 사람들에 대하여 후할 것도 없고 박할 것도 없으며 오직 의와 가까이할 뿐이다."로 해석된다. 여기에서는 후자를 따랐다. 比(비) 형병에 따르면 의로운 사람과 가까이하는 것〔親〕, 주희에 따르면 의로운 일을 따라 행하는 것〔從〕, 정약용에 따르면 의에 견주어 보고 행하는 것〔較〕이다.

子曰: "君子懷德, 小人懷土, 君子懷刑, 小人懷惠."

子曰: "放於利而行, 多怨."

放(방) 공안국은 의(依)와 같다고 했으니, 의존하다 또는 따르다라는 뜻이다.

4-9   선생님께서 말씀하셨다. "선비로서 도에 뜻을 두고도 허름한 옷과 거친 음식을 부끄럽게 여기는 사람은, 더불어 도를 논의하기에 부족하다."

4-10   선생님께서 말씀하셨다. "군자는 세상일들에 대하여 반드시 어떻게 해야 한다는 것도 없고, 반드시 해서는 안 된다는 것도 없이, 오직 의(義)를 따를 뿐이다."

4-11   선생님께서 말씀하셨다. "군자는 덕을 마음에 두고 소인은 땅을 생각하며, 군자는 법도를 지키려 하고 소인은 이익만을 바란다."

4-12   선생님께서 말씀하셨다. "이익에 따라 행동하면 원망을 많이 사게 된다."

子曰: "能以禮讓爲國乎, 何有? 不能以禮讓爲國, 如禮何?"

禮讓(예양) 주희는 양이 예의 실질(實)이라고 했다. 이 견해로 미루어 보면 예는 양의 형식(文)이고, 양은 예의 내용(實)이 된다. 何有(하유) 형병은 무슨 어려움이 있겠는가(何難之有)라 했으니, 곧 어렵지 않다는 뜻이다. 如禮何(여례하) 포함은 예를 사용할 수 없다(不能用禮)고 한다. 정약용은 예는 쓸모가 없다(不爲用)고 한다. 두 해석에 따르면 두 번째 구절은 이렇게 풀이된다. "국군(國君)이 찬탈하고 대부가 참월하면 여기에서는 예양으로써 나라를 통치할 수가 없다. 이 같은 사람이 오히려 예를 행하려고 한다면 장차 예를 어디에 쓰겠는가?"

子曰: "不患無位, 患所以立. 不患莫己知, 求爲可知也."

位(위) 직위, 작위. 所以立(소이립) 형병은 능력이라고 하고, 황간은 지위에 적합한 재능과 기술, 장보첸은 지위에 적합한 재덕(才德)이라고 한다. 정약용은 임금을 바로잡고 백성을 보살피는 방도(匡君牧民之術)라 한다.

子曰: "參乎! 吾道一以貫之." 曾子曰: "唯." 子出, 門人問曰: "何謂也?" 曾子曰: "夫子之道, 忠恕而已矣."

一以貫之(일이관지) 하나의 원리인 인(仁)으로 관통하는 것이다. 관은 꿰다(穿)의 뜻이다. 형병은 관을 통(統)으로 보아 "선생님의 도는 충서라는 하나의 도리로써 만사의 이치를 통섭(統攝)하니 다른 이치가 있을 수 없다."라고 해석했다. 황간은 관을 관통(貫通)이라 했고, 주희도 이에 따랐다. 장읍(張揖)의 『광아석고(廣雅釋詁)』에서 관은 행(行)이라 했고, 이를 따라 왕념손은 『광아소증(廣雅疏證)』에서 하나의 원리로써 행한다(一以行之)고 해석했다. 唯(유) 긍정의 뜻으로 대답하는 말이다. 忠恕(충서) 『주례』「대사도(大司徒)」 중 육덕(六德)에 대한 소(疏)에서는 중심(中心)이 충이 되고 여심(如心)이 서가 된다고 하였다. 풀이하면 마음속으로 타인을 섬기는 것이 충이고 타인의 마음 헤아리기를 내 마음과 같이 하는 것이 서이다. 명(明) 조환광(趙宦光)의 『설문장전(說文長箋)』에서도 여심(如心)을 서(恕)라고 했다. 그런데 정약용은 충과 서를 병렬 구조로 본다면 두 가지 원리가 되므로 앞에서 '하나의 원리'

4·13   선생님께서 말씀하셨다. "예양(禮讓)으로써 나라를 다스릴 수 있다면 무슨 어려움이 있겠는가? 예양으로써 나라를 다스릴 수 없다면 예가 무슨 소용이 있겠는가?"

4·14   선생님께서 말씀하셨다. "지위가 없음을 걱정하지 말고 지위를 맡을 만한 자질을 갖추었는지를 걱정하며, 자기를 알아주는 사람이 없음을 걱정하지 말고 알려질 수 있을 만한 실력을 구하여라."

4·15   선생님께서 말씀하셨다. "삼아, 나의 도는 하나의 원리로 꿰고 있다." 증자는 "그렇습니다." 하고 대답했다. 선생님께서 나가신 뒤 제자들이 "무슨 뜻입니까?" 하고 물었다. 증자가 대답했다. "선생님의 도는 충서일 뿐입니다."

라고 한 것과 배치된다고 짚었다. 따라서 충서는 '서'를 충실히 행한다는 뜻이며, 하나의 원리
는 결국 '서'라고 해설했다.

子曰: "君子喻於義, 小人喻於利."

子曰: "見賢思齊焉, 見不賢而內自省也."

子曰: "事父母幾諫, 見志不從, 又敬不違, 勞而不怨."
幾諫(기간) 포함은 기를 미(微, 은미함)라고 해석한다. 주희는 "성질을 누르고 얼굴빛을 온화
하게 하고 부드러운 소리로 간한다.〔下氣怡色柔聲以諫.〕"라 옮긴다. 정약용은 포함을 따라
서 기간이란 감히 직접 간하지 않고 단지 은근한 뜻으로 풍자해서 깨닫게 하는 것이라고 한
다. 見志不從(견지부종) 포함에 따르면 "부모의 뜻이 자기를 따르지 않음을 보더라도"이다.
정약용은 견을 현(現)으로 읽으며, 드러내다〔露〕 또는 보여 주다〔示〕로 해석한다. 이에 따르
면 "자기의 뜻이 부모를 따르지 않음을 드러내면서도"가 된다. 勞(로) 부모의 뜻을 따르는 데
서 오는 수고로움을 뜻한다. 왕인지는 『경의술문』에서 '근심하더라도'라고 새겼다.

子曰: "父母在, 不遠遊, 遊必有方."
方(방) 소(所), 즉 정해진 곳. 형병은 상소(常所, 일정한 곳)라고 했는데, 오늘날에는 행선지의
뜻으로 볼 수 있다.

子曰: "三年無改於父之道, 可謂孝矣."

4-16   선생님께서 말씀하셨다. "군자는 의에 밝고, 소인은 이(利)에 밝다."

4-17   선생님께서 말씀하셨다. "어진 사람을 보면 그와 같아지기를 생각하고, 어질지 못한 사람을 보면 안으로 자신을 살핀다."

4-18   선생님께서 말씀하셨다. "부모를 섬길 때는 부드럽게 간해야 하니, 자기의 뜻이 부모를 따르지 않음을 드러내면서도 부모를 공경하여 어기지 않고, 힘들더라도 원망하지 않는다."

4-19   선생님께서 말씀하셨다. "부모께서 살아 계시거든 멀리 가지 않으며, 나가게 되면 반드시 일정한 곳에 있어야 한다."

4-20   선생님께서 말씀하셨다. "돌아가신 뒤 적어도 3년 동안 아버지의 방식을 바꾸지 않아야 효도라고 할 수 있다."

子曰: "父母之年, 不可不知也, 一則以喜, 一則以懼."

知(지) 인(認). 기억하다, 잊지 않다.   一則以喜(일즉이희) 이(以)는 오래 사시는 것〔壽考〕 때문이라는 뜻이다.   一則以懼(일즉이구) 이(以)는 늙어서 기운이 없기〔老衰〕 때문이라는 뜻이다.

子曰: "古者言之不出, 恥躬之不逮也."

逮(체) 미치다, 이르다의 뜻이다.

子曰: "以約失之者鮮矣."

約(약) 『설문해자』에서는 동여매다〔纏束〕라고 한다. 두려워하여 자신을 단속하고 '감히 제멋대로 하지〔放肆〕' 않는 것을 말한다. 공안국은 검약(儉約)이라고 했으나 정약용은 이를 부정했다. 장보첸은 말을 삼가고, 행동을 신중히 하고, 낭비하지 않는 것을 모두 약이라고 한다.

子曰: "君子欲訥於言而敏於行."

訥(눌) 어눌하다는 뜻이다.

子曰: "德不孤, 必有隣."

子游曰: "事君數, 斯辱矣. 朋友數, 斯疏矣."

數(삭) 주희는 번삭(繁數, 빈번히 자주하다)이라고 풀이한다. 이는 임금 앞에서 하나하나 따지는 간언을 많이 하거나 친구에게 자주 따지는 것이라는 정현의 풀이와 통한다. 황간은 수를 세는 것이라고 했다. 임금의 잘못을 세고 벗의 잘못을 세면 위태롭거나 소외되며, 또 임금을 알현하면서 의례를 갖추지 않거나 아무 때나 알현하는 것은 욕을 초래한다. 정약용에 따르면

4-21   선생님께서 말씀하셨다. "부모의 연세를 잊어서는 안 될 것
이니, 한편으로는 그 때문에 기쁘고, 한편으로는 그 때문에
두렵다."

4-22   선생님께서 말씀하셨다. "옛사람이 말을 가볍게 하지 않았
던 것은 실천이 따르지 못함을 부끄러워했기 때문이다."

4-23   선생님께서 말씀하셨다. "언행을 삼감으로써 실수한 사람은
드물다."

4-24   선생님께서 말씀하셨다. "군자는 말은 신중히 하고 행동은
민첩하게 하려고 한다."

4-25   선생님께서 말씀하셨다. "덕은 외롭지 않으니, 반드시 이웃
이 있다."

4-26   자유가 말했다. "임금을 섬기되 번거롭게 하면 욕을 보고,
벗을 사귀되 번거롭게 하면 멀어질 것이다."

음은 '수'고, 뜻은 번(煩, 빈번하다), 밀(密, 은밀하다), 촉(促, 촉구하다)이다. 예를 들면 임금을 알현하며 정해진 시간 없이 아무 때나 찾아가는 것, 언어가 간명하지 않은 것, 만족할 줄 모르고 끝없이 구하기만 하는 것 등이 모두 수에 해당하며, 반드시 한 가지 일을 가리키는 것은 아니다. 辱(욕) 오욕, 치욕, 굴욕을 뜻한다.

5 공야장
公冶長

이 편은 모두 28장이다. 공자는 제자 및 고금(古今)의 인물을 평가하고 벗으로 삼거나 도움 될 수 있는 사람을 선택하는 방법을 말한다. "군자는 글로써 벗들을 모으고, 벗으로써 자신의 어진 덕성을 배양한다."(「안연」 12-24)라고 했듯, 자신의 덕성을 배양하기 위해서는 벗도 가려서 삼지 않을 수 없다. 공자가 자신의 뜻이 "노인들을 편안케 해 드리고, 벗들이 나를 믿게 하고, 젊은이들을 품어 주고 싶다."라고 한 데에서는 인(仁)을 바탕으로 하는 인간적인 사회를 염원하는 사상을 엿볼 수 있다. 그리하여 이 편을 「이인」 뒤에 두었다.

子謂公冶長: "可妻也, 雖在縲絏之中, 非其罪也." 以其子妻之.
公冶長(공야장) 성은 공야이고, 이름은 장이다. 공자의 제자이며 뒤에 공자의 사위가 되었다.
縲絏(누설) 누는 검은 포승줄, 설은 묶다. 죄수를 검은 포승으로 묶는다는 뜻이니 누설지중
(縲絏之中)은 감옥에 갇혀 있음을 뜻한다.

子謂南容: "邦有道, 不廢; 邦無道, 免於刑戮." 以其兄之子妻之.
南容(남용) 공자의 제자. 성은 남궁(南宮), 이름은 도(縚) 또는 괄(适)이라 한다. 『공자가어』
에는 도(韜)로 되어 있다. 노나라 사람으로 자는 자용(子容)이고 시호는 경숙(敬叔)이다. 戮
(륙) 죽이다.

子謂子賤, "君子哉若人! 魯無君子者, 斯焉取斯?"
子賤(자천) 성은 복(宓), 이름은 부제(不齊)로 공자의 제자이며 노나라 사람이다. 斯焉取斯
(사언취사) 앞의 사는 자천을, 뒤의 사는 군자의 덕을 가리킨다.

子貢問曰: "賜也何如?" 子曰: "女, 器也." 曰: "何器也? 曰: "瑚璉也."
瑚璉(호련) 고대 종묘에서 서직(黍稷, 기장)을 담던 제기로, 대나무로 만들고 옥으로 장식한
귀중하고 화려한 그릇이다. 하나라에서는 호, 은나라에서는 련이라고 하였다. 그릇이란 쓸모 있
는 재목과 같은 사람을 가리키는 것이니 자공이 귀중한 인재라는 비유이다. 주희는 자공이 비
록 군자불기(君子不器)의 경지에는 도달하지 못했지만 귀중한 그릇임을 뜻한다고 보았다.

或曰: "雍也仁而不佞." 子曰: "焉用佞? 禦人以口給, 屢憎於人. 不知其仁,
焉用佞?"
雍(옹) 성은 염(冉), 자는 중궁(仲弓), 이름이 옹이다. 공자의 제자이며 노나라 사람이다. 口
給(구급) 말을 막힘없이 하는 재주로 이구(利口)와 같은 뜻이다. 不知其仁(부지기인) 부지는
정말로 모르는 것이 아니라, 옹이 실제로는 인의 경지에 도달하지 못했다는 말이다.

5-1   선생님께서 공야장에 대하여 "사위 삼을 만하다. 비록 감옥에 갇힌 적이 있었으나 그것은 그의 잘못이 아니었다." 하시고 딸을 그에게 시집보내셨다.

5-2   선생님께서 남용에 대하여 "나라에 도가 있을 때 버림받지 않고, 나라에 도가 없을 때에도 형벌과 살육을 면할 만하다." 하시고 자기 형의 딸을 그에게 시집보내셨다.

5-3   선생님께서 자천에 대하여 말씀하셨다. "군자답구나, 이 사람이여! 노나라에 군자가 없었다면 이 사람이 어디에서 이러한 덕을 얻었겠는가?"

5-4   자공이 "저는 어떠합니까?" 하고 묻자 선생님께서는 "너는 그릇이다."라 말씀하셨다. "무슨 그릇입니까?" 하니 말씀하셨다. "호련이다."

5-5   어떤 사람이 말했다. "옹은 인(仁)하기는 하나 말재주가 없습니다." 선생님께서 말씀하셨다. "말재주를 어디에다 쓰겠는가? 능란한 말재주로 남을 대하면 자주 남에게 미움을 받을 뿐이다. 그가 인한지는 잘 모르겠지만 말재주만 있으면 어디에 쓰겠는가?"

子使漆雕開仕. 對曰: "吾斯之未能信." 子說.

漆雕開(칠조개) 성은 칠조, 이름은 개로 공자의 제자다. 자는 자약(子若)이다. 『사기』 「중니

제자열전」에는 자개(子開)로 되어 있다. 『한서예문지고증(漢書藝文志考證)』에 따르면 본래

이름은 계(啓)였는데 한 대(漢代)에 경제(景帝)의 이름을 휘하느라 개로 고쳤다고 한다. 斯

之未能信(사지미능신) 미능신사(未能信斯)가 도치된 문장이다. 관리가 되는 일에 아직 자신

이 없다는 뜻이다.

子曰: "道不行, 乘桴浮于海. 從我者, 其由與?" 子路聞之喜. 子曰: "由也

好勇過我, 無所取材."

取材(취재) 정현은 재를 재료로 보았다. 뗏목 만들 목재를 취한다는 뜻으로, 여기에서는 이

해석을 따랐다. 주희에 따르면 재는 재탁(裁度), 즉 사리를 헤아려서 의(義)에 적합하게 한다

는 뜻이다. 양보쥔에 따르면 재는 어조사 재(哉)로, '취할 것이 없다'는 말이 된다.

孟武伯問: "子路仁乎?" 子曰: "不知也." 又問. 子曰: "由也, 千乘之國, 可

使治其賦也, 不知其仁也." "求也何如?" 子曰: "求也, 千室之邑, 百乘之

家, 可使爲之宰也, 不知其仁也." "赤也何如?" 子曰: "赤也, 束帶立於朝,

可使與賓客言也, 不知其仁也."

선생님께서 칠조개에게 벼슬하라고 하시자, 칠조개가 "저는 이 일에 대하여 아직 자신이 없습니다."라고 대답하였다. 선생님께서 기뻐하셨다.

선생님께서 말씀하셨다. "도가 행해지지 않아 뗏목을 타고 바다에 뜨게 되면, 나를 따를 사람은 자로뿐이겠지?" 자로가 그 말을 듣고 기뻐했다. 선생님께서 말씀하셨다. "자로는 용맹을 좋아함이 나보다 낫지만, (나는 아직) 뗏목 만들 재목조차 마련하지 못했다."

해설   정현의 주석에 따르면 공자는 당시에 도가 실현되지 않는 것을 개탄한 것인데, 자로는 그 본의를 이해하지 못하고 말 그대로 뗏목을 타고 바다를 건너는 것으로 생각해서 자기를 알아준다고 기뻐했다. 이에 공자가 자로의 고지식함을 넌지시 일깨운 것이다. 한편 주희의 주석에 따르면 자로는 용맹하기는 하나 사리를 헤아리지 못하는 인물이 된다. 이는 공문사과(孔門四科, 덕행(德行), 정사(政事), 언어(言語), 문학(文學)) 가운데 정사 분야에 뛰어났다고 꼽히는 자로를 너무 폄하하는 것이다.

맹무백이 "자로는 인한 사람입니까?" 하고 물으니 선생님께서는 "모르겠다."라고 말씀하셨다. 다시 묻자 선생님께서 말씀하셨다. "자로는 천승의 나라에서 군사 업무를 관장케 할 만하지만, 그가 인한지는 모르겠다." "염구는 어떻습니까?"

賦(부) 병부(兵賦). 여기에서는 군정 업무를 포괄한다. 千室之邑(천실지읍) 제후의 직할 고을〔公邑〕이다. 百乘之家(백승지가) 경대부의 가. 수레 백 채를 낼 수 있는 규모다. 宰(재) 천 가구의 고을을 관장하는 읍장이나 백승의 경대부 집안의 총관(總官)인 마름을 가리킨다. 赤(적) 성은 공서(公西), 이름은 적, 자는 자화(子華). 공자의 제자로 노나라 사람이다.

子謂子貢曰: "女與回也孰愈?" 對曰: "賜也何敢望回? 回也聞一以知十, 賜也聞一以知二." 子曰: "弗如也, 吾與女弗如也."

吾與女(오여녀) 황간에 따르면 여는 허(許, 허여하다)이니 '네 말이 맞다'는 뜻으로 해석된다. 주희도 이를 받아들였다. 포함에 따르면 여는 연접사로 '나와 네가 모두 그만 못하다'고 해석된다. 정약용은 포함의 주석을 따르고, 공자의 말을 자공을 위로하는 뜻으로 생각한다.

宰予晝寢. 子曰: "朽木不可雕也, 糞土之墻不可杇也. 於予與何誅?" 子曰: "始吾於人也, 聽其言而信其行; 今吾於人也, 聽其言而觀其行. 於予與改是."

宰予(재여) 재아. 晝寢(주침) 한이의 『논어필해』에서는 주(晝)를 획(畫) 자로 보니, 침실을 꾸몄다는 뜻이 된다. 이에 따르면 춘추 시대 사대부들 사이에서 침실을 화려하게 장식하는 풍조가 유행했는데, 재아도 자기의 침실을 화려하게 장식했으므로 공자가 꾸짖은 것이다.

子曰: "吾未見剛者." 或對曰: "申棖." 子曰: "棖也慾, 焉得剛?"

申棖(신장) 포함에 따르면 노나라 사람이며 자는 자주(子周)다.

子貢曰: "我不欲人之加諸我也, 吾亦欲無加諸人." 子曰: "賜也, 非爾所

하고 묻자, "염구는 천 가구 고을의 읍장이나 백승의 경대부 집 총관리자 노릇을 하도록 할 수는 있지만, 그가 인한지는 모르겠다."라고 하셨다. "공서적은 어떻습니까?" 하고 묻자, 선생님께서 말씀하셨다. "관복을 입고 조정에 서서 외빈을 접대하는 일을 맡길 만하지만, 그가 인한지는 모르겠다."

5-9 선생님께서 자공에게 말씀하셨다. "너와 안회는 누가 나은 가?" 자공이 대답했다. "제가 어찌 감히 안회와 견주겠습니 까? 안회는 하나를 들으면 열을 알지만, 저는 하나를 들으 면 둘을 알 뿐입니다." 선생님께서 말씀하셨다. "네가 그만 못하다. 나도 네가 그만 못하다고 생각한다."

5-10 재여가 낮잠을 잤다. 선생님께서 말씀하셨다. "썩은 나무는 조각할 수 없고, 더러운 담장은 흙손질할 수 없다. 재여에게 무엇을 책망하겠느냐?" 선생님께서 말씀하셨다. "처음에 나는 사람에 대하여 그의 말을 듣고 그의 행실을 믿었는데, 지금 나는 사람에 대하여 그의 말을 듣고 그의 행실까지도 본다. 재여를 보고서 이렇게 고쳤다."

5-11 선생님께서 말씀하셨다. "나는 아직 강직한 사람을 본 적이 없다." 어떤 사람이 대답했다. "신장이 있습니다." 선생님께 서 말씀하셨다. "신장은 욕심이 많으니 어찌 강직할 수 있으 리오?"

5-12 자공이 말했다. "내가 남이 나를 업신여기기를 바라지 않듯

及也."

加(가) 능욕을 가한다는 뜻이다.

子貢曰: "夫子之文章, 可得而聞也. 夫子之言性與天道, 不可得而聞也."

文章(문장) 황간에 따르면 『시(詩)』, 『서(書)』, 『예(禮)』, 『악(樂)』, 『역(易)』, 『춘추(春秋)』 등 여섯 문헌이다. 주희에 따르면 덕이 밖으로 드러난 것, 즉 위의(威儀, 엄숙한 용모와 장중한 태도)나 문사(文辭, 문장과 언사) 같은 것들이다. 不可得而聞(불가득이문) 하안은 뜻이 깊고 오묘하기[深微] 때문에 이해하기 어렵다는 뜻으로 해석한다. 이 경우 '알아들을 수 없다'로 새긴다. 주희는 '드물게 말했다'라고 한다.

子路有聞, 未之能行, 唯恐有聞.

唯恐有聞(유공유문) 유(有)는 '또[又]'의 뜻이다.

子貢問曰: "孔文子何以謂之文也?" 子曰: "敏而好學, 不恥下問, 是以謂之文也."

이, 나도 남을 업신여기는 일이 없었으면 합니다." 선생님께서 말씀하셨다. "사야, 이것은 아직 네가 해낼 수 있는 일이 아니다."

해설   자공의 말을 통해 서(恕)에 대한 공자의 이해를 엿볼 수 있는 대목으로 『대학(大學)』의 혈구지도(絜矩之道, 자기의 처지를 미루어 남의 처지를 헤아리는 도)와 통한다. "나도 남을 업신여기는 일이 없었으면 한다.〔吾亦欲無加諸人〕"는 "자신이 원치 않는 일을 남에게 베풀지 말라.〔己所不欲, 勿施於人〕"(「안연」 12-2)라고 한 것과 비교하면 한층 더 높은 경지다. 물(勿)은 금지의 뜻인데 무(無)는 자연스러운 경지를 뜻하기 때문이다. 공자는 자공이 그러한 경지에 미친다고 인정할 수 없었기에 "네가 아직 해낼 수 있는 일이 아니다."라 대답한 것이다.

5-13   자공이 말했다. "선생님의 문장은 들을 수 있었으나, 성(性)과 천도(天道)에 관한 선생님의 말씀은 들어 볼 수 없었다."

5-14   자로는 가르침을 받고 미처 그것을 잘 실천하기도 전에 또 가르침을 듣게 될까 두려워했다.

5-15   자공이 물었다. "공문자는 어찌하여 (시호를) 문(文)이라고 했습니까?" 선생님께서 말씀하셨다. "영민하면서도 배우기

孔文子(공문자) 위(衛)나라 대부이고, 이름은 어(圉)다. 文(문) 시법(諡法)에 따르면 "배우기에 힘쓰고 묻기를 좋아하는 것을 문이라고 한다.〔勤學好問曰文〕"

子謂子産: "有君子之道四焉: 其行己也恭, 其事上也敬, 其養民也惠, 其使民也義."

子産(자산) 정(鄭)나라 대부. 성은 공손(公孫), 이름은 교(僑)이다. 자산은 공자보다 한 세대 앞선 인물로 정나라의 명재상이었다. 공자는 정치 외교 방면에서 그가 발휘한 능력을 존경했다. 義(의) 형병에 따르면 의(義)는 의(宜)와 통한다. 백성을 도리에 맞춰 부렸다는 것은 예를 들면 농사철에는 부역이나 전쟁에 동원하지 않았다는 뜻이다.

子曰: "晏平仲善與人交, 久而敬之."

晏平仲(안평중) 제나라 대부로 성은 안(晏), 시호는 평(平), 자는 중(仲), 이름은 영(嬰)이다. 敬之(경지) 형병에 따르면 지는 '남'이다. 반면 황간본의 원문은 "그러나 평중은 오래 사귀어도 상대방이 그를 더욱 존경한다.〔而平仲交久, 而人愈敬之也.〕"라 되어 있으므로 남이 안평중을 존경한다는 뜻이다. 이때 지는 '안평중'을 가리킨다.

子曰: "臧文仲居蔡, 山節藻梲, 何如其知也?"

臧文仲(장문중) 노나라 대부 장손신(臧孫辰)으로 시호는 문(文), 자는 중(仲)이다. 居(거) 장(藏). 거북(껍데기)을 두거나 휵(畜), 즉 살아 있는 거북을 기른다는 뜻이다. 蔡(채) 포함에 따르면 커다란 거북을 말한다. 나라의 임금이 보관하는 거북은 채 땅에서 나왔으므로 채가 이름이 되었다. 節(절) 기둥머리의 두공(科栱). 藻(조) 수초의 일종인 마름. 梲(절) 대들보 위의 짧은 기둥을 가리키며 동자기둥이라고 한다.

를 좋아하고, 아랫사람에게 묻기를 부끄러워하지 않았다. 그래서 문이라고 했다."

5-16 선생님이 자산에 대하여 말씀하셨다. "자산에게는 군자의 도 네 가지가 있었다. 그는 자기 행실은 공손했고, 윗사람 섬김에 공경스러웠으며, 백성을 보살핌에 은혜로웠고, 백성 부림을 도리에 맞게 했다."

5-17 선생님께서 말씀하셨다. "안평중은 남과 사귀기를 잘한다. 오래 사귀어도 남이 더욱 그를 공경하는구나."

5-18 선생님께서 말씀하셨다. "장문중이 큰 거북을 기르고, 대들 보를 받치는 기둥머리에 산 모양을 새기고, 동자기둥 위에 마름을 그려 놓았는데도 그가 지혜롭다고 하니, 이를 어떻 게 생각해야 할까?"

해설   공자가 장문중의 참월과 사치를 지적한 글이다. 본문은 포함의 주에 따라서 번역했다. 주희는 장문중이 큰 거북을 보관하는 집을 짓고 그 집의 두공과 동자기둥의 장식을 화려하게 한 것을 문제 삼았다고 보았다. 정약용에 따르면 장문중의 잘못은 두 가지인데 하나는 채라는 큰 거북을 보관한 것이고,

子張問曰: "令尹子文, 三仕爲令尹, 無喜色. 三已之, 無慍色. 舊令尹之政, 必以告新令尹. 何如?" 子曰: "忠矣." 曰: "仁矣乎?" 曰: "未知. 焉得仁?" "崔子弑齊君, 陳文子有馬十乘, 棄而違之. 至於他邦, 則曰: '猶吾大夫崔子也'. 違之. 之一邦, 則又曰: '猶吾大夫崔子也.' 違之. 何如?" 子曰: "淸矣." 曰: "仁矣乎?" 曰: "未知. 焉得仁?"

令尹(영윤) 초(楚)나라의 상경(上卿)으로 정치를 맡는 벼슬 이름이다. 子文(자문) 자문은 자이고, 성은 투(鬪), 이름은 곡어도(穀於菟)이다. 『한서(漢書)』에는 이름 가운데 곡(穀)이 구(穀)로 되어 있다. 崔子(최자) 제나라 대부로 이름은 저(杼). 이 당시의 제나라 임금은 장공(莊公)으로 이름은 광(光)이었다. 陳文子(진문자) 이름은 수무(須無)이고, 제나라의 대부이다.

季文子三思而後行. 子聞之, 曰: "再, 斯可矣."

季文子(계문자) 성은 계손(季孫), 이름은 행보(行父), 문은 시호로 노나라 대부다.

또 하나는 사당을 꾸미는 데 천자의 장식을 사용한 것이다.

5-19 자장이 물었다. "초나라의 영윤 자문은 세 차례나 영윤이 되었어도 즐거워하는 기색이 없었으며, 매번 그 자리를 그만두게 되어도 원망하는 기색 없이 반드시 자신이 맡았던 정사를 새 영윤에게 알려 주었으니, 어떠합니까?" 선생님께서 "충성스럽다."라고 말씀하셨다. 자장이 "인(仁)하다고 할 수 있습니까?" 물으니, 선생님께서 말씀하셨다. "모르긴 해도, 어찌 인하다고 할 수 있겠는가?" "최자가 제나라 임금을 시해하자, 진문자는 40필의 말을 가지고 있었으나 버리고 제나라를 떠났습니다. 다른 나라에 이르러서 말하기를 '여기도 우리 대부 최자와 똑같구나.' 하고 그곳을 떠났습니다. 다른 나라에 가서 또 말하기를 '우리 대부 최자와 똑같구나.' 하고 그곳을 떠났으니, 어떠합니까?" 선생님께서 "깨끗하다."라고 말씀하셨다. 자장이 "인하다고 할 수 있습니까?" 하고 물으니, 선생님께서 말씀하셨다. "모르긴 해도, 어찌 인하다고 할 수 있겠는가?"

5-20 계문자는 세 차례 생각해 본 뒤에 행한다고 하니, 선생님께서 그 말을 듣고 "두 번이면 된다."라고 말씀하셨다.

해설 『서경』 「홍범(洪範)」에서는 "생각하면 사리에 통하여 밝게 되고, 사리에 통하여 밝은 것이 곧 성인이다.(思曰睿, 睿作聖)"라고 하였다. 공자는 두 번 생각하면 이미 자세하게 살핀 것인데 세 번까지 생각하면 도리어 사의(私意)가 일어나 미혹됨을 경계한 것이지, 생각하는 일 자체를 반대한 것은 아니다.

子曰: "甯武子, 邦有道則知, 邦無道則愚. 其知可及也, 其愚不可及也."

甯武子(영무자) 성은 영(甯), 이름은 유(兪), 무는 시호. 위나라 대부다.

子在陳, 曰: "歸與! 歸與! 吾黨之小子狂簡, 斐然成章, 不知所以裁之."

狂簡(광간) 주희에 따르면 뜻은 크지만 경험이 부족[志大而略於事]하다는 뜻이다. 斐然(비연) 문채가 빛나는 모양. 예악을 잘 닦아서 문식(文飾)하는 것이 훌륭하다는 뜻이다. 裁(재) 마름질하다.

子曰: "伯夷·叔齊不念舊惡, 怨是用希."

伯夷·叔齊(백이·숙제) 은나라 고죽군(孤竹君)의 두 아들로 백이가 형이고 숙제가 동생이었다. 백이와 숙제는 무왕이 은나라를 치자 부당하다고 충고했고, 무왕이 천하를 얻자 주나라의 곡식 먹기를 부끄럽게 여겨 수양산(首陽山)으로 도망가서 고사리를 캐 먹고 살다가 굶어 죽었다. 怨是用希(원시용희) 시용(是用)은 시이(是以)와 같다. '이로써', '이 때문에'라는 뜻이다. 황간에 따르면 백이와 숙제가 남을 원망함이 적었다는 뜻이다. 형병에 따르면 남이 백이와 숙제를 원망함이 적었다는 뜻이다. 주희는 후자를 따랐다.

선생님께서 말씀하셨다. "영무자는 나라에 도가 있으면 총명함을 발휘하고, 나라에 도가 없으면 어리숙하다. 그의 총명함은 따라갈 수 있으나, 그의 어수룩함은 따라갈 수 없다."

해설   신하는 현명하지 않은 군주가 지배하여 나라에 도가 없어졌을 때 총명함을 발휘하면 군주에게 이용당해 결국 올바른 정치를 하지 못하는 경우가 많다. 그러므로 영무자가 총명함을 숨겨서 어수룩하게 보인 것은 잘못된 정치에 이용되어 국정을 그르치는 일에서 자유롭기 위한 태도라고 할 수 있다. 이러한 풀이는 한 대 주석가들의 관점이다. 반면 주희는 나라에 도가 없을 때 영무자가 자신의 안위를 돌보지 않고 오히려 몸과 마음의 힘을 모두 기울여 어렵고 험한 일을 해냄으로써 결국 자신도 보전하고 군주도 구제했다고 풀이한다. 평범한 사람의 관점에서 이는 어리석은 처신으로 보일 수 있다.

5-22   선생님께서 진나라에 계실 때 말씀하셨다. "돌아가자꾸나! 돌아가자꾸나! 내 고향의 젊은이들은 뜻은 크지만 경험이 적고, 학문과 문장은 빛나게 이루었으나 그것을 어떻게 마름질할지 모르는구나."

5-23   선생님께서 말씀하셨다. "백이와 숙제는 지난날의 유감을 마음에 두지 않았다. 이 때문에 원망도 적었다."

子曰: "孰謂微生高直? 或乞醯焉, 乞諸其隣而與之."

微生高(미생고) 노나라 사람으로 성은 미생이고 이름은 고이다. 乞(걸) 빌린다는 뜻이다. 醯(혜) 초. 隣(린) 이웃.

子曰: "巧言·令色·足恭, 左丘明恥之, 丘亦恥之. 匿怨而友其人, 左丘明恥之, 丘亦恥之."

足(주) 여기에서는 '주'로 읽어야 하며, 지나치다는 뜻이다. 左丘明(좌구명) 노나라 태사(太史). 匿(닉) 숨긴다는 뜻이다.

顔淵·季路侍. 子曰: "盍各言爾志?" 子路曰: "願車馬衣輕裘與朋友共敝之而無憾." 顔淵曰: "願無伐善, 無施勞." 子路曰: "願聞子之志." 子曰: "老者安之, 朋友信之, 少者懷之."

季路(계로) 자로. 輕裘(경구) 경은 연문(衍文, 쓸데없이 덧붙여진 글)이라는 견해도 있다. 施勞(이로) 시(施)는 과장한다는 뜻이므로 음이 '이'고, 로는 공로가 있다는 뜻이다. 『주역』에 나오는 "공로가 있어도 자랑하지 않는다.〔勞而不伐〕"라는 의미이다. 공안국은 이와 달리 남에게 힘든 일을 미루지 않는다는 뜻으로 해석한다. 이 경우에도 음은 '이'다. 하안은 施를 이시(以豉)라 반절음으로 표기하고 뜻은 이(移, 옮기다)라고 풀이했다. 老者安之, 朋友信之,

5-24   선생님께서 말씀하셨다. "누가 미생고가 정직하다고 하느냐? 어떤 사람이 그에게 식초를 구걸하니, 그의 이웃집에서 얻어다 주었다."

해설   미생고는 평소에 정직한 사람으로 이름나 있었다. 그런데 어떤 사람이 식초를 얻으러 왔을 때 자기 집에 식초가 없었기에 이웃집에서 얻어다가 주었다. 이에 공자는 미생고가 아름다운 이름을 노략질하기 위해 은혜를 파는 행위를 했으므로 정직한 사람이 될 수 없다고 비평했다. 직(直)이란 옳은 것을 옳다 하고 그른 것을 그르다 하며, 있는 것을 있다 하고 없는 것을 없다 하는 것이다. 그러므로 미생고의 행위는 사소한 것이지만 직을 크게 해친다.

5-25   선생님께서 말씀하셨다. "말솜씨가 좋고, 얼굴을 잘 꾸미며, 지나치게 공손한 것을 좌구명이 부끄러운 일이라고 여겼는데, 나도 부끄럽게 생각한다. 원망을 숨기고 그 사람과 벗하는 것을 좌구명이 부끄러운 일이라고 여겼는데, 나도 부끄럽게 여긴다."

5-26   안연과 계로가 선생님을 모시고 있을 때, 선생님께서 말씀하셨다. "너희들의 뜻을 각각 말해 보지 않겠느냐?" 자로가 말했다. "수레와 말 그리고 의복을 벗들과 공동으로 쓰다가 망가져도 섭섭해하는 일이 없게 되기를 바랍니다." 안연이 말했다. "나의 좋은 점을 자랑하지 않고, 공로를 과장하는 일이 없게 되기를 바랍니다." 자로가 말했다. "선생님의 뜻을 듣고 싶습니다." 선생님께서 말씀하셨다. "노인들을 편안케 해 드리고, 벗들이 나를 믿게 하고, 젊은이들을 품어 주

少者懷之(노자안지, 붕우신지, 소자회지) 본문 해석과 달리 황간은 "노인들은 나에 의해서 편안하게 되고, 벗들은 나에 의해서 믿게 되고, 젊은이들은 나에 의해서 사모하게 된다."로 풀이했다. 이 가운데 마지막 구절 소자회지는 반드시 자혜(慈惠)가 있었기 때문이라고 해석된다. 『논어집주』의 일설에 따르면 "노인들은 나를 편안히 여기고, 벗들은 나를 믿고, 젊은이는 나를 그리워한다."라고 해석하는 것도 가능하다.

子曰: "已矣乎! 吾未見能見其過而內自訟者也."

子曰: "十室之邑, 必有忠信如丘者焉, 不如丘之好學也."

고 싶다."

이 세 사람에 대해 정자는 "공자는 안인(安仁), 안연은 불위인(不違仁), 자로는 구인(求仁)의 경지"라고 하였다. 즉 공자는 인을 자연스럽게 실천하는 경지이고, 안회는 의도적으로 인을 벗어나지 않으려고 노력하는 것이고, 자로는 애써서 인을 얻으려고 노력하는 것이다.

5-27 선생님께서 말씀하셨다. "그만두자꾸나! 나는 아직 자기 잘못을 알아서 안으로 자신을 책망하는 사람을 보지 못했다."

해설 내자송(內自訟)이란 입으로 말을 하지는 않지만 마음속으로 스스로 꾸짖는 것이니, 자신의 잘못을 깨닫고 뉘우치는 마음이 깊고 간절함을 말한다. 그렇게 해야만 자신의 허물을 진정으로 고칠 수 있는 것이다.

5-28 선생님께서 말씀하셨다. "열 가구 정도의 작은 마을에도 반드시 나처럼 충성스럽고 신의 있는 사람이 있으나, 나만큼 배우기를 좋아하지는 못하더라."

6 옹야
雍也

이 편은 모두 28장으로, 전체적인 뜻은 앞의 「공야장」과 같다. 주희는 제14장 이전은 앞의 「공야장」과 대체로 같은 뜻이라고 말했는데, 다만 「공야장」 편에 나무라는 말이 많다면 이 편에는 칭찬하는 말이 많다. 편 가운데 "아는 것은 좋아하는 것만 못하고, 좋아하는 것은 즐기는 것만 못하다."라는 말과 "슬기로운 사람은 물을 좋아하고, 인한 사람은 산을 좋아한다. 슬기로운 사람은 물같이 움직이고, 인한 사람은 산같이 고요하다."라는 말 등이 주목을 끈다. 세상일은 정밀하지 못한 것에서부터 정밀한 것으로 귀결된다. 학문 역시 그렇다. 그래서 이 편을 「공야장」 다음에 두었다.

子曰: "雍也, 可使南面." 仲弓問子桑伯子. 子曰: "可也簡." 仲弓曰: "居敬而
行簡, 以臨其民, 不亦可乎? 居簡而行簡, 無乃大簡乎?" 子曰: "雍之言然."

可使南面(가사남면) 십삼경주소본에서는 여기까지를 1장으로 보고, 그 이하를 2장으로 간주
한다. 여기에서는 주희의 『논어집주』의 구분을 따랐다. 南面(남면) 천자나 제후의 자리는 남
쪽을 향해 놓여 있었다. 그러므로 남면한다는 것은 나라를 다스린다는 뜻과 통한다. 子桑伯
子(자상백자) 누군지 불분명하다. 장자가 말한 자상호(子桑戶)일 것이라고도 하고, 진(秦)나
라 목공(穆公) 때의 자상(子桑, 공손지(公孫枝))이라고도 한다. 簡(간) 주희는 번거롭게 하
지 않는다(不煩)라고 풀이했다. 이에 따르면 간은 예법이나 형정(刑政)을 번거롭게 하지 않
아 백성을 귀찮게 하지 않는다는 뜻이다. 『설원』에서는 간소하다, 바탕이 아름답고 꾸밈이 없
다(質美而無文)는 뜻으로 보았다. 居敬(거경) 심신을 경건한 상태로 일관하게 하며, 자신을
엄격하게 단속하는 태도를 뜻한다. 行簡(행간) 남을 관대하게 대하는 태도로, 순임금의 무
위의 정치(無爲而治)에 비유되기도 한다. 반면 거간(居簡)은 자신을 엄격히 단속하지 않고
방관하는 것을 뜻한다.

哀公問: "弟子孰爲好學?" 孔子對曰: "有顔回者好學, 不遷怒, 不貳過. 不
幸短命死矣. 今也則亡, 未聞好學者也."

선생님께서 말씀하셨다. "옹(중궁)은 남면하여 나라를 다스리게 할 만하다." 중궁이 자상백자에 대해 물으니, 선생님께서 말씀하셨다. "간소한 점이 괜찮다." 중궁이 말했다. "자기 자신은 경건하면서도 간소하게 백성을 다스리면 좋지 않겠습니까? 자기 자신은 단속하지 않으면서 백성을 간소하게 다스린다면 너무 간소하지 않겠습니까?" 선생님께서 말씀하셨다. "옹의 말이 옳다."

애공이 물었다. "제자 가운데 누가 학문을 좋아합니까?" 공자께서 대답하셨다. "안회라는 사람이 있었는데, 학문을 좋아하여 노여움을 옮기지 않았으며, 같은 허물을 되풀이하지 않았습니다. 불행하게도 단명하여 일찍 죽었습니다. 지금은 없으니, 학문을 좋아하는 사람에 대해서 듣지 못했습니다."

『논어』에서 말하는 학(學)이란 모두 사람됨을 배우는 것이며, 오늘날 지식 추구를 위주로 하는 학문과는 다르다. 이 장의 기록으로 보면 더욱 분명하다. 이 장에서 공자는 노여움을 옮기지 않고 같은 허물을 반복하지 않는 것을 학문을 좋아하는 것이라고 말한다.

子華使於齊, 冉子爲其母請粟. 子曰: "與之釜." 請益. 曰: "與之庾." 冉子
與之粟五秉. 子曰: "赤之適齊也, 乘肥馬, 衣輕裘. 吾聞之也: 君子周急,
不繼富."

子華(자화) 형병에 따르면 공서적(公西赤)의 자다. 使(시) '시'라고 읽어 심부름을 보낸다는 뜻
이다. 冉子(염자) 염구(冉求). 당시 계씨의 가신이었다. 釜(부) 엿 말[斗] 넉 되[升]. 오늘날
의 단위와는 차이가 있다. 양보쥔에 따르면 한 말 두 되 여덟 홉 정도다. 庾(유) 대진(戴震)의
『고공기보주(考工記補注)』에 따르면 두 말 넉 되다. 양보쥔에 따르면 넉 되 여덟 홉이다. 하안
과 주희에 따르면 열여섯 말이다. 秉(병) 열여섯 곡(斛)으로, 곡은 열 말들이다. 오 병은 여든
섬가량으로 계산된다.

原思爲之宰, 與之粟九百, 辭. 子曰: "毋! 以與爾鄰里鄉黨乎!"

原思(원사) 공자의 제자로 성은 원, 이름은 헌(憲)이고 사는 자다. 九百(구백) 공안국에 따르
면 900말이다. 900가마라는 설도 있는데, 정확한 양은 알 수 없다.

子謂仲弓, 曰: "犂牛之子騂且角, 雖欲勿用, 山川其舍諸?"

仲弓(중궁) 『사기』 「열전」에서는 중궁의 아버지가 신분이 천해서 중궁을 이우지자(犂牛之子)
에 비유했다고 한다. 犂牛(이우) 하안에 따르면 '이'는 여러 무늬가 섞인 것이다. 황간도 문양
이 섞인 것이라고 하면서, 밭가는 소[耕犂]로 보는 혹자의 설도 소개한다. 騂(성) 붉은색, 순
적색을 뜻하며 여기에서는 소의 털 색깔을 가리킨다. 角(각) 뿔이 완전하고 단정해서 희생에
알맞은 것이다. 山川(산천) 주희에 따르면 산천의 신이다. 其~諸(기~제) 두 글자가 서로 호
응해 완곡한 반문을 표시한다.

子曰: "回也, 其心三月不違仁, 其餘則日月至焉而已矣."

6·3   자화를 제나라에 사신으로 보냈다. 염자가 자화의 어머니를 위하여 곡식을 청했다. 선생님께서 말씀하셨다. "엿 말 녁 되를 주어라." 더 주기를 청하니 "두 말 녁 되를 더 주어라." 하셨는데, 염자가 곡식 여든 섬을 주었다. 선생님께서 말씀하셨다. "적(赤)이 제나라로 갈 때에 살진 말을 타고 가벼운 털옷을 입고 갔다. 내가 듣건대 군자는 궁핍한 사람을 구원하고 부자에게는 보태 주지 않는다."

6·4   원사가 공자의 가신의 우두머리가 되었는데, 그에게 곡식 900말을 주니 사양했다. 선생님께서 말씀하셨다. "사양하지 마라! 그것을 네 이웃이나 동네 사람들에게 줄 수 있지 않겠느냐?"

6·5   선생님께서 중궁에 대하여 말씀하셨다. "얼룩소의 새끼가 털이 붉고 뿔이 반듯하다면, 비록 제사의 희생으로 쓰지 않으려 하더라도, 산천의 신이 어찌 그를 버리겠는가?"

해설   중궁의 아버지를 얼룩소에 비유한 것은 부모의 신분이 낮다는 뜻이다. 이 글은 부모의 신분이 낮더라도 자식이 현명하고 유능하면 등용될 수 있음을 뜻한다. 신분을 차별하지 않고 인격과 능력을 따져서 인재를 등용하고자 하는 것이 공자의 기본 정신이었음을 알 수 있다.

6·6   선생님께서 말씀하셨다. "안회는 그 마음이 오래도록 인(仁)

三月(삼월), 日月(일월) 삼월은 비교적 오랜 기간, 일월은 비교적 짧은 기간을 상징한다. 황간에 따르면 일월은 하루에 한 번 또는 한 달에 한 번 인에 이른다는 뜻이다. 정약용은 안회를 제외한 공자의 다른 제자들은 인을 어기지 않는 기간이 한 달 혹은 며칠에 지나지 않는다고 해석했다.

季康子問: "仲由可使從政也與?" 子曰: "由也果, 於從政何有?" 曰: "賜也可使從政也與?" 曰: "賜也達, 於從政何有?" 曰: "求也可使從政也與?" 曰: "求也藝, 於從政乎何有?"

從政(종정) 주희에 따르면 대부가 된다는 뜻이다. 그러나 여기에서는 벼슬해서 정치에 종사하는 것을 뜻한다. 참고로 『사서대전변(四書大全辨)』에서는 군왕은 위정(爲政)하고, 경(卿)은 집정(執政)하고, 대부는 종정(從政)한다고 구분한다.

季氏使閔子騫爲費宰. 閔子騫曰: "善爲我辭焉. 如有復我者, 則吾必在汶上矣."

閔子騫(민자건) 공자의 제자로 이름은 손(損)이다. 費(비) 노나라 지명으로 계씨의 식읍(食邑)이다. 汶(문) 제나라와 노나라의 경계에 있는 강의 이름.

을 어기지 않고, 다른 사람은 어쩌다 한 번씩 인에 이를 뿐이다."

6-7

계강자가 물었다. "중유(자로)는 정사에 종사시킬 만합니까?" 선생님께서 말씀하셨다. "유는 과감하니 정사에 종사하는 데 무슨 어려움이 있겠는가?" "사(자장)는 정사에 종사시킬 만합니까?" 하고 묻자, "사는 사리에 통달했으니 정사에 종사하는 데 무슨 어려움이 있겠는가?" 하셨다. "구(염유)는 정사에 종사시킬 만합니까?" 묻자, "구는 재능이 많으니 정사에 종사하는 데 무슨 어려움이 있겠는가?" 하셨다.

6-8

계씨가 민자건을 비 땅의 읍장으로 삼으려 하였다. (사자(使者)에게) 민자건이 말했다. "나 대신 말씀을 잘해 주시오. 만약에 다시 나를 부르러 오는 사람이 있다면, 나는 반드시 문수(汶水)를 건너 (제나라로) 가 버릴 것입니다."

해설

노나라 양공(襄公) 7년 남유(南遺)가 비읍(費邑)의 재(宰)가 되어 성을 쌓은 뒤 소공(昭公) 13년 남괴(南蒯)가 비읍에서 계씨에게 반란을 일으켰고, 또 공산불요(公山弗擾)가 계씨에게 반란을 일으켰다. 이들은 모두 읍재로서 반란을 일으켰던 것이다. 이에 계씨는 민자건이 현명하다는 소문을 듣고 그를 비읍의 재로 쓰기 위해 사람을 보냈다.

伯牛有疾, 子問之, 自牖執其手, 曰: "亡之, 命矣夫! 斯人也而有斯疾也! 斯人也而有斯疾也!"

伯牛(백우) 공자의 제자로 성은 염(冉), 이름은 경(耕)이며, 덕행으로 이름이 있다. 自牖執其手(자유집기수) 직접 대면하지 않고 창문을 통해 손을 잡은 이유에 대해서는 견해가 일정하지 않다. 우선 백우가 악질에 걸렸기에 방 안으로 들어가지 않았다고 볼 수 있다. 그러나 그 이유로 방에 들어가지 않았다면 손을 잡은 것은 해명되지 않는다. 이에 대한 의문은 주희가 제기했다. 주희에 따르면 보통 환자는 방의 북벽 아래에 눕히는데, 임금이 문병 오면 환자를 남벽 창 아래로 옮겨 임금으로 하여금 남면할 수 있도록 한다. 공자가 문병 갔을 때도 백우의 집에서 그렇게 배려했으나 공자는 그것을 참월로 받아들여, 도리어 바깥으로 나가서 창문으로 손을 잡았다는 것이다. 즉 예의로 그렇게 했다는 주석이다. 亡之(무지) 무(亡)는 무(無)로, 명맥이 끊어짐. 살아날 가망이 없음을 뜻한다.

子曰: "賢哉, 回也! 一簞食, 一瓢飮, 在陋巷, 人不堪其憂, 回也不改其樂. 賢哉, 回也!"

簞(단) 대나무로 만든 그릇. 瓢(표) 표주박. 陋巷(누항) 황간에 따르면 사람들은 '높고 건조하여 상쾌한(爽塏)' 곳에서 살기를 원한다. 그렇다면 여기에서 누항은 지대가 낮고 습한 지역의 마을을 가리킨다. 堪(감) 견디다.

冉求曰: "非不說子之道, 力不足也." 子曰: "力不足者, 中道而廢. 今女劃."

劃(획) 나누다. 선을 긋다. 해 보지도 않고 미리 선을 긋는다는 것은 하려고 드는 의지가 없음을 뜻한다. 공안국에 따르면 획은 그만두다(止)로, 자포자기하듯 해 보지도 않고 그만두는 것을 뜻한다.

子謂子夏曰: "女爲君子儒, 無爲小人儒."

君子儒(군자유) 마융에 따르면 군자유는 도를 밝히려는 인물이고, 소인유는 명성을 자랑하

6-9   백우가 병을 앓자 선생님께서 문병 가셔서, 창문으로 그의 손을 잡고 말씀하셨다. "살아날 가망이 없으니, 운명인가! 이 사람한테 이런 병이 생기다니! 이 사람한테 이런 병이 생기다니!"

6-10   선생님께서 말씀하셨다. "훌륭하도다, 안회여! 한 그릇의 밥과 한 바가지의 물로 누추한 동네에 살게 되면, 다른 사람들은 그 근심을 견뎌 내지 못하는데, 안회는 그 즐거움을 바꾸지 않는다. 훌륭하도다, 안회여!"

6-11   염구가 말했다. "선생님의 도를 좋아하지 않는 것은 아니지만, 힘이 부족합니다." 선생님께서 말씀하셨다. "힘이 부족한 사람은 도중에 그만두게 된다. 지금 너는 해 보지도 않고 미리 선을 긋고 있다."

6-12   선생님께서 자하에게 말씀하셨다. "너는 군자다운 유자가 되어야지, 소인 같은 유자는 되지 마라."

려는 인물이다. 儒(유) 학자를 지칭하는 말로 오늘날의 지식인을 가리킨다.

子游爲武城宰. 子曰: "女得人焉耳乎?" 曰: "有澹臺滅明者, 行不由徑, 非
公事, 未嘗至於偃之室也."

武城(무성) 노나라의 읍명이다. 宰(재) 읍장을 말한다. 읍은 종묘사직이 없는 곳이고, 도
(都)는 종묘사직이 있는 곳이다. 澹臺滅明(담대멸명) 성은 담대, 이름은 멸명, 자는 자우(子
羽)다. 뒤에 공자의 제자가 되었다. 行不由徑(행불유경) 형병에 따르면 대도(大道)를 따라가
며 지름길로 다니지 않는 것이다.

子曰: "孟之反不伐, 奔而殿, 將入門, 策其馬, 曰: '非敢後也, 馬不進也.'"

孟之反(맹지반) 정현에 따르면 노나라 대부로 성은 맹, 이름은 지측(之側)이며 지반은 자다.
伐(벌) 공을 자랑한다(誇功)는 뜻이다. 奔(분) 『논어집주』에 따르면 패주하는 것이다. 殿
(전) 군대의 후미에서 적을 막는 위치.

子曰: "不有祝鮀之佞, 而有宋朝之美, 難乎免於今之世矣."

祝鮀(축타) 축타는 위(衛)나라의 대부로, 자는 자어(子魚)다. 말재주가 있어서 위 영공에게
총애를 받았다. 축은 원래 관명이다. 佞(녕) 말을 잘하다. 宋朝(송조) 송나라의 공자(公子)
조는 미남이었다. 위 영공의 부인 남자(南子), 양공(襄公)의 부인 선강(宣姜)과 정을 통한 사
이다.

子曰: "誰能出不由戶? 何莫由斯道也?"

6-13   자유가 무성의 읍장이 되었다. 선생님께서 "너는 그곳에서 훌륭한 인재를 얻었느냐?" 하고 물으시니, 자유가 대답했다. "담대멸명이라는 사람이 있는데, 지름길로 다니지 않고, 공무가 아니면 저의 집무실에 오는 일이 없었습니다."

6-14   선생님께서 말씀하셨다. "맹지반은 자신의 공로를 자랑하지 않았다. 그는 부대가 패주할 때 (모든 군대를 엄호하기 위하여) 후미를 보다가, 성문에 들어갈 무렵 자기 말에 채찍질하면서 이렇게 말했다. '내가 감히 뒤에 서려 한 것이 아니었는데, 말이 빨리 나아가지 않았기 때문이다.'"

6-15   선생님께서 말씀하셨다. "축타 같은 말재주나 송조 같은 미색이 없으면, 지금 세상에서 환난을 면하기가 어렵다."

6-16   선생님께서 말씀하셨다. "누가 문을 거치지 않고 나갈 수 있겠는가? 그런데도 사람들은 어째서 이 도를 따르지 아니하는가?"

子曰: "質勝文則野, 文勝質則史. 文質彬彬, 然後君子."

質(질), 文(문) 문은 꾸밈이요, 질은 바탕이다. 정약용은 "예악으로써 꾸미고 덕행으로써 근본을 삼는다.〔飾之以禮樂, 本之以德行〕"라고 했다. 野(야) 거칠고 세련되지 못하다는 뜻이다. 史(사) 아는 것이 많고 일을 잘하나 성실함이 부족하다는 뜻이다. 彬彬(빈빈) 주희에 따르면 반반(班班)과 같으니 사물이 서로 섞여 적당하게 균형이 잡힌 모습을 형용한 말이다.

子曰: "人之生也直, 罔之生也幸而免."

子曰: "知之者不如好之者, 好之者不如樂之者."

之(지) 주희는 도(道)로 해석한다. 즉 도를 아는 것은 도를 좋아하는 것만 못하고, 도를 좋아하는 것은 도를 즐기는 것만 못하다는 뜻이다. 이 밖에 일, 학문 등으로 새길 수 있다. 者(자) 사람으로 볼 수도 있다. 이에 따르면 아는 사람, 좋아하는 사람, 즐기는 사람으로 해석된다.

子曰: "中人以上可以語上也, 中人以下不可以語上也."

上(상) 높고 깊은 학문이나 도리를 가리킨다.

樊遲問知. 子曰: "務民之義, 敬鬼神而遠之, 可謂知矣." 問仁. 曰: "仁者先難而後獲, 可謂仁矣."

先難而後獲(선난이후획) 공안국에 따르면 난은 노고(勞苦)이고 획은 공(功)을 얻는다는 뜻이다. 한 대의 주는 획을 녹(祿, 봉록) 혹은 공(功)으로 해석한다. 동중서(董仲舒)는 "그 마

6-17 선생님께서 말씀하셨다. "질(質)이 문(文)보다 지나치면 촌스럽고, 문이 질보다 지나치면 겉치레에 흐르게 된다. 문과 질이 알맞게 조화를 이룬 뒤에야 군자답게 된다."

해설 군자는 겉으로 드러내는 예악이 세련되어야 함은 물론 그것이 선한 덕성에 근본을 두어야 한다. 예악에 의한 문식이 세련되지 못한 것〔野〕이나 덕성에 바탕을 둔 성실함이 부족한 것〔史〕은 모두 균형을 이루지 못한 것이다. 군자는 예악을 올바르게 익혀서 그 덕성을 세련되게 표현할 줄 알아야 한다.

6-18 선생님께서 말씀하셨다. "사람 사는 도리는 정직함인데, 정직하지 않고도 살아가는 것은 요행히 (화를) 면한 것일 뿐이다."

6-19 선생님께서 말씀하셨다. "아는 것은 좋아하는 것만 못하고, 좋아하는 것은 즐기는 것만 못하다."

6-20 선생님께서 말씀하셨다. "보통 사람 이상에게는 높은 가르침을 말해 줄 수 있지만, 보통 사람 이하에게는 높은 가르침을 말해 줄 수 없다."

6-21 번지가 지혜에 대하여 물으니, 선생님께서 말씀하셨다. "백성을 올바로 이끄는 도리에 힘쓰고, 귀신을 공경하되 가까이하지 않으면 지혜롭다고 할 만하다." 인에 대하여 물으니 말씀하셨다. "인한 사람은 어려운 일을 먼저 하고 이득을 앞

땅한 것을 올바로 행하고, 그 이익을 도모하지 않는다.〔正其宜, 不謀其利〕"라고 푼다. 범중엄 (范仲淹)은 "천하 사람들이 근심하기에 앞서서 근심하고, 천하 사람들이 다 즐긴 뒤에 즐거 위한다.〔先天下之憂而憂, 後天下之樂而樂〕"라고 옮긴다.

子曰: "知者樂水, 仁者樂山. 知者動, 仁者靜. 知者樂, 仁者壽."
樂(요, 락) 樂水, 樂山의 樂은 음이 '요', 知者樂의 樂은 '락'이다. 후자의 뜻은 학문 등을 '즐 거워하다'가 된다.

子曰: "齊一變至於魯, 魯一變至於道."

세우지 않으니, 그래야 인한 사람이라고 할 만하다."

6-22   선생님께서 말씀하셨다. "슬기로운 사람은 물을 좋아하고, 인한 사람은 산을 좋아한다. 슬기로운 사람은 물같이 움직이고, 인한 사람은 산같이 고요하다. 슬기로운 사람은 즐거워하고, 인한 사람은 장수한다."

해설   유보남의 『논어정의』에 따르면 "슬기로운 사람은 등용될 수 있고 스스로도 그러한 일을 하는 것을 싫어하지 않으며, 지혜롭기 때문에 성공할 수 있고 뜻대로 되기 때문에 즐겁다.〔知者能爲世用, 不嫌自役, 知有成功, 得志故樂〕" 라는 의미다. 포함도 슬기로운 사람은 재주와 슬기를 잘 움직여서 세상을 다스리는데, 그것이 마치 물이 그칠 줄 모르고 흐르는 것과 같다고 비유했다. 또한 포함은 '인자수(仁者壽)'를 성정이 안정된 사람은 생명도 오래갈 수 있다는 뜻으로 해석했다. 그러나 정약용은 슬기로운 사람의 락(樂)이란 인(仁)을 이롭게 여겨 그로써 자신을 완성하는〔成己〕 데서 오는 즐거움을 말하는 것이지, 포함의 주처럼 세상을 다스리는 데서 오는 즐거움은 아니라고 반박했다. 그리고 인한 사람의 수(壽)는 장수(長壽)가 아니라 안정되었기에 떳떳함이 있어서 오래갈 수 있다는 뜻이라고 해석했다. 포함처럼 해석하는 것은 의가(醫家)의 양생방(養生方)에 지나지 않는다는 비판이다.

6-23   선생님께서 말씀하셨다. "제나라가 한 번 변화하면 노나라 문화의 수준에 이르고, 노나라가 한 번 변화하면 대도(大道)가 실현되는 세상이 될 것이다."

子曰: "觚不觚, 觚哉! 觚哉!"

觚(고) 황간에 따르면 술잔을 한 번 바칠 때에 손님[賓]과 주인이 서로 백 번 절을 하는 것이 '고'라는 술잔을 사용하는 예법이다. 그런데 공자 당시에 술을 마시면서 고를 쓰는 예법을 지키지 않고 술에 취해 절도가 없었다. 공자는 고라는 술잔으로 술을 마시면서 이러한 예법을 지키지 않는 상황, 즉 유명무실(有名無實)을 비판한 것이다. 일설에 고는 용량이 두 되들이며, 주희에 따르면 모난 술그릇이다. 저중도(褚仲都)는 『논어의소(論語義疏)』에서 "고를 만들면서 고의 법을 사용하지 않으면 끝내 고가 이루어지지 않는 것처럼, 정치를 하면서 정치하는 법을 사용하지 않으면 어찌 정치가 이루어지겠는가?[褚仲都曰: "作觚而不用觚法, 觚終

포함에 따르면 제나라는 태공(太公)의 교화로 시작되어 아직까지 그 문화가 남아 있고, 노나라는 주공(周公)의 교화로 시작되어 여전히 그 문화가 남아 있다. 두 나라가 비록 쇠하기는 했어도 그렇게 남아 있는 문화 위에서 현명한 군주가 나타나 다스린다면, 제나라의 문화가 노나라의 문화와 같은 수준에 도달하고, 노나라는 대도를 실현할 수 있게 된다는 뜻이다.

주희는 다음과 같이 말했다. 공자 당시에 제나라의 풍속은 공리(功利)를 구하는 데 급급하고, 자랑하고 속이는 것을 즐겨 했으니 패도 정치[霸政]의 유습이 남아 있는 것이다. 반면에 노나라의 풍속은 예교를 중히 여기고 신의를 숭상했으니 선왕의 유풍이 그래도 존재한다. 두 나라의 정치와 풍속이 다르므로 선왕의 도를 구현하기에는 차이가 있게 마련이다.

정약용에 따르면 제나라를 일으킨 태공의 치술(治術)은 현인을 등용해 공(功)을 숭상하는 방법이었고, 주공의 치술은 마땅히 가까이 지내야 할 사람은 더욱 가까이하고[親親] 존중해야 할 사람은 더욱 존중하는[尊尊] 방법이었다. 노나라는 순전히 주나라 제도를 사용했으니, 주나라와 노나라의 제도는 모두 주공의 손에서 이루어진 것이다. 그러나 제나라는 별도로 법을 만들어 썼다. 정약용의 견해는 주희의 설명에 대한 보충이라고 볼 수 있다.

6-24   선생님께서 말씀하셨다. "고라는 술잔을 고에 맞게 쓰지 않는다면 고라고 하겠는가!"

不成, 猶爲政而不用政法, 豈成哉?")라고 풀이한다.

宰我問曰: "仁者, 雖告之曰: '井有仁焉.' 其從之也?" 子曰: "何爲其然也? 君子可逝也, 不可陷也. 可欺也, 不可罔也."

井有仁焉(정유인언)『논어집주』에 적힌 유면지(劉勉之)의 설에 따르면 인(仁)은 인(人)이 되어야 마땅하다. 황간본에는 "유인자언(有仁者焉)"으로 되어 있다. 其從之也(기종지야) 왕인지의『경전석사』에 따르면 야(也)는 여(與), 여(歟)와 같은 뜻이다. 기와 야가 호응해서 완곡한 반문의 형태가 되며, 지(之)는 앞에 고한 말이다. 공안국에 따르면 인자는 반드시 환난에 처한 사람을 구하려고 한다. 그러므로 재아는 만약 우물에 사람이 빠졌다면, 인자가 스스로 몸을 던져 우물 속에 빠진 사람을 구해 낼지를 물은 것이다. 君子可逝也(군자가서야) 하안에 따르면 군자는 그에게 가서 보게 할 수 있다〔君子可使往視之〕는 뜻이다. 罔(망) 주희에 따르면 행동까지 그렇게 하도록 속이는 것이다.

子曰: "君子博學於文, 約之以禮, 亦可以不畔矣夫!"

博學於文(박학어문) 박문은 다양한 지식〔多〕을 지향하여 학문을 넓혀 나가는 것이다. 約之以禮(약지이례) 약례는 예로써 자기 자신의 행위를 단속하는 것이다.

子見南子, 子路不說. 夫子矢之曰: "予所否者, 天厭之! 天厭之!"

南子(남자) 위 영공의 부인으로 당시에 음탕하다고 소문이 나 있었다. 矢(시) 맹세〔誓〕. 所(소) 가정해서 맹세할 때 쓰는 말이다. 厭(압) 황간에 따르면 막힐 비(否) 또는 색(塞)의 뜻으로, 이때는 '압'으로 읽는다. 형병은 염기(厭棄, 싫어서 버리다), 주희는 기절(棄絶, 버려서 관계를 끊다), 정약용은 미워하다〔惡〕라 보았다.

子曰: "中庸之爲德也, 其至矣乎! 民鮮久矣."

民鮮久矣(민선구의) 본문의 해석은 주희에 따랐다.『중용』에는 "民鮮能久矣"로 되어 있다.

6-25 재아가 물었다. "인한 사람은 그에게 '우물에 사람이 빠져 있다.'라고 말한다 해서 그 말에 따라 우물 속으로 들어갈까 요?" 선생님께서 말씀하셨다. "어찌 그렇게까지 하겠는가? 군자는 우물까지 가 보게 할 수는 있을지언정 빠뜨릴 수는 없고, 속일 수는 있어도 사리에 맞지 않는 일을 하게 할 수 는 없다."

6-26 선생님께서 말씀하셨다. "군자가 문헌을 널리 배우고 예(禮) 로써 단속한다면, 또한 도리에 어그러지지 않을 수 있을 것 이다."

6-27 선생님께서 남자(南子)를 만나자 자로가 좋아하지 않았다. 선생님께서는 맹세하여 말씀하셨다. "나에게 불미스러운 일 이 있었다면 하늘이 나의 도를 통하지 않게 하리라! 하늘 이 나의 도를 통하지 않게 하리라!"

6-28 선생님께서 말씀하셨다. "중용의 덕은 지극하구나! 이 덕을 실행할 수 있는 백성이 드문 지 오래되었다."

정약용은 이에 근거해 "중용의 덕을 오래도록 행할 수 있는 자가 드물다."라 해석했다.

子貢曰: "如有博施於民而能濟衆, 何如? 可謂仁乎?" 子曰: "何事於仁! 必也聖乎! 堯·舜其猶病諸! 夫仁者, 己欲立而立人, 己欲達而達人. 能近取譬, 可謂仁之方也已."

立(입) 사회에서 '하나의 도덕적 인격체로서 자립하는[立於禮]' 것을 말한다. 達(달) 달성. 통달(通達, 막힘이 없이 통하여 훤히 앎), 영달(榮達, 높은 지위에 오르고 귀하게 됨), 문달 (聞達, 명성이 알려져 등용됨)과 같은 뜻이 있다. 能近取譬(능근취비) '가까이 자기 마음을 비유로 취할 수 있다면'이라는 뜻이다. 유보남의 『논어정의』에 따르면 "자신을 비유를 삼는다 는 것은 자기의 마음과 같으려니 해서 남을 헤아리는 것[以己爲喻, 如己之心 以推諸人]"이 므로 결국은 서(恕)와 뜻이 같다.

6-29

자공이 말했다. "만일 백성에게 널리 은혜를 베풀고 뭇사람
들을 구제할 사람이 있다면 어떻습니까? 인(仁)하다고 일컬
을 만합니까?" 선생님께서 말씀하셨다. "어찌 인에 그치겠
는가? 틀림없이 성인이리라. 요임금과 순임금도 그렇게 하기
는 쉽지 않았을 것이다. 대체로 인한 사람은 자신이 서고자
하는 것으로 남도 서게 해 주며, 자신이 이루고자 하는 것
을 남도 이루게 해 준다. 가까이 자기에게 비추어 보아 남을
이해할 수 있다면, 인을 실천하는 방법이라고 할 수 있다."

7 술이
述而

이 편은 모두 37장이다. 주희에 의하면 성인이 자신을 겸손히 하고 남을 가르친 말씀과 그 용모 그리고 행동의 실제를 기록한 것이 많다. 앞 편에서는 현인, 군자 및 인자(仁者)의 덕행을 말했다면, 이 편에서는 성인(聖人)에 대해서 많이 언급했다. 그래서 「옹야」편에 이어 이 편을 두었다. 편 가운데 "알려고 애쓰지 않으면 일깨워 주지 않고, 표현하려고 애쓰지 않으면 틔워 주지 않는다. 한 모서리를 들어 주었는데도 다른 세 모서리를 헤아리지 않는다면, 되풀이하여 가르치지 않는다."라고 한 말과 "거친 음식을 먹고 맹물을 마시며 팔을 굽혀 베개를 삼더라도, 즐거움이 또한 그 속에 있는 법이다. 의롭지 않은데도 돈 많고 지위가 높은 것은, 내게는 뜬구름과 같다."라는 말이 주목을 끈다.

子曰: "述而不作, 信而好古, 竊比於我老彭."

述而不作(술이부작) 형병은 덕과 지위[位]를 겸비해야 예악을 제작할 수 있다고 했다. 공자는 성인의 덕은 있으나 천자의 자리에 있지 않으므로 예악을 제작하지 못하는 처지다. 信(신) 선왕의 도를 돈독하게 믿는 것이다. 古(고) 고인(古人)의 도 또는 선왕의 도를 말하는 것으로, 예나 지금이나 변함없는 보편적 도리를 가리킨다. 竊(절) '몰래'라는 뜻이다. 老彭(노팽) 포함은 은(殷)의 현명했던 대부로 보았고, 정현은 노자(老子)와 팽조(彭祖)로 보았다.

子曰: "黙而識之, 學而不厭, 誨人不倦, 何有於我哉."

識(지) 기억하다. 何有於我哉(하유어아재) 유보남은 『논어정의』에서 "無是行於我, 我獨有之"로 알려진 정현의 주에서 아(我)는 중복된 글자라고 보았다. 그에 따르면 정현의 주는 "다른 사람에게는 이러한 행실이 없으나 나에게만 이러한 행실이 있다.[無是行, 於我獨有之]"로 해석된다. 공영달은 '그 세 가지 모두가 행하기에 어렵지 않다[皆爲不難]'고 풀었다. 주희는 '어느 것인들 나에게 있을 수 있겠는가?[何者能有於我也]'라는 일종의 겸양하는 말로 보았다.

子曰: "德之不修, 學之不講, 聞義不能徙, 不善不能改, 是吾憂也."

徙(사) 옮기다. 실천한다는 의미다. 청수더의 『논어집석』에 따르면 『천문본논어교감기(天文本論語校勘記)』 당본(唐本), 진번본(津藩本), 정평본(正平本)에는 종(從) 자로 되어 있다고 한다. 이에 따르면 '의(義)를 따라 한다'는 뜻이 된다.

子之燕居, 申申如也, 夭夭如也.

7-1   선생님께서 말씀하셨다. "나는 선현의 제도를 전하되 창작하지 아니하며, 옛것을 믿고 좋아함을 가만히 우리 노팽에게 견주어 본다."

해설   예악은 덕과 지위를 창작할 수가 있다. 그러나 공자는 성인의 덕이 있으면서도 감히 성인으로 자처하지 않았고, 천자의 자리에 있지 않았으므로 "선현의 제도를 전하되 창작하지 아니한다."라고 말했다. 앞서 정립된 문화를 충실히 계승하고자 하는 공자의 태도는 단순히 묵수(墨守)가 아니다. 당시 사회의 혼란상을 지켜보고, 그 해결 방안으로 무너진 예악을 재정립하되 반드시 인(仁)이 토대가 되어야 함을 역설한 것은 오히려 시대적 문제 상황을 적극적으로 타개해 나가고자 한 것이다.

7-2   선생님께서 말씀하셨다. "묵묵히 기억하며, 배우되 싫증 내지 않고, 남을 가르침에 지치지 않는 일들이라면 내게 무슨 어려움이 있으랴?"

7-3   선생님께서 말씀하셨다. "덕이 닦이지 않는 것과 학문이 익혀지지 않는 것과 의로운 일을 듣고 실천하지 못하는 것과 잘못을 고치지 못하는 것이 나의 근심이다."

7-4   선생님께서는 한가로이 계실 적에, 마음은 평화롭고도 즐거

燕(연) 조정에서 물러나와 편하게 있는 것. 공사(公事)를 떠나 사사로이 있는 것이다. 주희는 일 없이 한가로운 때로 보았다. 申申(신신) 황간은 마음이 평화로운 것[心和也]을 형용했다고 했고, 주희는 그 용모가 편안한 것[其容舒也], 정약용은 말씨가 자상한 것[言語之慈詳也]이라고 보았다. 夭夭(요요) 황간은 용모가 긴장되지 않고 피어난 것[貌舒也], 주희는 그 안색이 유쾌한 것[其色愉也], 정약용은 안색이 온화하게 피어난 것[顏色之和舒也]을 묘사한 것으로 보았다.

子曰: "甚矣, 吾衰也! 久矣, 吾不復夢見周公."
周公(주공) 성은 희(姬), 이름은 단(旦). 주나라 문왕(文王)의 아들로 무왕(武王)의 아우이고 성왕(成王)의 숙부가 되며, 노나라의 시조다. 공자가 가장 존경하는 인물이다.

子曰: "志於道, 據於德, 依於仁, 游於藝."
志(지) 하안에 따르면 '사모하다'이다. 據(거) 황간에 따르면 덕을 지팡이 삼는다[執杖之辭], 정약용에 따르면 덕을 지켜 잃지 않는다[持守勿動]의 뜻이다. 依(의) 정약용에 따르면 옷이 몸에 착 달라붙듯이 가까이한다는 뜻이다. 游(유) 형병은 습(習, 익히다)으로 새겼다. 정약용은 유학(遊學) 또는 유환(遊宦)의 유와 같다고 보았다. 이에 따르면 물고기가 물속에서 노닐듯이 익혀서 자연스럽게 행한다는 뜻이 된다.

子曰: "自行束脩以上, 吾未嘗無誨焉."
束脩(속수) 형병은 곧게 말린 육포 열 개를 하나로 묶은 것이라고 했다. 옛날에 어른을 뵐 때는 반드시 폐백(幣帛)이 있었다. 제자가 되려고 하는 사람은 속수를 폐백으로 바쳤는데, 이는 최소한의 예물이었다. 형병에 따르면 인군(人君)에게는 옥(玉), 경에게는 새끼 양[羔], 대부에는 기러기[雁], 사에게는 꿩[雉], 공인과 상인에게는 닭[鷄]을 가져가서 뵙는데, 이때 속수는 모두 기본적으로 갖췄다.

운 듯하시고, 얼굴은 환히 피어나셨다.

7-5   선생님께서 말씀하셨다. "심하구나, 나의 노쇠함이여! 오래
되었구나, 내가 꿈에 주공을 다시 뵙지 못함이여!"

7-6   선생님께서 말씀하셨다. "도(道)에 뜻을 두며, 덕(德)을 지키
며, 인(仁)에 의지하며, 육예(六藝)를 두루 익힌다."

7-7   선생님께서 말씀하셨다. "포 한 묶음 이상을 가지고 와 스
승 뵙는 예를 차리기만 해도, 내 일찍이 가르쳐 주지 않은
적이 없었다."

子曰: "不憤不啓, 不悱不發, 擧一隅不以三隅反, 則不復也."

憤(분), 悱(비) 화내다, 애쓰다. 隅(우) 구석이라는 뜻이다.

子食於有喪者之側, 未嘗飽也. 子於是日哭, 則不歌.

子謂顔淵曰: "用之則行, 舍之則藏, 惟我與爾有是夫!" 子路曰: "子行三軍則誰與?" 子曰: "暴虎馮河, 死而無悔者, 吾不與也. 必也, 臨事而懼, 好謀而成者也."

行(행), 藏(장) 행은 도를 실현하는 것, 장은 도를 행할 수 없는 상황에서 그것을 간직하는 것이다. 三軍(삼군) 형병에 따르면 1만 2500인이 일군(一軍)이니, 삼군은 대국의 군대다. 주나라의 제도에 따르면 제후 가운데 대국은 삼군을 가질 수 있고, 그다음 나라는 이군, 작은 나라는 일군을 가질 수 있으며 천자는 육군을 거느린다. 춘추 시대에 삼군은 군대의 통칭으로 쓰였다. 河(하) 황하(黃河). 事(사) 제사, 전쟁, 성 쌓기, 질병 등의 일을 뜻한다.

子曰: "富而可求也, 雖執鞭之士, 吾亦爲之. 如不可求, 從吾所好."

7-8   선생님께서 말씀하셨다. "알려고 애쓰지 않으면 일깨워 주지 않고, 표현하려 애쓰지 않으면 틔워 주지 않는다. 한 모서리를 들어 주었는데도 다른 세 모서리를 헤아리지 않는다면, 되풀이하여 가르치지 않는다."

7-9   선생님께서는 상을 당한 사람의 곁에서 음식을 드실 때에는 배부르도록 잡수신 적이 없었다. 선생님께서는 이날 곡을 하셨으며 노래를 부르지 않으셨다.

7-10   선생님께서 안연에게 말씀하셨다. "등용하면 (도를) 행하고, 버림받으면 (도를) 간직하는 일은 오직 나와 너만이 할 수 있을 것이다." 자로가 말했다. "선생님께서 삼군(三軍)을 지휘하신다면 누구와 함께하시겠습니까?" 선생님께서 말씀하셨다. "맨손으로 범을 잡으려 하고, 맨발로 황하를 건너며, 죽어도 후회하지 않는 사람과는 나는 함께하지 않을 것이니, 반드시 일을 앞두고 두려워하고, 계획을 잘 세워서 성사시키는 사람과 함께할 것이다."

7-11   선생님께서 말씀하셨다. "부가 구해서 얻어질 수 있는 것이라면 비록 채찍 잡는 마부 같은 일이라도 하겠으나, 구해서 얻을 수 없는 것이라면 내가 좋아하는 바를 따르겠다."

해설   부는 이치에 맞지 않게 추구해서도 안 되거니와, 추구한다 하더라도 반드시 얻게 되는 것이 아니다. 그러므로 자기가 뜻하는 일을 추구하는 것이 낫다.

子之所愼: 齊, 戰, 疾.

齊(재) 재(齋)와 같다. 제사 지내기 전에 몸과 마음을 정결하게 하는 일을 재계(齋戒)라 한다.

子在齊聞韶, 三月不知肉味, 曰: "不圖爲樂之至於斯也."

至於斯(지어사) 황간은 사를 제나라로 보고, '소가 제나라에 이를 줄'을 미처 생각하지 못했다고 해석했다. 소는 순임금이 지은 것으로 천자의 음악이다. 순임금의 후예인 진(陳)에 그 음악이 전해졌으나 진경중(陳敬仲)이 제나라로 도주한 뒤 제후의 나라인 제나라에서 소를 연주해 참월하게 되었다. 공자는 바로 이 점을 가슴 아파한 것이다. 주희는 이 음악의 선함과 아름다움이 지극한 경지에 이르렀음을 말한 것으로 보았다.

冉有曰: "夫子爲衛君乎?" 子貢曰: "諾, 吾將問之." 入, 曰: "伯夷·叔齊何人也?" 曰: "古之賢人也." 曰: "怨乎?" 曰: "求仁而得仁, 又何怨?" 出, 曰: "夫子不爲也."

爲(위) 정현은 돕는다(助)는 뜻이라고 했다. 정약용은 입(立)이라고 해석했다. 이에 따르면 "만약 공자께서 위 영공의 아들인 괴외(蒯聵)의 처지에 있었다면 과연 위나라 임금이 되려고 했겠는가?"라는 뜻이 된다. 衛君(위군) 위 영공의 손자로, 이름은 첩(輒)이다. 怨(원) 황간은 원한으로 풀었고, 주자는 후회(悔)로 해석했다.

선생님께서 조심하시는 일은 재계와 전쟁과 질병이다.

선생님께서 제나라에서 소(韶)를 듣고는 석 달 동안 고기 맛을 잊고, "이 음악이 이 나라에까지 이를 줄은 미처 생각하지 못했다."라고 하셨다.

염유가 말했다. "선생님께서 위나라 군주를 도우실까?" 자공이 "알았소. 내가 여쭈어 보리다." 하고 들어가서 말씀드렸다. "백이와 숙제는 어떤 사람입니까?" "옛날의 현인이다." "원망을 했습니까?" "인(仁)을 추구하여 인을 얻었으니, 또 무엇을 원망했겠는가?" 자공이 나와서 말했다. "선생님께서는 돕지 않으실 것입니다."

해설　위 영공의 태자(太子) 괴외는 영공이 첩으로 들인 남자(南子)를 매우 미워했다. 이에 남자가 괴외를 헐뜯게 되었고, 괴외는 마침내 남자를 죽이려 들었으나 실패해 영공으로부터 추방되어 송(宋)으로 도망갔다. 애공(哀公) 2년 여름 영공이 서거했다. 남자는 공자 영(郢)을 세우려고 했지만 괴외의 아들인 첩이 공으로 옹립되었으니 곧 출공(出公)이다. 이때 위 영공, 제 경공(齊景公), 노 정공(魯定公)이 일찍이 동맹을 맺어 정벌하고자 했던 진(晉)나라가 양화(陽貨)를 시켜 괴외를 끼고 상중(喪中)인 위나라를 쳐서 숙원을 풀려 했다. 괴외로서는 위나라로 돌아가 공의 지위를 차지함으로써 원을 풀 수

子曰: "飯疏食飲水, 曲肱而枕之, 樂亦在其中矣. 不義而富且貴, 於我如浮雲."

疏食(소사) 공안국은 채식, 주희는 거친 음식, 정약용은 궤실(簋實, 서직(黍稷)으로 지은 밥)이라고 했다. 肱(굉) 팔뚝. 枕(침) 베개.

子曰: "加我數年, 五十以學易, 可以無大過矣."

加我數年(가아수년) 『사기』에는 가(加) 대신 가(假)라고 되어 있다. 이에 따르면 '몇 년을 빌려주면'이 된다. 五十(오십) 50세. 황간은 이 말을 할 때 공자의 나이가 45~46세였다고 했고, 형병은 47세라고 했다. 하안은 천명을 알아야 할 나이인 50세에 궁리진성(窮理盡性)해서 천명에 이르는 책을 읽는다면 큰 허물은 없을 것이라고 풀이했다. 정약용은 『예기』「내칙(內則)」의 "열 살에 문자와 계산법〔書計〕을 익히고, 열세 살에 음악을 배우고, 스무 살에 예를 배운다.〔十年學書計, 十三學樂, 二十學禮〕"라는 구절을 인용하면서 "오십이학역(五十以學

있는 기회이기도 했다. 괴외는 송을 떠나 척(戚) 땅으로 갔고, 진나라 조앙 (趙鞅)이 군대를 이끌고 그를 지켰다. 그러나 괴외의 아들 첩은 석만고(石曼 姑)로 하여금 척 땅을 포위시켰다. 첩은 조부 영공의 명을 받들어 괴외를 받아들이지 않았던 것이다.

애공 6년, 즉 첩이 군주로 오른 지 4년이 되던 해 마침 공자는 초나라에서 위나라로 돌아왔다. 위나라의 혼란한 상황을 알고 있던 염유는 혹시 공자가 위나라 군주를 도우려는 것은 아닐까 궁금했다. 이에 자공이 공자의 뜻을 살피고자 백이와 숙제의 예를 들어 여쭈니, 공자는 그들이 인을 추구해 인을 얻은 이들이라고 평했다. 이를 들은 자공은 괴외가 내쫓긴 원한을 풀려는 것이나, 첩이 조부의 명을 받든다면서 아버지를 받아들이지 않은 것이나 모두 인에 어긋나는 일이기에 공자는 위나라를 도우려 하지 않을 것이라고 보았다.

7·15 　　선생님께서 말씀하셨다. "거친 음식을 먹고 맹물을 마시며 팔을 굽혀 베개를 삼더라도, 즐거움이 또한 그 속에 있는 법이다. 의롭지 않은데도 돈 많고 지위가 높은 것은, 내게는 뜬구름과 같다."

7·16 　　선생님께서 말씀하셨다. "내가 몇 해를 더 살아서 50세에 『역(易)』을 배우면 큰 허물은 없을 것이다."

易)"도 이러한 유의 언급이라고 설명했다. 주희는 졸(卒)의 파자로 보아 '마침내'로 해석했고, 이때 공자의 나이는 거의 70세가 다 되었다고 보았다.　易(역)『주역』.『제논어(齊論語)』에는 '또[亦]'라 되어 있다. 즉 "50세에 배워도 또한 큰 허물은 없을 것이다.[五十以學, 亦可以無大過也.]"

子所雅言, 詩, 書, 執禮, 皆雅言也.

雅言(아언) ① 정음(正音). 정현은 선왕의 전장 제도와 법규를 읽을 때에는 반드시 그 본래의 음으로 읽어야 뜻이 온전하게 전달될 수 있다고 하였다. 피휘(避諱)해야 할 경우에도 본래의 음을 살려서 읽었다. ② 정언(正言). 공안국은 바른 말(표준말)로 보았다. ③ 상언(常言). 주희는 늘 하는 말이라고 해석했다.　執(집) 집행하다. 정현과 형병에 따르면, 예에 대하여 유독 '집'자를 붙인 것은 단지 말뿐이 아니라 실행이 강조되었기 때문이다.

葉公問孔子於子路, 子路不對. 子曰: "女奚不曰, 其爲人也, 發憤忘食, 樂以忘憂, 不知老之將至云爾."

葉公(섭공) 성은 심(沈), 이름은 제량(諸梁), 자는 자고(子高). 초나라 대부로 섭(葉) 땅에 채지(采地)가 있었다.　云爾(운이) 이와 같이 말하다. 양보쥔은 운을 '이와 같다[如此]', 이를 '~일 뿐이다[耳, 而已]'로 풀이했다.

子曰: "我非生而知之者, 好古, 敏以求之者也."

子不語怪·力·亂·神.

怪(괴) 돌이 말하고 나무가 일어서는 일, 혹은 짐승의 말을 알아듣거나 칼을 삼키고 불을 입으로 토하는 일 등등.　力(력) 천 근의 무게를 들어 올린 사람의 일들.　亂(난) 신하가 임금을

7-17 선생님께서는 정음(正音)을 사용하셨으니, 『시』와 『서』를 읽고 예를 행하실 때 모두 정음을 사용하셨다.

7-18 섭공이 자로에게 공자에 대하여 물었는데, 자로는 대답하지 않았다. 선생님께서 말씀하셨다. "너는 어찌하여 이렇게 말하지 않았느냐? '그의 사람됨이 발분하여 밥 먹기도 잊으며, 즐거워 근심을 잊어서 늙음이 닥쳐오는 줄도 모른다. 이와 같을 뿐이다.'라고."

7-19 선생님께서 말씀하셨다. "나는 태어나면서부터 아는 사람이 아니고, 옛것을 좋아하여 부지런하게 그것을 추구하는 사람이다."

7-20 선생님께서는 괴이한 일, 힘센 사람의 일, 정도를 어지럽히는 일 그리고 귀신에 관한 일은 말씀하지 않으셨다.

시해하고 자식이 아비를 시해하는 따위의 일들.

子曰: "三人行, 必有我師焉, 擇其善者而從之, 其不善者而改之."

三人(삼인) 세 사람 이상의 복수를 말한다. 其善者(기선자), 其不善者(기불선자) 정약용에 따르면 사람이 아니라 동행하면서 오가는 말과 그 내용을 말한다. 其不善者而改之(기불선자이개지) 남의 잘못을 보고 속으로 반성해 자신의 잘못을 고치는 것이다.

子曰: "天生德於予, 桓魋其如予何!"

桓魋(환퇴) 춘추 시대 송나라에서 사마(司馬)라는 벼슬을 지낸 상퇴(向魋)다. 其(기) 선진 시대에는 강조의 용법이 있었다.

子曰: "二三子以我爲隱乎? 吾無隱乎爾. 吾無行而不與二三子者, 是丘也."

二三子(이삼자) 제자를 부르는 호칭이다. 隱(은) 포함에 따르면 성인은 지혜가 넓고 도가 심원하여〔知廣道深〕제자가 배워도 그에 미치지 못한다. 따라서 제자들은 스승이 숨기는 것이 있다고 여긴다. 이를 해명하기 위해 공자가 말한 것이다. 乎爾(호이) 황간에 따르면 이(爾)는 여(汝)와 같으니 '자네들에게'라는 뜻이 된다. 반면 장보첸은 어조사라고 보았다.

子以四敎: 文, 行, 忠, 信.

文(문) 형병은 선왕이 남긴 글〔遺文〕이나 문장이라고 보았다. 장보첸은 시서예악 등의 전적

7-21   선생님께서 말씀하셨다. "세 사람이 길을 걸을 때는 반드시 여기 내 스승이 있으니, 그 가운데 좋은 점은 골라서 따르고 좋지 않은 점은 가려내어 내 잘못을 고친다."

7-22   선생님께서 말씀하셨다. "하늘이 나에게 덕(德)을 주셨으니, 환퇴가 나를 어찌하겠는가?"

해설   『사기』「공자세가(孔子世家)」에 따르면 공자가 조(曹)를 떠나 송(宋)으로 가서 제자들과 함께 커다란 나무 아래에서 예를 익히고 있었는데, 송의 사마인 환퇴가 공자를 죽이려고 그 나무를 뽑아 쓰러뜨렸다. 공자가 피하자 제자들은 "빨리 떠나셔야 합니다."라 했다. 이에 공자는 자리를 떠나면서도 덕을 부여한 하늘의 뜻은 환퇴도 어길 수는 없는 법임을 말해, 환난의 시기에도 의연함을 잃지 않아야 한다고 제자들에게 넌지시 가르친 것이다.

7-23   선생님께서 말씀하셨다. "자네들은 내가 숨기는 일이 있다고 생각하는가? 나는 자네들에게 숨기는 일이 없다. 나는 행하는 것마다 자네들과 함께하지 않은 것이 없으니, 이것이 바로 나다."

7-24   선생님께서는 네 가지로써 가르치셨으니 문, 행, 충, 신이었다.

(典籍)으로 간주했다. 行(행) 형병은 덕행(德行), 행실(行實)이라고 보았다. 忠(충) 성실한
마음. 信(신) 신의.

子曰: "聖人, 吾不得而見之矣. 得見君子者, 斯可矣." 子曰: "善人, 吾不得而
見之矣. 得見有恒者, 斯可矣. 亡而爲有, 虛而爲盈, 約而爲泰, 難乎有恒矣."
子曰(자왈) 정약용은 성인에 관한 것과 선인에 관한 것을 별도로 구분하므로 두 번째 '자왈'
에서 장을 나눈다. 亡(무) 무(無)와 같다. 約(약) 형병은 내실이 없는 것, 안에 지닌 바가 빈
약한 것이라고 설명한다. 泰(태) 형병은 겉으로 사치하는 것이라고 했다.

子釣而不網, 弋不射宿.
網(망) 공안국에 따르면 큰 줄에 낚싯바늘을 많이 달아 강에 가로 쳐 놓고 물고기를 잡는 것
을 뜻한다. 주희에 따르면 그물이다. 弋(익) 주살 또는 명주실로 잡아맨 화살. 射(석) '석'으
로 읽으며 쏜다는 뜻이다. 宿(숙) 형병에 따르면 둥지에서 쉬는 새를 말한다.

子曰: "蓋有不知而作之者, 我無是也. 多聞, 擇其善者而從之; 多見而識
之, 知之次也."

互鄉難與言, 童子見, 門人惑. 子曰: "與其進也, 不與其退也, 唯何甚? 人
潔己以進, 與其潔也, 不保其往也."
互鄉(호향) 마을 이름. 與其進(여기진), 與其退(여기퇴) 여기에서 여(與)는 허(許)로, 찬성
하다 또는 받아들이다의 뜻이다. 往(왕) 지난날의 행실.

선생님께서 말씀하셨다. "성인은 내가 만나 볼 수가 없구나. 군자라도 만나 볼 수 있으면 좋으련만." 선생님께서 말씀하셨다. "선인은 내가 만나 볼 수가 없구나. 항심(恒心)을 지닌 사람이라도 만나 볼 수 있으면 좋으련만. 없으면서도 있는 체하고, 비었으면서 차 있는 체하고, 가난하면서도 사치하면 항심을 지니기가 어렵다."

7:26 선생님께서는 낚시질은 하셨으나 그물로는 잡지 않으셨고, 주살질은 하셨으나 밤에 둥지에서 잠자는 새는 쏘지 않으셨다.

7:27 선생님께서 말씀하셨다. "아마도 알지 못하면서 제멋대로 지어내는 사람이 있겠지만, 나는 그런 일은 없다. 많이 듣고서, 그 가운데 좋은 것은 가려서 따른다. 많이 보고 기억하는 것은 나면서부터 아는 것의 아래다."

7:28 호향 사람들과는 대화하기 어려웠다. 그런데 (호향의) 어린이가 찾아와서 뵙거늘, 제자들이 의아하게 여겼다. 선생님께서 말씀하셨다. "그의 나아옴은 받아들이고 그의 물러감은 말려야 하는데, 아, (그대들은) 어찌 그렇게 심한가! 사람이 자신을 깨끗이 하여 나아오면, 그 깨끗함을 받아들이고

子曰: "仁遠乎哉? 我欲仁, 斯仁至矣."

陳司敗問: "昭公知禮乎?" 孔子曰: "知禮." 孔子退, 揖巫馬期而進之, 曰:
"吾聞君子不黨, 君子亦黨乎? 君取於吳, 爲同姓, 謂之吳孟子. 君而知禮,
孰不知禮?" 巫馬期以告. 子曰: "丘也幸, 苟有過, 人必知之."

司敗(사패) 진나라의 관명으로 사구와 같으며 대부의 지위다. 昭公(소공) 노나라 임금으로
이름은 조(裯)다. 巫馬期(무마기) 공자의 제자. 이름은 시(施)이며 무마는 관명인데 대대로
같은 관직을 맡아서 그것이 씨가 되었다. 同姓(동성) 노나라와 오(吳)나라의 임금은 성이 똑
같이 희(姬)다. 『예기』 「곡례 상(曲禮上)」에 "아내를 얻을 적에는 같은 성을 취하지 않는다.[娶
妻, 不取同姓]" 하였는데, 임금이 동성인 오나라에 장가들었으니 예에 어긋난다. 그래서 오희
(吳姬)라고 하지 않고 오맹자라고 한 것이다.(『춘추좌전(春秋左傳)』 애공(哀公) 12년)

子與人歌而善, 必使反之, 而後和之.

지난날의 행실은 따지지 않는 것이다."

해설 호향 사람들과 대화하기 어려웠던 이유로는 그곳 사람들이 자기 고집대로
말하고 시의(時宜)에는 통하지 않았기 때문이라는 정현의 설과, 그곳 사람
들이 불선에 물들어서 선에 대해 대화하기 어려웠기 때문이라는 주희의 설
이 있다.

7·29 선생님께서 말씀하셨다. "인(仁)이 멀리 있는가? 내가 인을
하고자 하면 곧 인에 이를 것이다."

해설 사람의 마음에 인이 담지(擔持)되어 있으므로 인하고자 한다면 바로 실현될
수 있음을 논한 문구다. 사람은 덕성의 담지자로서 자발적인 동기와 주체적
인 노력에 따라서 덕성을 구현해 낼 수 있다.

7·30 진나라 사패가 물었다. "노나라 소공은 예를 아셨습니까?"
공자께서는 "예를 아셨다."라고 말씀하셨다. 공자께서 물러
가자 (진의 사패가) 무마기에게 읍하고 그에게 가까이 오게
해 말했다. "내가 듣기에 군자는 패거리를 짓지 않는다고 하
는데, 군자도 패거리를 짓는가? 임금께서는 오나라에 장가
들자, 성(姓)이 같기 때문에 아내를 오맹자라 하였다. 임금께
서 예를 안다면 그 누가 예를 모르겠는가?" 무마기가 이를
아뢰니, 선생님께서 말씀하셨다. "나는 다행이로다. 만약에
허물이 있으면 남이 반드시 그것을 아는구나."

7·31 선생님께서는 다른 사람과 노래할 때, 그 사람이 잘하면 반

子曰: "文莫, 吾猶人也. 躬行君子, 則吾未之有得."

文莫(문막) 조(晉)나라 난조(欒肇)의 『논어박(論語駁)』에 따르면 연(燕)나라와 제(齊)나라
에서는 면강(勉强, 힘쓰는 것)을 문막이라고 일컬었다. 이에 따르면 문막은 인의를 힘써서 행
하는 것[勉强而行]을 뜻하고, 뒤의 "궁행군자(躬行君子)"는 인의를 편안히 여겨서 행하는
것, 즉 안이행지(安而行之)를 뜻한다는 차이가 있다. 하안에 따르면 "막은 무(無)이다. 문무
(文無)라는 것은 세속에서 문불(文不)이라고 말하는 것과 같다." 이에 따르면 '문은 다른 사
람보다 뛰어나지 못하나'로 번역된다. 오검재(吳檢齋)는 문은 문장이고 막은 대략의 의미라고
했다. 이에 따르면 '문장은 대략 내가 남과 같다'로 번역된다.

子曰: "若聖與仁, 則吾豈敢? 抑爲之不厭, 誨人不倦, 則可謂云爾已矣." 公
西華曰: "正唯弟子不能學也."

云爾已矣(운이이의) 장보첸에 따르면 이(爾)는 차(此)의 뜻으로 앞의 구절 "그것 배우기를
싫증 내지 않고, 남을 가르치는 데 지치지 않는 점[爲之不厭, 誨人不倦]"을 가리킨다는 설이
있다. 『광아(廣雅)』「석고훈(釋詁訓)」에 운(云)은 유(有)라고 했다.

子疾病, 子路請禱. 子曰: "有諸?" 子路對曰: "有之. 誄曰: '禱爾于上下神
祇.'" 子曰: "丘之禱久矣."

病(병) 일부 판본에는 이 글자가 없다. 질(疾)이 심해진 것을 병이라고 한다. 誄(뢰) 제문. 주
희에 따르면 죽은 사람을 애도하여 그의 행실을 기록한 글[哀死而誄其行之辭]로, 기도문의
일종으로 볼 수 있다. 祇(기) 땅귀신.

드시 다시 한 번 하게 하셨고, 그런 뒤에 화답하셨다.

7:32 선생님께서 말씀하셨다. "문장은 내가 남과 비슷하나, 몸소 군자의 덕을 행함은 내가 아직 터득하지 못했다."

7:33 선생님께서 말씀하셨다. "성(聖)과 인(仁) 같은 것이야 내 어찌 감당하겠는가? 그러나 그것 배우기를 싫증 내지 않고, 남을 가르치는 데 지치지 않는 점에서는 감히 그렇다고 말할 수 있겠다." 공서화가 말했다. "그것이 바로 제자들이 배울 수 없는 것입니다."

7:34 선생님께서 심하게 아프셨다. 자로가 기도하기를 청했다. 선생님께서 말씀하셨다. "그러한 사례가 있느냐?" 자로가 대답했다. "있습니다. 기도문에 '너를 위해 하느님과 귀신에게 빈다.' 하였습니다." 선생님께서 말씀하셨다. "(그런 의미라면) 나의 기도는 오래되었다."

해설 예법에 따르면 천신(天神)과 지기(地祇)에게 기도를 올리는 것은 천자의 예

子曰: "奢則不孫, 儉則固. 與其不孫也, 寧固."

子曰: "君子坦蕩蕩, 小人長戚戚."
坦蕩蕩(탄탕탕) 정현에 따르면 마음이 관대하고 넓은 모양〔寬廣貌〕이다.　長戚戚(장척척)
정현에 따르면 근심과 두려움이 많은 모양〔多憂懼〕이다.

子溫而厲, 威而不猛, 恭而安.

다. 자로는 공자의 병환을 염려하여 천신과 지기에게 기도 올릴 것을 청했지만, 공자는 예를 참월하는 것이라고 여겨 거절한 것이다. 한편으로 기도란 잘못을 뉘우치고 선하게 살아가고자 할 때 천지신명에게 기원하는 일이다. 이 점을 염두에 둔다면 공자는 평상시 언행이 바르고 선하여 천지신명의 뜻에 어긋나는 일이 없었으므로 따로 기도를 올릴 것이 없다고 볼 수도 있다. 더욱이 몸이 아프다고 해서 천지신명에게 기도를 올릴 이치는 없는 것이다.

7-35   선생님께서 말씀하셨다. "사치스러우면 겸손하지 못하고, 검소하면 고루해진다. 겸손하지 않은 것보다는 차라리 고루한 것이 낫다."

7-36   선생님께서 말씀하셨다. "군자는 마음이 평탄하게 넓으며, 소인은 늘 근심하고 두려워한다."

7-37   선생님께서는 온화하면서도 엄숙하고, 위엄이 있으면서도 사납지 않고, 공손하면서도 평안하셨다.

8 태백
泰伯

이 편은 모두 21장이다. 처음과 끝부분에서는 성현의 행위에 대하여 말했고 중간 부분에서는 자신을 수양하고 남을 다스리며 예에 힘쓰고 음악을 찬미하는 일 등을 말했다. 다시 말해 학문에 힘써서 자신을 확립하고, 도를 지켜서 바른 정치를 하며, 건전한 음악을 아름답게 여기고, 소인배를 물리치는 일 등이다. 이러한 일을 완수한 사람들이 바로 요임금, 순임금, 우임금, 문왕, 무왕 등이다. 앞 편에서는 공자의 행위를 말했고 여기에서는 공자 이전 성현의 덕행을 찬미했으므로 이 편을 「술이」 편 다음에 둔 것이다.

子曰: "泰伯, 其可謂至德也已矣. 三以天下讓, 民無得而稱焉."

泰伯(태백) 주 문왕의 큰아버지. 『사기』「오태백세가(吳太伯世家)」, 『한서』「지리지(地理志)」 등에는 태백(太伯)이라고 되어 있다.

子曰: "恭而無禮則勞, 愼而無禮則葸, 勇而無禮則亂, 直而無禮則絞. 君子篤於親則民興於仁, 故舊不遺則民不偸."

葸(시) 두려워하다. 絞(교) 마음에 따르면 상처를 입힌다〔絞刺〕는 뜻이고, 주희는 매우 급하다〔急切〕는 뜻으로 보았다. 偸(투) 투박하다.

曾子有疾, 召門弟子曰: "啓予足, 啓予手. 詩云: '戰戰兢兢, 如臨深淵, 如

선생님께서 말씀하셨다. "태백은 덕이 지극하다고 일컬을
만하다. 세 번이나 천하를 (동생에게) 사양했으나 백성들이
칭찬할 길도 없게 했다."

해설　　『한시외전(韓詩外傳)』과 『논형(論衡)』에 따르면 태왕(大王) 단보(亶甫, 亶
父)에게는 태백(太伯), 중옹(仲雍), 계력(季歷) 세 아들이 있었다. 그리고 계
력에게는 아들 창(昌, 뒷날의 문왕)이 있었다. 태왕은 창을 현명하게 여겼기
에 계력을 후계로 삼으려는 뜻이 있었는데, 태백이 이를 알고 오로 떠났다.
태백은 오나라 풍속대로 단발하고 문신을 하고 지냈다. 태왕이 죽은 뒤 계력
이 태백을 모시고 와서 왕위를 이어 줄 것을 세 번이나 청했지만 태백은 상
을 마친 뒤 오로 되돌아갔다. 태백이 사양한 이유는 이미 단발하고 문신을
한 채 살아와 형을 받은 사람과 다름없으므로 종묘사직의 주인이 될 수 없
다는 것이었다. 태백은 계력이 왕위를 계승할 수밖에 없도록 했던 것이다.
세상 사람들은 좋은 이름을 얻기 위하여 사양한다. 그러나 태백은 사양의
의도를 드러내지 않았다. 따라서 백성들은 그가 사양한 것을 알 수 없었고,
그를 칭찬할 길도 없었다.

8-2　　선생님께서 말씀하셨다. "공손하되 예가 없으면 수고스러
울 뿐이고, 신중하되 예가 없으면 두려워하게 되고, 용맹하
되 예가 없으면 어지럽게 되고, 강직하되 예가 없으면 상처
를 입히게 된다. 군자가 친척에게 돈독히 하면 백성들 사이
에 어진 기풍이 일어나고, 옛 친구를 버리지 않으면 백성들
이 야박해지지 않을 것이다."

8-3　　증자가 병이 깊어지자 제자들을 불러 말했다. "이불을 들추

履薄氷.' 而今而後, 吾知免夫. 小子!"

詩(시) 이어 인용된 것은 『시경』「소아(小雅) 소민(小旻)」 편의 글이다. 兢(긍) 조심하다. 履
(리) 밟다. 薄(박) 엷다.

고, 나의 발을 보고 나의 손을 보아라!『시』에 '전전긍긍하여, 깊은 연못 앞에 선 듯이 하고 살얼음 위를 건너가듯이 한다.' 하니, 이제야 내가 (신체를 훼상할까 염려하는 일을) 면하게 됨을 알겠구나. 애들아!"

해설   증자는 공자의 문인 가운데 효행으로 으뜸가는 인물이다. 공자에게 효는 인을 행하는 기본으로 중시되었을 뿐 아니라, 그 때문에 모든 행위의 근본으로 강조되었다. 이 장에서 증자는 가장 기본적이고도 중요한 효행을 보여 주고 있다. 바로 부모에게 물려받은 신체를 온전하게 보전하는 일이다. 『효경(孝經)』에서도 강조되듯이 부모에게 물려받은 신체발부(身體髮膚)를 감히 훼상하지 않는 것을 효의 시작으로 보는 것은 바로 이러한 증자의 태도로부터 정형화되었다. 증자가 "이불을 들추고, 나의 발을 보고 나의 손을 보아라."라고 한 것은 부모에게 물려받은 신체를 훼손하지 않고 잘 보전한 것에 대한 자신감을 표현한 것이다.

그런데 이 장 마지막에서 증자가 "이 일로부터 면할 줄 알겠다." 한 이유는 무엇일까? 우선 효행의 짐을 죽음에 임하여 덜게 되었다는 뜻이다. 이 한마디에 죽을 때까지 효를 어기지 않기 위해 노력한 증자의 성실한 태도가 나타나 있다. 또한 이 장에서 보듯이 효란 생명을 고귀하게 여기는 것이다. 생명을 고귀하게 여기는 이유는 무엇인가? 생명이란 자신의 전유물이 아니라 부모로부터, 또 그보다 위의 조상으로부터 전해 내려와 나를 거쳐서 계속 이어져 먼 후손에게로 전해져야 하기 때문이다. 따라서 나는 영속적으로 전해지는 생명을 일시적으로 맡아서 후세에 전해 주는 역할을 하는 것이다. 생명을 온전하게 잘 보존하는 것이 근본 도리라는 생각이 이 장에 숨어 있다고 하겠다. 증자는 이토록 책임이 막중한 일을 죽음에 이르러서야 벗어나게 되었음을 암시하는 것이다.

曾子有疾, 孟敬子問之. 曾子言曰: "鳥之將死, 其鳴也哀. 人之將死, 其言也善. 君子所貴乎道者三: 動容貌, 斯遠暴慢矣; 正顔色, 斯近信矣; 出辭氣, 斯遠鄙倍矣. 籩豆之事, 則有司存."

孟敬子(맹경자) 노나라 대부 중손첩(仲孫捷)으로 맹무백의 아들이다. 이 글의 배경에서 맹경자는 예의 근본은 소홀히 하고 사소한 절차만 중하게 여기는 태도를 보였다. 그래서 증자가 위와 같이 말한 것이다. 君子所貴乎道者三(군자소귀호도자삼) 여기에서 도(道)는 예(禮)를 뜻한다. 鄙(비) 더럽다. 籩豆(변두) 변은 대나무로 만든 제기이며 대추, 밤 등 과일을 담는다. 두는 나무 제기로, 절인 채소와 젓갈 같은 물기 있는 음식을 담는다.

曾子曰: "以能問於不能, 以多問於寡, 有若無, 實若虛, 犯而不校, 昔者吾友嘗從事於斯矣."

校(교) 포함에 따르면 보복한다는 뜻이다. 정약용은 교(校)가 원래 교(挍)의 오자라고 한다. 주희는 계교(計較), 즉 따지다 또는 논쟁하다라 보았다. 이에 따르면 나에게 잘못을 저질러도 따지지 않는다는 뜻이 된다. 吾友(오우) 우는 사우(師友), 곧 한 스승에게 함께 배운 벗을 뜻한다. 여기에서는 안회를 가리킨다.

曾子曰: "可以託六尺之孤, 可以寄百里之命, 臨大節而不可奪也, 君子人與? 君子人也."

六尺之孤(육척지고) 여기에서는 어린 임금을 비유한다. 정현은 15세 이하라고 하였다. 百里之命(백리지명) 백 리는 제후의 나라를 말한다. 공안국에 따르면 명은 정령(政令)을 말한다. 한편 정약용은 명을 일국의 흥망이라고 했으니 이는 운명이라는 뜻이다. 大節(대절) 하안에 따르면 국가와 사직을 안정시키는 것이다. 즉 국가 안위와 존망에 중요한 일이므로, 여기에서는 국난으로 옮겼다.

曾子曰: "士不可以不弘毅, 任重而道遠. 仁以爲己任, 不亦重乎? 死而後

증자가 병환이 나서 맹경자가 문병을 갔다. 증자가 말했다. "새가 죽으려 할 때는 그 울음이 애처롭고, 사람이 죽으려 할 때는 그 말이 선하다. 군자가 도에서 귀중하게 여기는 것은 세 가지다. 몸가짐과 행동을 예에 맞게 하면 거칠고 방자함에서 멀어질 것이며, 안색을 단정히 하면 미덥게 될 것이며, 말과 어조를 예에 맞게 하면 비속하고 사리에 어긋난 일에서 멀어질 것이다. 제기를 다루는 일이야 맡아보는 이가 있느니라."

증자가 말했다. "재능이 있으면서도 자기만 못한 사람에게 묻고, 지식이 많으면서도 아는 게 적은 사람에게 묻고, 재덕이 있으면서도 없는 듯하며, 차 있으면서도 비어 있는 듯하며, 당하고서도 보복하지 않는다. 일찍이 우리의 사우(師友)가 이렇게 했다."

증자가 말했다. "나이 어린 임금을 부탁할 수 있으며, 백 리되는 나라의 운명을 맡길 만하며, 국난을 당해서도 절개를 빼앗을 수 없으면, 군자다운 사람인가? 군자다운 사람이니라."

증자가 말했다. "선비는 뜻이 크고 굳세지 않으면 안 되니,

已, 不亦遠乎?"

子曰: "興於詩, 立於禮, 成於樂."

책임은 무겁고 갈 길은 멀기 때문이다. 인(仁)의 실현을 자기의 임무로 삼으니 무겁지 아니한가? 죽은 뒤에나 그만둘 것이니 멀지 아니한가?"

해설   유가의 선비가 인생을 사는 태도를 말한 글이다. 선비는 인의 구현을 인생의 궁극적 목적으로 삼고, 그것에서 인생의 의의를 찾는다.

8-8   **선생님께서 말씀하셨다. "먼저 시를 배우고, 예로써 입신하고, 음악에서 완성할 것이다."**

해설   이 장에는 모름지기 학문에 순서가 있다는 공자의 사상이 담겨 있다. 여기에서 학문이란 수신(修身)을 뜻한다. 학문의 순서는 처음에 시를 배우고 이어서 예를 배우고 마지막으로 악을 배워서 완성하는 것이다. 이렇게 해야 하는 이유에 대해서는 주석가들마다 약간의 차이가 있다.

황간에 따르면 시에는 부부의 법도와 인륜의 근본이 담겨 있으므로, 시를 통해서 부모를 섬기고 군주를 섬기는 일에 뜻을 두는 것이다. 다음에 예를 배우는 까닭은 예 없이는 사회적인 삶을 영위할 수 없기 때문이다. 황간은 그것을 사회에서의 자립을 뜻하는 입신(立身)으로 표현한다. 끝으로 악을 배우는 이유는 예의 귀결이 화(和)를 얻는 데 있고, 그 화로써 자신의 덕성을 닦아야 하기 때문이다. 즉 악으로 자신의 학문을 완성하고 덕성을 닦는 것이 중요하다.

주희에 따르면 시는 인간의 성정에 근본을 두므로 시를 익힘으로써 선을 좋아하고 악을 미워하는 마음을 일으키는 것이 목적이다. 예는 공경과 사양, 겸손을 근본으로 삼고 또한 절문(節文, 절도를 갖춘 표현 방식)과 도수(度數, 정해진 제도)의 상세함이 갖추어져 있어서 몸과 마음을 단속하는 데 도

子曰: "民可使由之, 不可使知之."

由(유) 정현에 따르면 따르게 하다〔遵〕이고, 하안과 황간에 따르면 사용하다〔用〕이다. 之
(지) 황간에 따르면 천도(天道)를 뜻한다. 천도는 심오하기에 백성에게 이해시키기 어렵다는
뜻이다. 정현은 임금의 가르침 또는 정령(政令)이라고 풀이했다. 이를 근거로 후대의 일부 학
자들은 공자의 정치사상이 우민 정책이었다고 주장하기도 했다.

子曰: "好勇疾貧, 亂也. 人而不仁, 疾之已甚, 亂也."

子曰: "如有周公之才之美, 使驕且吝, 其餘不足觀也已矣."

驕(교) 교만하다. 吝(린) 인색하다.

子曰: "三年學, 不至於穀, 不易得也."

穀(곡) 정현과 주희에 따르면 녹(祿)을 가리킨다. 공안국과 형병은 선(善)으로 새겼다. 이에
따르면 '3년을 배워 선에 이르지 않는 사람을……'로 해석된다.

움이 된다. 예로써 욕망과 유혹에 흔들리지 않는 태도를 확립해야 인격체로
서 자립할 수 있게 된다. 그리고 악은 오성(五聲)과 십이율(十二律)이 서로
조화되면서 사람의 성정을 기르고 마음에서 사악함을 제거해 준다. 그리하
여 의(義)를 판단하는 데 정밀해지고 인(仁)을 실천하는 데 익숙해져서 마
침내 도덕을 원만하고 순조롭게 실천하게 되는 것이다.

8-9   선생님께서 말씀하셨다. "백성들이 도리를 따르게 할 수는
       있어도, 그 이치를 알게 할 수는 없다."

해설   『논어계(論語稽)』에 따르면 위와 달리 번역된다. "백성이 해도 되는 것이면
       그들 스스로 그에 따르게 하고, 백성이 해서 안 되는 것이면 그들에게 알려
       준다." 또 다른 견해도 있다. "여론이 옳다고 하는 것이면 모두가 그것을 따라
       하게 하고, 여론이 옳지 않다고 하는 것이면 역시 모두 그것을 알게 한다."

8-10   선생님께서 말씀하셨다. "용맹을 좋아하고 가난을 싫어하
       는 것은 혼란을 일으키고, 어질지 않은 사람을 지나치게 미
       워하는 것도 혼란을 일으킨다."

8-11   선생님께서 말씀하셨다. "설령 주공과 같이 훌륭한 재능을
       가지고 있더라도, 교만하고 인색하다면 그 나머지는 볼 것
       이 없다."

8-12   선생님께서 말씀하셨다. "3년을 배우고서도 녹봉에 뜻을 두
       지 않는 사람을 얻기가 쉽지 않다."

子曰: "篤信好學, 守死善道. 危邦不入, 亂邦不居. 天下有道則見, 無道則隱. 邦有道, 貧且賤焉, 恥也. 邦無道, 富且貴焉, 恥也."

篤(독) 도탑다. 善(선) 주희는 동사로 보아 '도를 잘 실천하다[善其道]'로 해석했다. 그러나 황간과 형병은 형용사로 간주해 '선한 도'라고 옮겼다. 본문 번역은 주희를 따랐다. 邦(방) 나라. 見(현) 나타나다.

子曰: "不在其位, 不謀其政."

子曰: "師摯之始, 關雎之亂, 洋洋乎盈耳哉!"

師摯(사지) 노나라 태사(太師)로 지는 이름이다. 始(시) 정현에 따르면 처음으로 악곡을 정리했다는 뜻이다. 주희에 따르면 악관으로 있을 초기라는 뜻이다. 정약용에 따르면 한 악장의 시작을 뜻한다. 關雎(관저) 『시경』 「국풍(國風) 관저」 편을 뜻한다. 문왕과 그 후비의 성덕을 읊은 것으로, 일반적으로 임금의 좋은 금슬이 자연히 아랫사람에게 미친다는 뜻으로 해석되어 왔다. 亂(난) 정현에 따르면 혼란을 뜻하고, 주희와 정약용에 따르면 한 악장의 마지막 장을 뜻한다.

子曰: "狂而不直, 侗而不愿, 悾悾而不信, 吾不知之矣."

狂而不直(광이부직) 공안국에 따르면 광자(狂者)란 진취적인 사람인데, 곧지 않으면 문제를 일으키게 된다. 그러므로 공안국은 광자란 진취적이면서 곧아야 한다[進取宜直]고 했다. 侗(동) 미련하다. 공안국에 따르면 아직 그릇이 덜된 사람[未成器之人]이다. 주희에 따르면 무지한 모양, 미련한 모양이다. 愿(원) 주희에 따르면 근후(謹厚)함을 뜻한다. 悾(공) 무식하다. 황간에 따르면 질박하고 성실한 모양[野愨]을 가리킨다. 주희는 무능한 모양으로 보았다.

8-13   선생님께서 말씀하셨다. "독실하게 믿고 배우기를 좋아하며, 사력을 다해 지키고 도를 잘 실천한다. 위태로운 나라에 가서 벼슬하지 않으며, 어지러운 나라에는 살지 않는다. 천하에 도가 있으면 벼슬하고, 도가 없으면 은거한다. 나라에 도가 있을 때 빈천하면 부끄러운 일이고, 나라에 도가 없을 때 부귀를 누려도 부끄러운 일이다."

8-14   선생님께서 말씀하셨다. "그 자리에 있지 않으면 그 정사에 참견하지 않는다."

8-15   선생님께서 말씀하셨다. "태사 지(摯)가 「관저」 장의 혼란을 처음으로 가다듬으니, 아름다운 소리가 귀에 가득하구나."

해설   이 구절의 번역은 정현을 따랐다. 주희와 정약용은 이와 다르게 해석했다. 주희에 의하면 "태사 지가 처음 악관이 되었을 때 연주한 「관저」 마지막 장의 음악 소리가 성대하게 귀에 가득하였다."로 번역되고, 정약용에 의하면 "태사 지가 처음 연주할 때 「관저」 마지막 장이 귀에 가득히 차 왔다."로 번역된다.

8-16   선생님께서 말씀하셨다. "진취적이지만 곧지 않으며, 미숙하면서도 삼가지 않으며, 질박하고 성실하지만 미덥지 않으면, 나는 이러한 사람을 이해할 수 없다."

子曰: "學如不及, 猶恐失之."

恐失之(공실지) 정약용에 따르면 이미 배운 것을 잃을까 두려워하는 것이 아니고, 선생님의 가르침을 놓칠까 걱정하는 것이다.

子曰: "巍巍乎, 舜·禹之有天下也, 而不與焉."

巍巍(외외) 높고 큰 모양이다. 不與(불여) 형병에 따르면 구하지 않는다[不求]는 뜻이다. "순임금과 우임금이 천하를 가지게 된 것은 공덕으로써 선양을 받은 것이지 구해서 얻은 것이 아니므로, 그 덕이 높고 크다고 한 것이다.[舜禹之有天下, 自以功德受禪, 不與求而得之. 所以其德巍巍然高大也.]" 주희에 따르면 불여는 '상관하지 않는다'로, 그 지위를 즐겁게 여기지 않았음을 말한다. 『한서』「왕망전(王莽傳)」과 『논형』「어증(語增)」에서는 여(與)를 '간여하다'로 본다. 이렇게 해석하면 불여는 무위(無爲)의 정치를 말하며, 남에게 위임하여 자신은 그 일에 몸소 참여하지 않는다는 뜻이다. 황간의 『논어의소』에 인용된 강희(江熙)의 설에 따르면 때를 함께하지 못한다는 뜻으로 공자가 순임금, 우임금과 같은 시대에 살지 못했음을 한탄하는 것이다.

子曰: "大哉, 堯之爲君也! 巍巍乎, 唯天爲大, 唯堯則之. 蕩蕩乎, 民無能名焉. 巍巍乎, 其有成功也. 煥乎, 其有文章."

蕩蕩(탕탕) 포함에 따르면 넓고 멀다[廣遠]는 뜻이다.

舜有臣五人而天下治. 武王曰: "予有亂臣十人." 孔子曰: "才難, 不其然乎? 唐虞之際, 於斯爲盛. 有婦人焉, 九人而已. 三分天下有其二, 以服事殷. 周之德, 可謂至德也已矣."

亂臣(난신) 마융에 따르면 난은 치(治)로, 난신은 치관자(治官者)다. 치관자란 나라를 다스

　선생님께서 말씀하셨다. "배움은 따라잡지 못하는 듯이 하고, 이미 배운 것을 잃을까 두려워하는 듯이 한다."

　선생님께서 말씀하셨다. "높고 위대하도다! 순임금과 우임금께서 천하를 가졌으나 몸소 그것을 구하지 아니하셨음이여!"

　선생님께서 말씀하셨다. "위대하도다! 요의 임금 노릇 하심이여. 높고 크도다! 오직 하늘만이 크거늘, 오직 요임금만이 그것을 본받으셨으니, 넓고 아득하여 백성들이 뭐라고 이름할 수 없구나. 높고도 크도다! 그가 이룩한 공적이여. 빛나도다! 그 문물제도여."

　순임금은 신하 다섯을 두고 천하를 잘 다스렸다. 무왕은 말했다. "나에게 유능한 신하 열 사람이 있다." 공자께서 말씀하셨다. "인재를 얻기가 어려운 것이 이와 같지 아니한가. 당나라 우나라 교체기를 이 주나라에 견준다면 주나라가리는 신하로, 무왕에게는 10인의 치관자가 있었다. 不其然乎(불기연호) 황간에 따르면 기연은 기여차(其如此), 즉 무왕이 말한 바와 같이 되는 것을 가리킨다. 주희에 따르면 "인재는 얻기가 어렵다고 하였으니 어찌 그러하지 않은가."라는 뜻이다. 唐虞之際, 於斯爲盛(당우지제, 어사위성) '당우지제'는 공안국과 주희에 따르면 요순의 대(代)가 바뀐 시대를 말한다. 공영달과 정약용에 따르면 공자는 이 구절에서 인재의 성쇠를 논하고 있으며, '어사위성'은 당우 시대의 성군과 현신의 만남이 주 대에 이르러 더욱 성하게 되었다는 뜻으로 해석된다. 그러나 주희에 따르면 당우 시대만이 주나라보다 성했다는 뜻으로 해석된다.

子曰: "禹, 吾無間然矣. 菲飮食而致孝乎鬼神, 惡衣服而致美乎黻冕, 卑宮室而盡力乎溝洫. 禹, 吾無間然矣."

間(간) 틈[罅隙]이라는 뜻으로 상대의 틈을 가리켜 비방하는 것을 말한다. 菲(비) 박하다. 致孝(치효) 제사 음식을 풍성하고 정결하게 마련해 효를 다하는 것. 黻冕(불면) 불은 가죽으로 만든 무릎 가리개이고 면은 면류관인데, 모두 제례의 복장이다. 溝洫(구혁) 논과 밭 사이의 물길. 여기에 힘을 다한다는 것은 치수(治水)한다는 뜻이다.

가장 성했지만, 여기에 부인이 있었으므로 아홉 사람뿐이었다. 천하의 3분의 2를 얻고도 은나라를 섬겼으니, 주나라 문왕의 덕은 지극하다고 할 수 있다."

8-21 선생님께서 말씀하셨다. "우임금은 내가 흠잡을 곳이 없구나. 자신의 음식은 간소히 하였으나 조상신 제사에는 효성을 다했으며, 평소 의복은 검소했으나 제례의 의관은 아름다움을 극진히 했으며, 궁실은 허술하되 백성을 위한 치수에는 온 힘을 다했으니, 내가 흠잡을 데가 없구나."

9 자한
子罕

이 편은 모두 30장으로, 대부분 공자의 덕행에 대하여 말했다. 태백, 요임금, 우임금 등의 지극한 덕행을 말한 다음 공자의 덕행을 말했기 때문에 「태백」 편의 다음에 오는 것이다. 편 가운데 "흘러감이 이와 같구나! 주야로 쉬지 않는도다."라고 한 말과 "날씨가 추워진 연후에야 소나무와 잣나무가 뒤에 조락한다는 것을 알게 된다."라는 말 그리고 "지혜로운 사람은 의혹하지 않고, 인한 사람은 근심하지 않고, 용기 있는 사람은 두려워하지 않는다."라는 말 등이 주목을 끈다.

子罕言利與命與仁.

利(이) 하안에 따르면 이해(利害)의 이가 아니고 각자의 마땅함이 조화된(義之和) 이다. 주희는 계리(計利), 즉 이해의 이라고 한다. 與(여) 하안, 주희는 급(及)과 같은 글자라고 한다. 황간은 허여(許與)한다는 동사로 풀이한다. 허여는 허락해 주다 또는 긍정해 주다, 중시하다라는 뜻이다. 유보남은 『논어정의』에서 완원(阮元)의 「논어논인편(論語論仁篇)」을 인용해 다음과 같이 말한다. "공자가 인을 말한 것은 상세한데 어찌 드물게 말했다고 하는가? 이른바 한언(罕言)이라는 것은 공자가 매번 겸손하여 스스로 인하다고 자처하지 않았고 또한 남에 대해서도 경솔하게 인하다고 하지 않았다는 것이다."

達巷黨人曰: "大哉孔子! 博學而無所成名." 子聞之, 謂門弟子曰: "吾何執? 執御乎? 執射乎? 吾執御矣."

達巷(달항) 당(黨) 이름. 형병에 따르면 500가(家)가 1당이다. 無所成名(무소성명) "군자는 일정한 용도에만 쓰이는 그릇이 아니다(君子不器)"라는 뜻이다.(2-12) 執御(집어) 정현에 따르면 공자가 전문으로 하겠다는 마차 몰이는 예, 악, 사보다 낮은 일이다. 그러므로 공자는 이로써 자신의 겸손함을 나타낸 것이다.

子曰: "麻冕, 禮也. 今也純, 儉, 吾從衆. 拜下, 禮也. 今拜乎上, 泰也. 雖違衆, 吾從下."

麻冕(마면) 제복(祭服)에 쓰는 관. 공안국에 따르면 면은 검은 베로 만든 관(緇布冠)이다. 純(순) 공안국에 따르면 실(絲). 다른 색이 섞이지 않은 검정색 실이다. 泰(태) 교만하다.

9-1 선생님께서는 이(利)와 명(命)과 인(仁)을 드물게 말씀하셨다.

해설 원문을 "子罕言利, 與命與仁"으로 끊을 수도 있다. 금(金) 왕약허(王若虛)의 『오류잡변(誤謬雜辨)』과 청(淸) 사승조(史繩祖)의 『학재점필(學齋佔畢)』에 따르면 이 구절은 "선생님께서는 이는 드물게 말씀하셨으나 명과 인은 허여하셨다."라고 번역된다.

9-2 달항당 사람이 말했다. "위대하구나, 공자여! 널리 배웠지만 어떤 한 분야에서 명성을 이룬 것은 없도다." 선생님께서 그 말을 듣고는 제자들에게 말씀하셨다. "내가 무엇을 전문으로 할까? 마차 몰이를 전문으로 할까? 활쏘기를 전문으로 할까? 나는 마차 몰이를 전문으로 하련다."

9-3 선생님께서 말씀하셨다. "삼베로 면류관을 만드는 것이 예지만, 요즘은 실로 만드니 검소하므로, 나는 대중을 좇으리라. 당 아래에서 절하는 것이 예거늘, 지금은 당 위에서 절하니 교만하다. 비록 대중을 거스를지라도, 나는 당 아래에서 절하는 것을 따르리라."

해설 공자는 면류관을 치포(緇布)로 만들거나 생사(生絲)로 만드는 것은 그다지 문제시하지 않았다. 그러나 임금에 대해 신하가 취하는 태도는 크게 중시했다. 원래 임금과 신하가 잔치할 때 임금이 술을 내리면 신하는 먼저 당 아래

子絶四: 毋意, 毋必, 毋固, 毋我.

毋(무) 주희는 『사기』에 근거해 무(無)라고 한다.

子畏於匡, 曰: "文王既沒, 文不在玆乎? 天之將喪斯文也, 後死者不得與
於斯文也. 天之未喪斯文也, 匡人其如予何?"

畏於匡(외어광) 광 땅 사람들이 공자를 양호(陽虎)로 착각해서 생긴 일이다. 양호가 일찍이
광 지방을 공략한 적이 있는데, 공자의 모습이 양호와 비슷했다. 이 때문에 광 땅 사람들이 공
자를 포위하니 공자가 경계했던 것이다. 일반적으로 두려워할 만한 상황이므로 '외'라고 썼지
만 공자는 두려워하지 않았다. 그러므로 여기에서는 외를 '포위되었다'로 번역했다. 文(문) 문
화, 예악 제도, 전장 제도를 말하는데 여기에서는 문화로 번역한다.

大宰問於子貢曰: "夫子聖者與? 何其多能也." 子貢曰: "固天縱之將聖,

로 내려가 두 번 절하고 올라와 술잔을 받는 것이 예였다. 그러나 당시에는 신하가 내려가지 않고 바로 당 위에서 절하고 술잔을 받았으니, 공자는 이를 교만하다고 보았다. 따라서 공자의 말은 예란 공경을 갖추는 데 근본이 있다는 태도를 보여 준다.

9-4

선생님께서는 네 가지를 끊으셨으니, 사의(私意)가 없고, 기필함이 없고, 고집함도 없고, 내로라함도 없다.

해설

이 구절은 공자를 진정한 성인으로 여길 수 있는 점을 기록한 것이다. 하안에 따르면 '무의(毋意)'는 도를 법도로 삼으니 임의대로 하지 않는 것이고, '무필(毋必)'은 나라에 등용되면 행하고 등용되지 않으면 숨는 것이니 반드시 무엇을 하겠다고 들지 않는 것이다. '무고(毋固)'는 어떤 일을 반드시 가하다거나 불가하다고 하지 않으니 고집스럽게 행하지 않는 것이다. '무아(毋我)'는 예로부터 내려오는 도를 잘 계승하되 함부로 짓지 않으며, 무리에 잘 어울리되 특이하게 행동하지 않고 오로지 도를 좇아가는 것이다.

9-5

선생님께서 제자들과 함께 광 땅에서 포위되었을 때 말씀하셨다. "문왕이 돌아가신 뒤에 문화가 나에게 있지 않느냐? 하늘이 장차 이 문화를 없애려 한다면, 뒤에 죽을 나 또한 이 문화에 참여하지 못할 것이다. 하늘이 만약 이 문화를 없애려 하지 않는다면, 광 땅 사람들이 나를 어찌하겠는가?"

9-6

태재(大宰)가 자공에게 물었다. "선생님은 성자(聖者)인가?

又多能也." 子聞之, 曰: "大宰知我乎! 吾少也賤, 故多能鄙事. 君子多乎哉? 不多也." 牢曰: "子云, '吾不試, 故藝.'"

大宰(태재) 태재는 대부의 관직명인데 오나라인지 송나라인지 불분명하다. 정현에 따르면 이 사람은 오나라 태재 비(嚭)다. 夫子聖者與? 何其多能也(부자성자여, 하기다능야) 성인과 다능은 병행할 수 없는 것인데 공자는 그러한 평판을 모두 듣고 있으니 태재가 의문이 생겨 질문한 것이다. 혹은 태재는 본래 성인은 다능하다고 생각했지만 공자가 그것을 부정한 것이다. 縱(종) 주희에 따르면 사(肆), 즉 한량(限量)할 수 없다는 뜻이다. 將(장) 형병에 따르면 대(大)의 뜻인데, 이렇게 보는 근거는 『이아』 「석고」, 『순자』 「요문(堯問)」 등에서 장성(將聖)을 대성(大聖)이라고 하는 데 있다. 주희는 태(殆, 거의)로 풀이한다. 자공이 공자를 감히 알지 못한다는 마음에서 겸손하게 말했다고 보는 것이다. 牢(뢰) 정현에 따르면 제자 자뢰(子牢)이고, 형병에 따르면 제자 금뢰(琴牢)이다. 試(시) 형병에 따르면 용(用), 등용(登用)을 말한다.

子曰: "吾有知乎哉? 無知也. 有鄙夫問於我, 空空如也. 我叩其兩端而竭焉."

無知(무지) 황간은 여기에서 지가 의도를 지닌 지식[用意之知]이라 했다. 편견, 선입관 같은 뜻이 함축되어 있다. 주희는 무지를 겸양의 표현으로 보아 '아는 것이 없다'로 해석한다. 空空如(공공여) 주희에 따르면 질문한 자가 아는 게 없는 상태, 형병에 따르면 무식한 모양[空空 虛心]이다. 정약용에 따르면 공자 자신이 아는 게 없는 상태다.[空空無所知, 難於答] 叩(고) 되묻다. 兩端(양단) 형병에 따르면 종시(終始), 즉 질문의 선후 본말이다.

子曰: "鳳鳥不至, 河不出圖, 吾已矣夫!"

鳳鳥不至(봉조부지) 주희에 따르면 순임금 때 봉황이 와서 춤추고, 문왕 때는 봉황이 기산(岐山)에서 울었다. 성왕(聖王)의 시절에 나타나는 상서로운 조짐의 한 상징이다. 河不出圖(하불출도) 『주역』 「계사전(繫辭傳)」에서 "황하에서 도(圖)가 나오고 낙수에서 서(書)가 나왔으 어찌 그렇게 재능이 많으신가?" 자공이 말했다. "진실로 하늘이 그분을 성인이 되게 하시고, 또 다능케 하신 듯합니다." 선생님께서 그 말을 듣고 말씀하셨다. "태재가 나를 아는구나! 나는 어렸을 때 가난했기에 비천한 일에 능한 것이 많았다. 군자는 능한 일이 많은가? 많지 않느니라." 뢰가 말했다. "선생님께서는 '내가 등용되지 못했기에 기예를 많이 배우게 되었다.'라고 말씀하셨다."

해설   마지막 "뢰왈(牢曰)"로 시작하는 구절을 형병의 『논어소』에서는 구별해서 다음 장으로 삼았으나 『논어집주』는 앞과 한 장으로 삼았다. 번역은 『논어집주』를 따랐다.

9-7   선생님께서 말씀하셨다. "내가 아는 것이 있겠는가? 나는 아는 것이 없다. 어떤 비루한 사나이가 무식하게 나에게 물어 올지라도, 나는 그 물음의 처음과 끝을 되물어 본 다음에 성의를 다해서 가르쳐 줄 뿐이다."

9-8   선생님께서 말씀하셨다. "봉황이 오지 아니하며 하도(河圖)가 나타나지 아니하니, 나도 끝났는가 보구나!"

니 성인이 이를 본받았다.〔河出圖, 洛出書, 聖人則之〕"라고 했다. 복희씨(伏羲氏)는 등에 별 무늬 모양의 점이 난 용마(龍馬)가 황하에서 출현했을 때, 그 무늬에 근거해 『주역』의 팔괘(八卦)를 그었다. 이로부터 황하에서 그림이 나오는 것은 성인이 천명을 받아서 천하를 태평하게 다스리게 된다는 상징으로 이해되었다. 공자 시대에 이러한 상서로운 징조가 나타나지 않았으므로, 공자는 천하를 태평하게 하려는 노력이 희망대로 되지 못함을 한탄하는 것이다.

子見齊衰者, 冕衣裳者與瞽者, 見之, 雖少, 必作; 過之, 必趨.

齊衰(자최) 형병에 따르면 주나라 대 친상을 당했을 때 입었던 상복이다. 상복 입은 사람에 대해서는 「향당」 10-16에 상세하게 해설되어 있다. 冕衣裳(면의상) 면은 예관(禮冠), 의는 상의, 상은 하의로 대부 이상이 입는 공복(公服)이다. 瞽(고) 소경. 趨(추) 달리다. 종종걸음 치다. 임금 앞에서는 잰걸음으로 걷는 것이 예다. 형병은 질행(疾行), 즉 빨리 가는 것이라고 한다.

顔淵喟然歎曰: "仰之彌高, 鑽之彌堅. 瞻之在前, 忽焉在後. 夫子循循然善誘人, 博我以文, 約我以禮, 欲罷不能. 旣竭吾才, 如有所立卓爾, 雖欲從之, 末由也已."

喟然(위연) 정현은 탄식하는 소리라고 했다. 鑽(찬) 뚫다. 瞻(첨) 보다. 循循然(순순연) 정현에 따르면 순서대로 차근차근히 하는 모양(次序貌)이다. 誘(유) 정현은 나아가게 하다〔進〕로 풀이했다. 如有所立卓爾(여유소립탁이) 형병은 "공자가 다시 창립한 것으로 또한 우뚝하게 솟아 있는 것"이라고 옮겼고, 황간은 '소립'을 언술(言述)의 창립으로 보았다. 손작(孫綽)은 "마치 흥기한 바가 있는 것처럼 우뚝하여서, 보고 듣는 범위를 벗어나 하늘에 계단을 밟아 올라갈 수 없는 것과 같으니, 따르려고 하더라도 장차 어디로 말미암을 것인가?"라 해석하여 공자의 흥립(興立)으로 보았다. 末(말) 무(無).

9-9   선생님께서는 상복 입은 사람과 관복 입은 사람과 소경을
          만났을 때에는 그들이 비록 젊더라도 반드시 일어나시고,
          그들 앞을 지나가게 되면 반드시 걸음을 빨리 하셨다.

해설   이 구절은 전반적으로 위와 같은 사람들에 대한 경건한 태도를 말한 것으로
          해석된다. 이와는 약간 달리 포함은 "친상을 당한 사람에게 슬픔을 표하고,
          지위에 있는 사람을 높이고, 불구자에게는 불쌍하게 여기는 마음을 나타낸
          다."라 해석했다.

9-10   안연이 "아!" 하고 탄식하며 말했다. "우러러볼수록 더욱 높
          아지고 뚫을수록 더욱 굳으며, 앞에 계신 듯 보이더니 홀연
          히 뒤에 계시는구나. 선생님께서는 차례차례 사람을 잘 인
          도하시어, 문장으로 나의 지식을 두루 넓혀 주시고 예절로
          써 나의 행실을 단속해 주신다. 그만두려고 해도 되지 않
          아, 어느덧 나의 재력(才力)을 다하게 된다. (선생님께서) 새
          로 발명한 바가 있게 되면 우뚝하여, 비록 선생님을 좇아가
          보고 싶지만 따라갈 길이 없구나."

子疾病, 子路使門人爲臣. 病間, 曰: "久矣哉, 由之行詐也! 無臣而爲有臣. 吾誰欺? 欺天乎? 且予與其死於臣之手也, 無寧死於二三子之手乎! 且予縱不得大葬, 予死於道路乎?"

病(병) 질환이 심해져 위독해진 상태. 臣(신) 정현과 형병은 상례에서 죽은 이를 위해 신하의 예를 갖추어 시중드는 사람이라고 한다. 공자가 과거에 노나라 대부를 지냈으므로 자로는 그에 맞추어 가신(家臣)이 시중들도록 한 것이다. 大葬(대장) 공안국은 군신의 예로 치르는 장, 정약용은 경(卿)의 예로써 지내는 장례라고 했다. 공자가 지낸 대사구(大司寇)는 경의 지위다.

子貢曰: "有美玉於斯, 韞匵而藏諸? 求善賈而沽諸?" 子曰: "沽之哉! 沽之哉! 我待賈者也."

韞(온) 감추다. 匵(궤) 궤. 善賈(선가) 주희는 가(賈)를 가(價, 가격)와 같게 보았다. 『경전석문(經典釋文)』에는 고가(高價)라고 했다. 정약용에 따르면 가(賈)의 음은 고(估)이고, 상인(옥을 가질 만한 사람)을 뜻한다. 형병도 '만약 남이 나를 구한다면[若人求之]'이라고 했으므로 상고(商賈)의 고로 본 셈이다. '선고'는 높은 값을 쳐 주는 사람을 뜻한다. 沽(고) 팔다.

子欲居九夷. 或曰: "陋, 如之何?" 子曰: "君子居之, 何陋之有?"

九夷(구이) 마융은 "동방의 이족(夷族)에는 아홉 종족이 있다.[東方之夷, 有九種]"라고 한다. 형병의 『논어소』에 인용된 일설에는 현토(玄菟), 낙랑(樂浪), 고려(高麗), 만식(滿飾), 부유(鳧臾), 색가(索家), 동도(東屠), 왜인(倭人), 천비(天鄙)가 구이다.

子曰: "吾自衛反魯, 然後樂正, 雅·頌各得其所."

反魯(반로) 형병은 노나라 애공 11년, 공자 69세(기원전 484년) 겨울이라고 한다. 得其所(득 선생님의 병환이 위독해지자 자로가 문인들에게 신하의 예절로 장례를 준비하게 했다. (선생님께서) 병환이 좀 나아지자 말씀하셨다. "오래되었구나, 자로가 속여 온 지가! 신하가 없는데도 신하가 있는 듯이 하였으니, 내가 누구를 속이겠는가? 하늘을 속이자는 것인가? 장차 나는 소신(小臣)의 손에서 죽기보다는 차라리 자네들 손에서 죽고 싶다. 내가 대장(大葬)을 얻지 못한다고 하더라도 길거리에서야 죽겠는가?"

자공이 말했다. "여기에 아름다운 옥이 있다면, 함에 싸 넣어 감추어 둘까요? 높은 값을 구하여 팔까요?" 선생님께서 말씀하셨다. "팔아야지! 팔아야지! 나는 좋은 값 쳐줄 사람을 기다린다."

선생님께서 구이에서 살고자 하셨다. 누군가 말했다. "누추한데 어떻게 하시렵니까?" 선생님께서 말씀하셨다. "군자가 그곳에 살게 된다면 무슨 누추함이 있으리오?"

형병에 따르면 공자는 당시 중원에 성인의 도가 행해지지 않아서 동쪽 구이의 땅으로 가서 살고자 했다. 구이의 땅이 누추하다 하더라도 군자가 거처한다면 교화되어 누추하지 않게 되리라는 것이다.

선생님께서 말씀하셨다. "내가 위나라에서 노나라로 돌아온 이후에 음악이 바르게 되어 『시』의 아(雅)와 송(頌)이 각

기소) 그 차례가 잘 맞았다〔得其次序之宜〕는 뜻이다.

子曰: "出則事公卿, 入則事父兄, 喪事不敢不勉, 不爲酒困, 何有於我哉?"
何有於我哉(하유어아재) 허세영은 하유를 '어떠한 어려움이 있겠는가?〔何難之有〕'의 줄임말로 여긴다. 황간은 그 세 가지 일을 '어떻게 행할 수 있겠는가?'로 해석했다. 일설에서는 "사람들이 만약에 이와 같이 할 수 있다면 어찌 다시 나를 필요로 하겠는가?"라 옮긴다.

子在川上曰: "逝者如斯夫! 不舍晝夜."

子曰: "吾未見好德如好色者也."

子曰: "譬如爲山, 未成一簣, 止, 吾止也. 譬如平地, 雖覆一簣, 進, 吾往也."
簣(궤) 삼태기. 平地(평지) 마융은 '땅을 평평하게 고르다'로 보았다. 황간은 평지에 산을 쌓으려 하는 것으로 풀이했다.

子曰: "語之而不惰者, 其回也與!"
不惰(불타) 형병은 공자의 가르침을 들을 때 안회가 지루해하지 않는 것이라 했고, 주희는 가

각 제자리를 얻게 되었다."

9-15 선생님께서 말씀하셨다. "나가서는 공경(公卿)을 섬기고, 집에 들어와서는 부형을 섬기며, 상사에는 감히 힘쓰지 않을 수 없으며, 술로 제정신을 잃지 않는 것과 같은 일들을 행하는 데 내게 어떤 어려움이 있겠는가?"

9-16 선생님께서 시냇가에서 말씀하셨다. "흘러감이 이와 같구나! 주야로 쉬지 않는도다."

해설 주희는 다음과 같이 풀이한다. "천지의 운행은 가는 것은 지나가고 오는 것이 이어져서 한순간의 그침도 없으니, 그것 말고 도체(道體)의 본연이 따로 존재하는 것이 아니다. 그러나 쉽게 예를 들 만한 것으로는 시냇물의 흐름만 한 것이 없다. 그러므로 여기에서 이러한 말을 꺼낸 것은, 배우는 사람들이 때때로 성찰하여 공부하는 것을 중단하지 않도록 하기 위함이다."

9-17 선생님께서 말씀하셨다. "나는 덕 좋아하기를 여색 좋아하듯이 하는 사람을 아직 보지 못했다."

9-18 선생님께서 말씀하셨다. "비유하자면 산을 만들 때 한 삼태기의 흙이 부족한 채로 그쳐도 내가 그친 것이며, 비유하자면 (산을 만들려고) 평지에 비록 한 삼태기의 흙을 쏟았을 뿐이더라도 나아갔다면 내가 나아간 것이다."

9-19 선생님께서 말씀하셨다. "가르쳐 주면 게으름 피우지 않는

슴 깊이 새겨듣고 힘써 행하는[心解力行] 태도를 말한다고 했다. 이와 달리 하안은 공자가 안회에게만 게으름 피우지 않고 가르쳤다는 뜻이라 보았다. 안회는 이해가 빨라서 부지런히 가르쳤다는 것이다. 황간은 안회가 지쳐서 태만히 하지 않는다[不疲懈]고 풀었다.

子謂顔淵, 曰: "惜乎! 吾見其進也, 未見其止也."

子曰: "苗而不秀者有矣夫! 秀而不實者有矣夫!"

子曰: "後生可畏, 焉知來者之不如今也? 四十·五十而無聞焉, 斯亦不足畏也已矣."

聞(문) 황간은 명성과 명예가 온 세상에 자자한 것[聲譽聞達於世者]이라 해석한다.

子曰: "法語之言, 能無從乎? 改之爲貴. 巽與之言, 能無說乎? 繹之爲貴, 說而不繹, 從而不改, 吾末如之何也已矣."

法語(법어) 공안국은 사람에게 과실이 있을 때 정도(正道)로써 일러 주는 말이라고 한다. 巽與之言(손여지언) 주희는 완곡하게 이끌어 준다[婉而導之]는 뜻으로 해석했다. 마음에 따르면 손(巽)은 공(恭)이니 공손(恭遜)하고 삼가는 말씀[謹敬之言]이다. 정약용은 유순하여 서로 도움이 되는 말씀[柔順相助之言]이라고 한다. 繹(역) 마음, 형병은 '되풀이하여 음미하고 연구한다[尋繹]', 주희는 '그 실마리를 찾아낸다[尋其緒]'라 했는데, 대체로 실마리 또는 의미를 찾아낸다는 뜻이 된다. 그러나 황간은 '계속 이어서 공손하게 하는 것[尋續]'이라 보았다.

사람은 안회가 아닐까?"

9-20   선생님께서 안연에 대해 말씀하셨다. "(그가 일찍 죽은 것이) 애석하도다! 나는 그가 나아지는 것은 보았으나, 그가 멈추는 것은 본 적이 없다."

9-21   선생님께서 말씀하셨다. "싹이 돋았으나 이삭이 패지 못하는 것이 있고, 이삭은 팼으나 열매를 맺지 못하는 것이 있도다."

9-22   선생님께서 말씀하셨다. "젊은이들은 두려워할 만하다. 어찌 뒤에 오는 사람이 지금의 우리들 같지 못하리라는 것을 알겠는가? 40세, 50세가 되어도 좋은 명성이 들리지 않으면, 이런 사람은 두려워할 것 없다."

9-23   선생님께서 말씀하셨다. "정도로써 일러 주는 말을 따르지 않을 수 있을까? (그러나) 잘못된 행실을 고치는 것이 중요하다. 완곡하게 충고하는 말을 듣고 기뻐하지 않을 수 있을까? (그러나) 그 뜻을 찾아내는 것이 중요하다. 기뻐하되 뜻을 찾지 않으며 따르기만 하고 고치지 않는다면, 나도 그에 대해 어찌할 수가 없다."

子曰: "主忠信, 毋友不如己者, 過則勿憚改."

子曰: "三軍可奪帥也, 匹夫不可奪志也."
三軍(삼군)「술이」7-10의 주석 참조.

子曰: "衣敝縕袍, 與衣狐貉者立而不恥者, 其由也與? '不忮不求, 何用不
臧?'"子路終身誦之. 子曰: "是道也, 何足以臧?"
縕(온) 공안국, 형병에 따르면 헤진 삼베를 섞어 넣어 만든 솜옷[枲著者]이다. 袍(포) 주희는
솜을 넣어 만든 옷이라 한다. 貉(학) 담비. 不忮不求, 何用不臧(불기불구, 하용불장)『시
경』「패풍(邶風) 웅치(雄雉)」편에 같은 구절이 보인다. 忮(기) 해한다는 뜻이다. 臧(장) 마
음에 따르면 선(善)이다.

子曰: "歲寒然後知松栢之後彫也."
彫(조) 초목의 잎이 시들어 떨어진다[凋]는 뜻으로 쓰였다.

子曰: "知者不惑, 仁者不憂, 勇者不懼."

子曰: "可與共學, 未可與適道; 可與適道, 未可與立; 可與立, 未可與權."
與(여)『회남자(淮南子)』「범론훈(氾論訓)」에는 "可以共學, 未可以適道; 可與適道, 未可

9-24   선생님께서 말씀하셨다. "충성과 신의를 위주로 하며, 나보다 못한 사람을 사귀지 말며, 허물이 있으면 고치기를 꺼리지 말 것이다."

해설   「학이」1-8과 내용이 통한다.

9-25   선생님께서 말씀하셨다. "삼군의 장수는 빼앗을 수 있어도 필부의 지조는 빼앗을 수 없다."

9-26   선생님께서 말씀하셨다. "헤진 솜옷을 입고도 여우나 담비 털옷을 입은 자와 함께 서 있으면서 부끄러워하지 않을 사람은 아마 자로가 아닐까? '(남을) 해치지도 않고 (남의 것을) 탐내지도 않는다면 어찌 착하지 않으리오?'" 자로가 늘 (이 구절을) 외우니 선생님께서 말씀하셨다. "이 도리가 무엇이 그리 대단하겠느냐?"

9-27   선생님께서 말씀하셨다. "날씨가 추워진 연후에야 소나무와 잣나무가 뒤에 조락한다는 것을 알게 된다."

9-28   선생님께서 말씀하셨다. "지혜로운 사람은 의혹하지 않고, 인한 사람은 근심하지 않고, 용기 있는 사람은 두려워하지 않는다."

9-29   선생님께서 말씀하셨다. "같이 배울 수는 있어도 같이 도에 나아갈 수 없으며, 같이 도에 나아갈 수는 있어도 같이 설

以立; 可以與立, 未可與權."으로 되어 있다. 뜻은 위와 다르지 않다.　適道(적도) 성현의 도에 나아가다.　立(입) 주희는 뜻을 도탑게 하여 굳게 잡아서 변치 않는다〔篤志固執而不變〕고 설명했다. 양보쥔에 따르면 『논어』에서 입(立)은 통상 입어례(立於禮)의 뜻이다. 또한 "삼십이립(三十而立)"(「위정」 2-4)의 '입'과도 상통한다.　權(권) 임기응변. 정약용에 따르면 저울질을 잘하여 중용을 얻는 것〔衡稱得中〕이다.

"唐棣之華, 偏其反而. 豈不爾思? 室是遠而." 子曰: "未之思也, 夫何遠之有!"

棣(체) 아가위나무, 산앵두나무.　偏(편) 펄럭이다. 주희에 따르면 『진서(晉書)』에는 편(翩)이라고 되어 있다.　反而(번이) 반(反)은 여기에서 번(飜)으로 읽는다. 이(而)는 어조사로 연(然)과 같다. 따라서 번이는 번연(飜然, 나부끼다)의 뜻이다.

수 없으며, 같이 설 수는 있어도 같이 임기응변하지 못할 수
가 있다."

이 구절은 공부가 진전되는 단계를 표현한다. 각각의 단계에 올라서는 것은
사람의 노력에 따라 같지 않다.

9-30 "당체의 꽃이여, 바람에 뒤척이는구나. 어찌 그대를 생각지
않으랴마는 집이 멀구나." 선생님께서 말씀하셨다. "생각을
하지 않아서지, 어찌 거리가 멀다고 하랴!"

해설 삼국 시대 하안은 이 구절이 앞 장에서 말한 권도(權道) 곧 임기응변의 방
도와 관계있다고 보았다. 황간에 따르면, 당체의 꽃은 "먼저 오므리고 있다
가 뒤에 피는(先合而後開)" 보통 꽃과 달리 "먼저 피어 있다가 뒤에 오므리
는(先開而後合)" 꽃이다. 이것은 정도(正道)를 행하는 데는 순서가 있지만,
권도를 쓰면 처음에는 정도에 반대되는 듯해도 나중에는 정도에 맞게 된다
는 비유라는 것이다. 이러한 해석은 한당 대에 걸쳐서 일반화되었으나, 주희
이후에는 이것을 부정하는 관점이 우세하다. 주희는 이 구절을 앞의 구절과
하나의 장으로 묶어서 보았던 한 대 이래의 관점을 취하지 않고, 이 구절은
권도와 무관하다고 보았다. 정약용은 위의 시가 형제, 부부의 괴리와 반목
을 당체 꽃의 뒤척거림에 비유한 것으로 이해했다.

10 향당
鄉黨

원래는 1장으로 되어 있었다고 하지만 편의상 18장으로 나누었다. 앞의 「자한」 편에서 공자의 덕행을 말했다면 여기에서는 일생생활 속 공자의 행동에 대하여 말했다. 주로 의식주, 언행, 성격, 취미와 관련된 공자의 생각과 실제 행위에 관한 내용들이다. 공자는 옷은 때와 장소에 맞게 입고, 음식은 정갈하고 상하지 않아야 먹으며, 술은 정신이 혼미해질 때까지 마시지 않고, 집 안에서는 온화한 모습으로 지냈다. 엄정하게 말하되 빈말은 하지 않고, 교언영색 하지 않았다는 기록 밖에도 많은 모습이 그려져 있는데, 모두 우리가 배워야 할 생활 태도들이다.

孔子於鄕黨, 恂恂如也, 似不能言者. 其在宗廟朝廷, 便便言, 唯謹爾.

鄕黨(향당) 주나라 제도에 따르면 1만 2500가(家)로 이루어진 구역이 향이고, 500가로 이루어진 구역이 당이다. 형병에 따르면 옛 친구들과 서로 만나면서 겸양과 공경을 돈독히 하는 곳, 주희에 따르면 부형(父兄)과 종족(宗族)이 있는 곳이다. 정약용에 따르면 이 문장에서 향당은 향음(鄕飮), 향사(鄕射) 등과 같은 향당의 모임을 말한다. 恂恂(순순) 왕숙은 온화하고 공손한 모습[溫恭]이라 하고, 주희는 신실한 모습이라고 한다. 便便(변변) 정현에 따르면 분명하게 말하는 것[辨]을 뜻한다.

朝, 與下大夫言, 侃侃如也; 與上大夫言, 誾誾如也. 君在, 踧踖如也, 與與如也.

下大夫(하대부) 공영달의 『논어정의』에서는 관위(官位)가 공자와 상응하거나 그보다 낮은 사람을 가리킨다고 했다. 공자가 노나라에서 벼슬할 때 처음에는 법률을 담당하는 소사구(小司寇), 토목과 건축을 담당하는 소사공(小司空)이었으므로 그 역시 하대부였다. 侃侃(간간) 공안국은 화락(和樂)한 모양이라 하고, 주희는 강직한 모양이라 한다. 上大夫(상대부) 공영달에 따르면 경 이상을 지칭한다. 誾誾(은은) 공안국은 중정(中正)한 태도, 주희는 부드럽게 말하면서도 시비를 가리는 것[和悅而諍也]이라고 한다. 踧踖(축척) 하안은 공경하는 모양, 주희는 공경스럽고 삼가는 모양[恭敬不寧之貌]이라고 본다. 與與(여여) 하안은 몸가짐이 알맞은 모양[威儀中適之貌], 형병은 몸가짐이 알맞으면서도 해이하지 않은 것[威儀中的, 不敢解惰], 정약용은 공경하고 삼가는 모양[敬愼猶豫之貌]이라고 한다.

君召使擯, 色勃如也, 足躩如也. 揖所與立, 左右手, 衣前後, 襜如也. 趨進, 翼如也. 賓退, 必復命曰: "賓不顧矣."

勃如(발여) 형병은 '낯빛을 바꿈', 즉 임금의 명령을 공경스럽게 받드는 태도를 나타낸다고 한다. 躩如(확여) 포함에 따르면 발을 빨리 움직이는 모양[盤辟貌], 황간의 『논어의소』에 인용된 강희의 설명에 따르면 발을 빠르게 움직여 걷는 모양[不暇閒步]이다. 所與立(소여립) 주

공자께서 마을에 계실 때는 공손하시어, 말할 줄 모르는 사람 같았다. 종묘나 조정에서는 분명히 말씀하시되, 반드시 삼가셨다.

조정에서 하대부와 말씀하실 때는 온화하고 즐거운 듯하셨으며, 상대부와 말씀하실 때는 바르고 알맞게 하셨다. 군주가 계시면 공경스럽게 하셨으며, 알맞게 행동하셨다.

임금이 불러 손님을 영접하게 하면 반드시 낯빛을 바꾸시고 잰걸음으로 걸으셨다. 함께 영접하는 동료에게 말을 전하며 읍하실 때 왼쪽 사람에게는 손을 왼쪽으로 하시고 오른쪽 사람에게는 손을 오른쪽으로 하셨으며, 옷이 앞뒤로 펄럭이기는 했지만 가지런했고, 종종걸음으로 나아갈 때는 새가

희에 따르면 함께 영접하는 신하[同爲擯者]를 가리킨다. 영접하는 신하의 숫자는 주인의 지위에 따라 다르지만, 이 경우에는 한 사람이 아니고 여럿이다. 襜如(첨여) 정현에 따르면 왼쪽 사람과 오른쪽 사람에게 각각 읍할 때, 몸을 한 번 숙이고 다시 펴는 과정에서 옷이 앞뒤로 펄럭이는 모양이다. 주희에 따르면 단정한 모양[整貌]이다. 復命(복명) 윗사람의 명을 받아서 일을 실행한 뒤에 그 결과를 윗사람에게 보고하는 것이다. 賓不顧(빈불고) 손님 접대의 예가 원만하게 끝나서 손님이 만족하고 떠났음을 표현하는 것으로 당시의 의례적인 말이다. 주희에 따르면 손님 접대를 원만히 마쳤음을 알림으로써 임금이 손님을 대하면서 지녔던 공경의 태도를 풀게 하는 것[紓君敬]이다.

入公門, 鞠躬如也, 如不容. 立不中門, 行不履閾. 過位, 色勃如也, 足躩如也, 其言似不足者. 攝齊升堂, 鞠躬如也, 屛氣似不息者. 出, 降一等, 逞顔色, 怡怡如也. 沒階, 趨進, 翼如也. 復其位, 踧踖如也.

公門(공문) 군문(君門). 궁궐 문. 鞠躬(국궁) 몸을 구부려 예의를 차리는 모습. 매우 존경하고 삼가는 것을 뜻한다. 閾(역) 문지방. 位(위) 포함은 손님을 접대하는 장소인 외조에 있는 임금의 자리라 하고, 정약용은 조정에서 사와 대부의 정해진 자리라고 한다. 其言似不足(기언사부족) 황간에 따르면 '그 말이 가늘어지고 낮아지며 많이 하지 않는 모습이 마치 언어가 부족한 듯한 것[言語細下不得多言, 如言不足之狀也]'이다. 逞(령) 펴다.

執圭, 鞠躬如也, 如不勝. 上如揖, 下如授. 勃如戰色, 足蹜蹜如有循. 享禮, 有容色. 私覿, 愉愉如也.

圭(규) 홀. 홀은 조정에서 왕, 제후 및 관리들이 모두 규정에 따른 각각의 형태와 크기로 지녀 신분을 표시하고 회의에서 비망록의 역할을 했던 예물이다. 한 자쯤의 길이에 두 치쯤의 폭으로 고위 관리의 것은 상아나 옥, 하위 관리의 것은 대나무 등 나무로 만들었다. 上如揖, 下

날개를 펼치듯 하셨다. 손님이 물러가면 반드시 복명해 "손님이 뒤돌아보지 않고 갔습니다."라고 말씀하셨다.

10-4 궁궐 문에 들어설 때는 몸을 굽히시어 마치 문이 비좁아서 그러는 것같이 하셨다. 문 한가운데 서지 않으셨고, 출입할 때에는 문지방을 밟지 않으셨다. (외조(外朝)에 있는) 임금의 좌석을 지나갈 때면 낯빛이 바뀌며 발걸음이 빨라지셨다. (임금께 가까워지면) 말이 부족한 듯이 하셨다. 아래 옷자락을 거머쥐고 마루에 오를 때는 몸을 굽히시듯 하셨다. (임금 앞에 이르면) 숨을 죽여 마치 숨쉬지 않는 듯이 하셨다. 나와서 한 계단을 내려오면 낯빛을 펴 즐거운 듯이 하시며, 계단을 다 내려와서는 잰걸음으로 나아가기를 마치 날개를 활짝 펴듯 하셨고, 그 자리를 다시 지나갈 때에는 공손히 하셨다.

10-5 홀을 잡으면 몸을 굽히고 들기가 힘겨운 듯이 하셨다. 홀의 위는 읍하는 높이와 같이 하며 아래는 물건을 주는 높이와 같게 하셨다. 두려워하여 전율하는 듯하셨고, 홀을 들고 걸어갈 때에는 좁은 보폭으로 더듬어 가듯 걸으셨다. 예물을 바칠 때에는 얼굴빛이 환하셨다. (공무를 마치고) 사사로이

如授(상여읍, 하여수) 주희에 따르면 홀을 잡을 때 평형을 유지하는 모양이다. 손을 가슴과 같은 높이로 들고, 홀 위의 높이는 읍할 때의 높이를 넘지 않고, 아래는 물건을 줄 때의 높이 보다 낮게 하지 않는다는 것이다. 또 보행을 할 때 손이 약간씩 위아래로 움직이게 되더라도 홀의 평형을 유지해야 하는 것이라는 견해도 있다. 이때 홀을 잡은 손의 높이는 가슴과 같게 하고 홀의 위는 읍하는 높이를 넘지 않도록, 홀의 아래는 물건을 건네줄 때보다 내려가지 않 도록 한다는 것이다. 황간은 '상여읍'이 처음에 홀을 주고받는 모양으로, 위로 올라가서 읍하 듯이 옥을 주는 모양이라고 한다. 이때 몸을 구부려서 공경을 표하게 되므로 읍할 때의 거동 과 같다는 것이다. 또 '하여수'는 내려와서 옥을 바닥에 내려놓을 때를 말한다. 땅바닥에 내려 놓더라도 역시 천천히 몸을 구부려서 마치 남에게 물건을 주는 때처럼 하는 것이다. 享(향) 정현에 따르면 빙례(聘禮)를 마친 뒤 폐백을 바치는 예다. 빙례는 사신이 이웃 나라에 가서 손님 노릇 하는 예로 규(圭)와 벽(璧), 정실(庭實, 상대방에게 바치려고 가져온 토산물 또는 귀중한 물건들로 마당에 진설할 예물)이 있어야 한다. 覿(적) 본다는 뜻이다.

君子不以紺緅飾, 紅紫不以爲褻服. 當暑, 袗絺綌, 必表而出之. 緇衣, 羔裘, 素衣, 麑裘. 黃衣, 狐裘. 褻裘長, 短右袂. 必有寢衣, 長一身有半. 狐貉之 厚以居. 去喪, 無所不佩. 非帷裳, 必殺之. 羔裘玄冠不以吊. 吉月, 必朝服 而朝.

紺(감) 주희는 짙은 푸른색에 붉은빛이 도는 색〔深靑揚赤色〕이라고 한다. 이는 『설문해자』의 설명과 같다. 緅(추) 『광아』에서는 푸른색이라 하고, 장보첸은 흑색에 가까운 짙은 푸른색〔深 靑近黑之色〕이라 풀이한다. 주희는 진홍색〔絳〕, 정약용은 『주례』「고공기」에 근거하여 약간 흑색이 감도는 짙은 붉은 색〔深赤淺黑色〕이라고 한다. 褻(설) 속옷. 袗(진) 홑옷. 絺(치) 가 는 갈포. 綌(격) 굵은 갈포. 緇(치) 검다. 麑(예) 사슴 새끼. 寢衣(침의) 공안국은 이불이라 고 본 반면 주희는 재계할 때에 입는 잠옷이라고 했다. 非帷裳, 必殺之(비유상, 필쇄지) 공안 국에 따르면 유상은 조복(朝服)과 제복(祭服)을 가리킨다. 이와 달리 정약용은 유상을 수레에 치는 휘장〔車幃〕이라고 보았다. 고대의 어느 복식이든 상(裳)은 반드시 아래에서 위로 올라가 볼 적에는 즐겁고 편안하게 하셨다.

해설   이 구절은 사신의 임무를 받고 이웃 나라에 가서 빙례를 행하는 과정을 기
록했다.

10-6   군자는 감색과 검푸른 색으로 동정을 달아 꾸미지 않는다.
진홍색과 자주색으로 평상복을 만들지 않으셨다. 더울 때
는 굵거나 가는 갈포 홑옷을 입되, 외출할 때에는 반드시
상의를 걸쳐 입으셨다. 검은 옷에는 염소 가죽으로 색을 맞
추고, 흰 옷에는 사슴 새끼 가죽으로, 노란 옷에는 여우 가
죽으로 색을 맞추셨다. 집에서 입는 옷은 길게 하되 오른
쪽 소매를 조금 짧게 하셨다. 반드시 이불이 있었으니, 길이
는 키의 한 배 반쯤 되었다. 두꺼운 여우와 담비의 가죽으
로 자리를 깔고 거처하셨다. 탈상하고 나면 패용할 것은 모
두 패용하셨다. 조회와 제사 때 입는 옷이 아니면 반드시 점
차 폭을 줄여 가면서 바느질하도록 하셨다. 검은 갖옷과 검
은 갓 차림으로는 문상하지 않으셨다. 초하루에는 반드시

면서 폭을 줄이거나 주름을 잡는데, 조복과 제복도 예외가 아니라는 것이다. 살(殺)은 여기에서 '쇄'로 읽는다. 吉月(길월) 공안국에 따르면 초하루[月朔]다.

齊, 必有明衣, 布. 齊必變食, 居必遷坐.

明衣(명의) 공안국에 따르면 베로 만든 목욕 옷이고, 황간에 따르면 목욕재계할 때 입는 옷[齋浴時所著衣]이다. 형병에 따르면 제사를 지내기 위하여 재계할 때 반드시 목욕을 하는데, 몸을 다 씻고 나면 몸이 더러워지지 않도록 명의를 입었다는 뜻이다.

食不厭精, 膾不厭細. 食饐而餲, 魚餒而肉敗, 不食. 色惡, 不食. 臭惡, 不食. 失飪, 不食. 不時, 不食. 割不正, 不食. 不得其醬, 不食. 肉雖多, 不使勝食氣. 唯酒無量, 不及亂. 沽酒市脯不食. 不撤薑食, 不多食. 祭於公, 不宿肉. 祭肉不出三日. 出三日, 不食之矣. 食不語, 寢不言. 雖疏食菜羹瓜, 祭, 必齊如也.

饐(예), 餲(예) 밥이 쉬다. 餒(뇌) 상하다. 飪(임) 익히다. 不時(불시) 정현에 따르면 아침, 저녁, 정오의 식사 때가 아닌 시간이다. 강희에 따르면 제철에 나지 않은 것[生非其時], 예를 들면 겨울에 나온 매실 같은 것이다. 주희에 따르면 영글지 않은 오곡이나 익지 않은 과실과 같은 것을 말한다.[五穀不成, 果實不熟] 薑(강) 생강. 羹(갱) 국. 瓜(과) 공안국과 황간은 줄[苽]이라는 다년생 풀의 열매라고 한다. 『노논어(魯論語)』에는 이 글자가 필(必)로 되어 있다. 이를 근거로 삼아 주희와 육덕명은 과(瓜), 즉 과(苽)를 부사인 필(必)로 보아야 한다는 주장을 폈다.

조복을 입고 조회에 들어가셨다.

10-7　　재계하실 때는 반드시 명의가 있었으니, 베로 만들었다. 재
계하실 때는 반드시 평소의 음식을 바꾸셨으며, 거처하는
자리도 반드시 옮겨 앉으셨다.

10-8　　밥은 깨끗이 잘 찧은 쌀로 지은 것을 싫어하지 않으셨으며,
회는 가늘게 썬 것을 싫어하지 않으셨다. 밥이 쉰 것, 마른
고기가 맛이 변한 것과 생선이 상한 것, 고기 냄새가 나쁜
것은 드시지 않으셨다. 색이 변한 것을 드시지 않으셨으며,
냄새가 나쁜 것을 드시지 않으셨다. 제대로 익힌 것이 아니
면 드시지 않으셨고, 때가 안 되면 드시지 않으셨다. 반듯
하게 자르지 않은 것은 드시지 않으셨고, 어울리는 장이 마
련되지 않으면 드시지 않으셨다. 고기가 많을지라도 밥보다
많이 드시지 않았으며, 술 마실 때는 양을 한정하는 일이
없되 정신을 잃는 데까지 이르지는 않으셨다. 사 온 술과 사
온 육포는 드시지 않으셨다. (식사 때) 생강은 빠뜨리지 않
으셨고, 음식은 많이 드시지 않으셨다. 나라의 제사에서 하
사받은 고기는 밤을 넘기지 않으셨다. 집안 제사에 쓴 고기
는 3일을 넘기지 않으셨으며, 3일이 지나면 드시지 않으셨
다. 잡수시면서 말씀하지 않으셨으며, 주무실 때에 말씀하
지 않으셨다. 비록 거친 밥과 나물국과 줄로 제사를 지내더
라도, 반드시 공경을 다하셨다.

席不正, 不坐.

鄕人飮酒, 杖者出, 斯出矣. 鄕人儺, 朝服而立於阼階.

儺(나) 굿하다. 공안국은 돌림병을 퍼뜨리는 귀신을 물리치는 의식[驅逐疫鬼]이라 한다. 阼

(조) 동편 계단.

좌석이 바르게 놓여 있지 않으면 앉지 않으셨다.

해설　황간이 『논어의소』에서 인용한 범녕(范寗)의 설에 따라 자리가 놓인 모양이 바르지 않은 상황을 말한 것으로 번역했다. 그러나 이와 달리 "좌석이 자기 신분에 맞게 배열되어 정해지지 않으면 앉지 않았다."라고 해석하는 견해가 있다. 형병은 자리〔席〕를 놓는 예에 맞지 않은 경우라고 본다. 자리를 놓는 예에 따르면 천자의 자리는 다섯 겹〔五重〕, 제후의 자리는 세 겹〔三重〕, 대부의 자리는 두 겹〔再重〕이고, 향(向)은 남향과 북향에서는 모두 서쪽을 상석으로 삼으며 동향과 서향에서는 남쪽을 상석으로 삼는다. 공자는 이렇게 자리가 놓이지 않으면 앉지 않았다는 견해다.

10-10　마을 사람들과 함께 술을 마실 때는 어른이 나가시면 그제야 나가셨다. 마을 사람이 굿할 때는 조복을 입고 동편 섬돌에 서 계셨다.

해설　조복은 대부들이 제복(祭服)으로 착용하는 것이다. 동쪽 계단은 제주(祭主)만이 사당으로 오르내리는 계단이며, 사당은 선조의 신혼(神魂)을 모신 곳이다. 마을에서 역귀를 쫓기 위해 굿을 하면, 사당에 모신 선조의 신혼들까지 놀랄까 두려워하여 공자는 사당의 섬돌에 조복을 입고 서 있었던 것이다. 형병은 "귀신은 사람에 의지하는지라, 공자가 이렇게 함은 자신에게 신혼들이 의지하여 편안해지기를 바라는 것〔鬼神依人, 庶幾依己而安也.〕"이라고 풀이했다. 이와 비슷한 기사가 『예기』 「교특생(郊特牲)」 편에 보인다. "마을 사람들이 강귀(强鬼)를 쫓는 굿〔禓〕을 할 때 공자는 조복을 입고 동쪽 계단에 서서 사당 안의 신혼을 평안케 하였다.〔鄕人禓, 孔子朝服立于阼, 存室神也.〕" 이러한 모습은 조상의 신혼에도 효를 다하는 태도를 보여 준다.

問人於他邦, 再拜而送之. 康子饋藥, 拜而受之. 曰: "丘未達, 不敢嘗."

問(문) 황간은 서로 빙문(聘問, 제후가 대부를 시켜서 다른 나라 제후에게 문안하는 것. 『예기』 「곡례 하」)하는 것〔更相聘問〕이라 보았다. 주희는 『논어집주』에서 사신을 다른 나라에 보내 그곳 사람에게 문안하는 것〔遣使問人於他邦〕이라 했다. 他邦(타방) 황간은 이웃 나라의 군주라 보았다. 이에 따르면 이웃 나라의 군주에게 빙문하는 사신을 보낸다는 뜻이 된다. 問人於他邦(문인어타방) 유보남은 『논어정의』에서 인(人)이 붕우라고 했다. 곧 사람을 시켜서 다른 나라에 있는 붕우에게 안부를 묻는다는 뜻이 된다. 한편 황간은 문(問)을 다른 나라의 군주에게 사람을 보내 빙문하는 것으로 풀이했다. 인(人)이 사자(使者)를 뜻한다고 보는 것으로, 커다란 차이다. 康子(강자) 형병은 노나라 경인 계강자라고 한다. 饋(궤) 보내다.

廏焚. 子退朝, 曰: "傷人乎?" 不問馬.

廏(구) 마굿간.

君賜食, 必正席先嘗之. 君賜腥, 必熟而薦之. 君賜生, 必畜之. 侍食於君, 君祭, 先飯. 疾, 君視之, 東首, 加朝服, 拖紳. 君命召, 不俟駕行矣.

賜(사) 주다. 腥(성) 날고기. 薦(천) 올리다. 祭(제) 제는 제반(祭飯)이니, 끼니때마다 밥 먹기 전에 밥을 조금 떠내어 그릇 사이에 놓고 밥을 처음으로 마련해 준 신에게 감사의 뜻을 나타내는 일이다. 先飯(선반) 정현에 따르면 임금을 위해 음식의 맛을 보고 조리가 잘 되었는

다른 나라의 임금에게 빙문하는 사절을 보낼 때는 두 번 절하고 보내셨다. 강자(康子)가 약을 선사하자 절하고 받으시면서, "내가 이 약의 성질을 잘 알지 못하므로 감히 맛보지 못합니다."라고 말씀하셨다.

해설

주희에 따르면 옛날에 물건을 받으면 답례가 있었다. 수레를 내려 주면 수레에 올라타 보고 사례하며, 의복을 내려 주면 입어 보고 사례하고, 음식을 내려 주면 맛을 보고 사례한다. 약을 하사받으면 역시 그것을 복용하고 사례해야 하는데, 약을 받고도 맛보지 않으면 상대를 서운하게 하므로 위와 같이 말한 것이다. 한편 황간에 따르면, 공자가 질환이 있을 때 강자가 내려 준 약을 받고 절은 했으나 마시지 않았던 것은 그의 처지에서 약이 어느 질환의 치료에 좋은지 알 수 없었기 때문이다. 그러나 하사한 약을 받고 마시지 않거나 맛이라도 보지 않으면 그것 역시 결례이므로 공자는 위와 같이 말했다. 이와 달리 공안국은 그 보내 준 연유를 알 수 없기 때문〔未知其故〕이라고 보았다.

10-12

마굿간이 불탔는데, 선생님께서는 조정에서 퇴근하여 "사람이 다치지나 않았느냐?" 하시고, 말에 대해서는 묻지 않으셨다.

10-13

임금께서 음식을 내리시면 반드시 자리를 바르게 하고 먼저 맛을 보셨다. 임금께서 날고기를 내리시면 반드시 그것을 익혀서 사당에 올렸다. 임금께서 산 짐승을 내리시면 반드시 그것을 기르셨다. 임금을 모시고 함께 식사할 때에, 임금께서 제반하시는 동안 먼저 음식 맛을 보셨다. 병환 중에

가 아닌가를 알아보는 것이다. 주희에 따르면 임금의 제반이 끝나기를 기다려 임금과 동시에 음식을 먹는다면 객의 처지가 되는 것이므로, 마치 임금을 위해 음식 맛을 보는 것처럼 먼저 먹는 일이다. 이는 신하로서 객례(客禮)를 감당할 수 없기 때문이다. 東首(동수) 포함에 따르면 임금이 남면하도록 공자의 병석을 남쪽 창문 아래로 옮겨 머리를 동쪽으로 향하게 하는 것이다. 황간은 동쪽에서 생겨나는 양기를 받기 위해서 머리를 동쪽으로 둔다고 했다. 그러나 정약용은 『예기』 「옥조(玉藻)」 편에 근거해 생기와 관계없이 항상 머리를 동쪽으로 둔다고 보았다. 紳(신) 띠. 駕(가) 타다.

入太廟, 每事問.

朋友死, 無所歸, 曰: "於我殯." 朋友之饋, 雖車馬, 非祭肉, 不拜.
無所歸(무소귀) 공안국은 가까운 친척이 없는 경우, 황간은 황급해서 미처 돌아갈 곳이 없는 경우, 『예기』 「단궁(檀弓)」에서는 공자의 집에서 죽어 당장 거두어 줄 사람이 없는 경우라고 해석했다. 於(어) 유(由)와 같다. 殯(빈) 빈소. 여기에서는 장사 지내기 전에 입관해 일정한 곳에 안치하는 것[草殯]이다. 朋友之饋(붕우지궤) 황간에 따르면 친구 사이에 재물을 서로 통용하는 의리가 있다[朋友有通財之義]는 뜻이다. 공안국은 이 구절을 재물을 가볍게 여기고 제사를 중하게 여기는 예를 말한 것이라 설명했다.

寢不尸, 居不容. 見齊衰者, 雖狎, 必變. 見冕者與瞽者, 雖褻, 必以貌. 凶服者式之. 式負版者. 有盛饌, 必變色而作. 迅雷風烈必變.
尸(시) 포함에 따르면 주검처럼 반듯하게 누워서 사지를 펴고 자는 것[偃臥布展四體]이다. 형병에 따르면 공자는 잠잘 때 몸을 한쪽으로 기울이고 또 약간 굽혔다고 한다. 齊衰(자최) 일반적으로 음은 '자최'인데, 정약용은 '제최'로 읽는다고 했다. 어머니상에는 1년(아버지가 살

임금께서 와 보시면 머리를 동쪽으로 향하고, 조복을 몸 위에 덮고 큰 허리띠를 가슴 아래 늘어뜨렸다. 임금께서 부르시면 수레가 준비되기까지 기다리지 않으시고 곧장 달려가셨다.

10-14   태묘에 들어가서는 일일이 물어보셨다.

해설   「팔일」편 3-15를 참조하라.

10-15   친구가 죽었는데 거두어 줄 사람이 없을 때는 "초빈(草殯)하는 일은 내가 맡아야지." 하셨다. 친구가 선물하는 것은, 비록 수레와 말일지라도, 제사에 썼던 고기가 아니면 받을 때 절하지 않으셨다.

10-16   잠잘 때 죽은 사람같이 하지 않으셨고, 집에 계실 때는 용모를 근엄하게 하지 않으셨다. 자최복 입은 사람을 보면 비록 친밀한 사이일지라도 반드시 태도를 바꾸셨으며, 면류관 쓴 사람과 소경을 보면 비록 자주 만나는 사람일지라도 반드시 예모를 갖추셨다. (수레를 타고 가다가) 흉복을 가진 사람

아 계실 때) 혹은 3년(아버지가 돌아가셨을 때), 조부모상에는 1년, 증조부모상에는 다섯 달, 고조부모상에는 석 달, 처의 상에는 1년 동안 입는 상복을 이른다. 참고로 참최(斬衰)는 아버지상을 당해 3년간 입는 상복이다. 褻(설) 속옷. 무람없다. 하안은 『논어집해』에서 주생렬(周生烈)의 설을 인용해 서로 자주 만나는 사람〔數相見〕이라 보았다. 凶服(흉복) 공안국은 죽은 이를 보내는 옷가지〔送死之衣物〕로 보았는데, 염의(殮衣)와 수의(襚衣) 등을 가리킨다. 정약용은 다섯 가지 상복이라고 했다. 版(판) 공안국에 따르면 나라의 지도와 호적〔邦國之圖籍〕 등을 가리킨다. 迅(신) 빠르다.

升車, 必正立執綏. 車中不內顧, 不疾言, 不親指.
綏(수) 형병에 따르면 수레에 오를 때 잡는 끈이다. 內(내) 황간에 따르면 뒤〔後〕를 뜻한다. 疾(질) 황간에 따르면 언성을 높게 하고 또 말을 급하게 하는 것이다.

色斯擧矣, 翔而後集. 曰: "山梁雌雉, 時哉時哉!" 子路共之, 三嗅而作.
色(색) 안색. 擧(거) 새가 날아오름을 뜻한다. 翔(상) 날개. 集(집) 새가 내려와 머무는 것이다. 共(공) 잡아 바치다.

을 보면 수레 앞 가로나무를 손으로 짚으면서 몸을 수굿이 하고 경건히 예를 표하셨고, 나라의 지도와 호적을 짊어진 사람을 보면 수레 앞 가로나무를 손으로 짚으며 몸을 수굿이 하고 예를 표하셨다. 성찬이 있으면 반드시 얼굴빛을 바꾸고 자리에서 일어나셨다. 내려치는 번개와 사나운 바람에 반드시 얼굴빛을 바꾸셨다.

10-17   수레에 오를 때에는 반드시 바른 자세로 수레 끈을 잡고 오르셨다. 수레 안에서는 뒤돌아보지 않고, 말씀을 빠르게 하지 않고, 몸소 손가락질하지 않으셨다.

10-18   (꿩들이) 사람의 안색이 좋지 않은 것을 보고 날아올라, 빙빙 돌며 자세히 살핀 뒤에 내려앉았다. 선생님께서 말씀하셨다. "산골짜기 징검다리 까투리여, 때를 만났구나! 때를 만났구나!" 자로가 잡아 익혀서 바쳤으나 공자께서는 먹지는 않고 세 번 냄새를 맡고 일어나셨다.

해설   쓸데없는 글이 들어간 것으로 보인다. 이 문단은 위아래에 궐문(闕文)이 있다는 것이 정설이며, 또한 여러 가지 해석이 있으나 어느 것이든지 만족할 만한 번역은 없는 상태다. 여기에서는 그 가운데 한 가지 설을 택해 번역하고, 주석도 한 가지만 달았다. 황간에 따르면 이 문장은 구절마다 공자의 태도와 행동을 비유하는데, "색사거의(色斯擧矣)"는 공자가 어느 곳에 가거나 간에 사람들의 안색이 좋지 않은 것을 보면 떠남을 뜻한다. "상이후집(翔而後集)"은 군주를 찾아갈까 말까 망설이면서 자세히 살핀 뒤에 그 나라에 머

무는 것을 뜻한다. "산양자치(山梁雌雉)"는 소요하면서 때와 장소를 얻은 것을 말한다. "시재시재(時哉時哉)"는 사람이 난세를 만나서 자세히 살피고 머물렀어도 자리를 얻지 못한 데 대한 탄식이다. 즉 꿩은 열 걸음에 한 번 쪼아 먹고 백 걸음에 한 번 마셔도 자기 뜻을 구하는데, 자신은 그렇지 못함을 탄식한 것이다. 그런데 자로는 그 뜻을 헤아리지 못하고 꿩 먹을 철이 되었다는 말인 줄 착각해 꿩을 잡아 바쳤다. 공자가 이를 곧장 물리치지 못하고 세 번 냄새를 맡고 물러난 것은 자로가 섭섭해할까 우려해서이며, 냄새를 맡고 떠난 것은 꿩을 먹는 것이 본뜻이 아니기 때문이다.

11 선진
先進

모두 25장이다. 공자가 향당에 있을 때의 일상생활에 대하여 표현한 앞 편에 이어, 여기에서는 제자들의 행위를 하나씩 들어 가며 그 현명함과 어리석음을 일깨워 준 것을 수록했다. 첫 장에서 "선배들은 예악에 대해서 야인 같고, 후배들은 예악에서 군자답다고들 한다. 만약 예악을 쓴다면 선배들 것을 따르겠다."라고 한 말이 이 「선진」 편의 대의라고 할 수 있다. 번지르르한 형식보다는 질박한 내용이 더 낫다고 생각한 공자로서 야인같이 질박한 선배들을 따르겠다고 한 것이다.

子曰: "先進於禮樂, 野人也. 後進於禮樂, 君子也. 如用之, 則吾從先進."

先進(선진), 後進(후진) 주희에 따르면 선배, 후배라는 뜻이다. 황간에 따르면 선진은 오제(五帝) 이전, 후진은 삼왕(三王) 이후다. 형병에 따르면 선진은 노나라 양공(襄公), 소공(昭公)의 시대, 후진은 정공(定公), 애공(哀公)의 시대다. 공안국에 따르면 벼슬을 하는 데서 선후배를 가리킨다. 用(용) 황간에 따르면 제자의 교육에 사용한다〔用以敎〕는 뜻이고, 주희에 따르면 예악을 사용한다는 뜻이며, 유보남에 따르면 인재 등용이다.

子曰: "從我於陳·蔡者, 皆不及門也."

門(문) 정현에 따르면 벼슬자리에 나아가는 관문〔仕進之門〕이다. 이 견해를 따라 형병은 공자의 문인 가운데 진나라와 채나라에서 수행했던 문인들 외에는 벼슬에 나아간 자가 있다고 했다. 주희에 따르면 문하생을 말한다. 정약용에 따르면 위나라의 성문이다. 노나라 애공 6년 공자가 진나라와 채나라 사이에서 위급에 처했을 때, 공자가 먼저 위나라로 돌아온 뒤 수행자〔從行者〕들은 누구도 위나라의 성문에 도달하지 못했다. "불급문(不及門)"이란 바로 이 일을 말한다는 것이다.

11-1   선생님께서 말씀하셨다. "선배들은 예악에 대해서 야인 같고, 후배들은 예악에 대해서 군자답다고들 한다. 만약 예악을 쓴다면 선배들 것을 따르겠다."

해설   문(文)과 질(質)이 잘 어우러질 때 군자답다고 할 수 있다.〔文質彬彬, 然後君子.〕(6-17) 주나라 말기에 이르러 문이 지나친 경우가 많았다. 당시 사람들은 그것을 모르고 오히려 군자답다고 평가했다. 그러나 공자는 차라리 질박한 것이 낫다고 보았기에 만약 예악을 쓴다면 선배들의 것을 따르겠다고 말했다. 유보남은 여기에서 공자가 말한 야인이 관직에 나가기 전에 학문을 하는 사람이며, 군자는 관직에 나아간 뒤에 학문을 하는 경대부의 자제들을 가리킨다고 했다. 춘추 시대에 경대부는 세습이었기 때문에 경대부의 자제들은 평소에 학문을 하지 않다가 관직에 나아간 뒤에야 하는 사회 풍조가 있었다. 이러한 현실은 공자의 처지에서 볼 때 성숙하지 않은 인물이 관직에 나아가는 것이라 받아들일 수 없었던 것이다. 공자가 "배워서 인격과 학문이 넉넉하면 벼슬을 할 것이다.〔學而優則仕.〕"(19-13)라고 주장한 것을 참고해 이 문장을 이해한다면, 유보남의 해설에도 일리가 있음을 알 수 있다.

11-2   선생님께서 말씀하셨다. "나를 따라 진나라와 채나라에 갔던 문인들이 하나도 제대로 등용되지 못했다."

德行: 顏淵·閔子騫·冉伯牛·仲弓. 言語: 宰我·子貢. 政事: 冉有·季路.
文學: 子游·子夏.

言語(언어) 황간에 따르면 빈주(賓主)가 서로 상대하는 말[賓主相對之辭也]이다. 정약용에
따르면 사명(辭命)이니, 주로 외교상의 언사를 가리킨다. 文學(문학) 황간에 따르면 예부터
내려오는 문헌을 널리 배우는 것이다.

子曰: "回也, 非助我者也, 於吾言無所不說."

子曰: "孝哉, 閔子騫!' 人不間於其父母昆弟之言."

間(간) 극(隙). 이의를 달다 또는 헐뜯다.

南容三復白圭, 孔子以其兄之子妻之.

南容(남용) 『사기』 「공자세가」에 따르면 남용은 공자를 따라 주나라에 가서 노자(老子)를 만

11-3   덕행에는 안연·민자건·염백우·중궁이 뛰어나고, 언어에는
        재아·자공이 능하고, 정사에는 염유·계로가 밝았고, 문학
        에는 자유·자하가 능통했다.

해설   이 장에서는 공자 문하에서 덕행·언어·정사·문학 네 가지 분야를 위주로
        교육했음을 엿볼 수 있다. 이것을 공문사과(孔門四科)라 일컫는다. 형병에
        따르면 공자의 제자가 3000명이고 그 가운데 육예(六藝)에 통달한 사람이
        72명인데, 여기에서는 그중 걸출한 열 사람만을 말한 것이다. 정현은 이 장
        을 앞 장에 포함시켰지만, 황간은 별도로 하나의 장으로 독립시켰다. 형병본
        도 황간본과 같다.

11-4   선생님께서 말씀하셨다. "안회는 나를 돕는 사람이 아니구
        나! 내 말에 기뻐하지 않은 바가 없다."

해설   스승과 제자는 가르치고 배우는 사이에 서로 발전한다.〔敎學相長〕그러나
        안회는 묵묵히 알아듣기만 하고 의문을 제기하지 않으니〔默以識之〕공자로
        서는 서로 돕는 관계가 되지 못한다고 말한 것이다. 유감스러운 듯한 표현을
        썼지만 실제로 공자는 안회에 대하여 흡족해한 것이다. 공자는 한 가지를 들
        으면 모든 것을 이해하는 안회의 우수함에 극히 만족했다.

11-5   선생님께서 말씀하셨다. "'효성스럽구나, 민자건이여!' 부모
        형제의 그 말에 남들은 이의가 없었다."

11-6   남용이 「백규(白圭)」 장을 여러 번 반복해서 외우니, 공자께
        서는 형의 딸을 그에게 시집보내셨다.

났다. 그때 노자가 말했다. "총명하여 깊이 살피지만 죽음에 가까워질 수 있는 사람은 남을 비판하기를 좋아하는 사람이다. 박학하여 논변을 잘하고 능력이 많아도 자기 자신을 위태롭게 하는 사람은 다른 사람의 나쁜 점을 들추기 좋아하는 사람이다.〔聰明深察而近于死者, 好議議人者也. 博辯宏遠而危其身者, 好發人之惡者也.〕" 이에 남용은 「백규」를 세 번 반복했다고 한다. 白圭(백규) 『시경』 「대아 억편(抑篇)」. "희고 맑은 옥의 티는 그래도 갈아 낼 수 있으나, 이러한 말의 티는 고칠 수 없다.〔白圭之玷, 尙可磨也. 斯言之玷, 不可爲也〕" 주희에 따르면 남용은 시를 읽다가 이 부분에 이르러 세 번 반복했으니, 말을 신중히 하고자 뜻한 것이다.

季康子問: "弟子孰爲好學?" 孔子對曰: "有顔回者好學, 不幸短命死矣. 今也則亡."

顔淵死, 顔路請子之車以爲之槨. 子曰: "才不才, 亦各言其子也. 鯉也死, 有棺而無槨. 吾不徒行以爲之槨. 以吾從大夫之後, 不可徒行也."

顔路(안로) 안회의 아버지. 이름은 무유(無繇)이며 로는 자다. 공자보다 6세 적었다. 槨(곽) 덧널. 各言其子(각언기자) 형병에 따르면 비록 안회의 잘남〔才〕과 이의 못남〔不才〕은 다르더라도 각각 자기 자식이라 말하는 것은 똑같다는 뜻이다. 鯉(이) 공자의 아들 백어(伯魚). 鯉也死, 有棺而無槨(이야사, 유관이무곽) 황간과 형병에 따르면 안회는 공자 나이 61세에 죽었고, 아들 이는 70세 전후해 죽었다고 한다. 이에 누군가는 가설적 문구로 보기도 한다. 한편 모기령(毛奇齡)과 정약용은 안회가 공자 나이 71세에 죽었다고 한다. 이 설에 따르면 이가 안회보다 먼저 죽은 것이 된다. 從大夫之後(종대부지후) 공자는 50세에 대부 벼슬을 지

11-7   계강자가 물었다. "제자 가운데 누가 배우기를 좋아합니까?"
공자께서 대답하셨다. "안회라는 사람이 배우기를 좋아했는
데, 불행히도 단명하여 죽었습니다. 지금은 (그런 사람이) 없
습니다."

해설   황간본에는 이 문장 마지막에 "호학(好學)하는 사람을 들어 보지 못했
다.〔未聞好學者也.〕"라는 글이 붙어 있다.

11-8   안연이 죽자 안로가 선생님의 수레를 처분해 덧널을 마련하
자고 청했다. 선생님께서 말씀하셨다. "잘났거나 못났거나,
역시 각각 제 자식이라고 말하지 않습니까? 내 자식 이(鯉)
가 죽었을 때, 관은 있어도 덧널은 없었소. 내가 걸어 다니
면서까지 그의 덧널을 마련할 수는 없었소. 내가 명색이 대
부인데 걸어서 다닐 수는 없지요."

냈다. 공안국에 따르면 '대부의 뒤를 따른다'는 표현은 자신이 대부를 지냈다는 사실을 겸손하게 표현한 것이다.

顔淵死, 子曰: "噫! 天喪予! 天喪予!"
噫(희) 한숨 쉬다.

顔淵死, 子哭之慟. 從者曰: "子慟矣!"曰: "有慟乎? 非夫人之爲慟而誰爲?"
慟(통) 서러워하다.

顔淵死, 門人欲厚葬之. 子曰: "不可."門人厚葬之. 子曰: "回也視予猶父也, 予不得視猶子也. 非我也, 夫二三子也."
門人(문인) 황간, 형병, 공안국에 따르면 안회의 제자다. 정약용에 따르면 공자의 제자 가운데 어린 사람들이다. 厚葬(후장) 의금(衣衾) 관곽(棺槨) 및 관식(棺飾), 명기(明器), 거마(車馬), 회탄(灰炭) 등 모든 문식을 다 갖추어 지내는 성대한 장례. 마융에 따르면 안회의 부친은 안회의 문인이 후장했다는 말을 듣고 싶어 했다고 한다. 그러나 안회의 집은 가난했기에 후장은 예에 맞지 않았다. 본래 예는 형편에 따라 합당히 해야 하는 것이므로 공자는 후장을 비판한 것이다. 視予猶父也, 予不得視猶子也(시여유부야, 여부득시유자야) 아들처럼 대하지 못했다고 말하는 이유는 공자의 아들 이는 후장을 하지 않았지만 제자들이 안회를 성대하게 장사 지냈기 때문이다.

季路問事鬼神. 子曰: "未能事人, 焉能事鬼?"曰: "敢問死."曰: "未知生, 焉知死?"

11·9   안연이 죽자 선생님께서는 "슬프다! 하늘이 나를 망하게 하는구나! 하늘이 나를 망하게 하는구나!" 하셨다.

11·10   안연이 죽으니 선생님께서 통곡하셨다. 모시던 사람이 "선생님, 지나치게 서러워하십니다." 하니, "그렇게 서러워했던가? 저 사람을 위하여 서럽게 울지 않으면 누구를 위하여 그렇게 하겠는가?" 하셨다.

11·11   안연이 죽자 문인들이 성대하게 장사 지내려 했다. 선생님께서 "옳지 못하다."라고 말씀하셨다. 그런데 문인들은 성대하게 장사 지냈다. 선생님께서 말씀하셨다. "회는 나를 아버지처럼 대했는데 나는 아들같이 대하지 못하는구나. 내 탓이 아니라 자네들 때문이다."

11·12   계로가 귀신 섬기는 일에 대하여 물으니, 선생님께서 말씀하셨다. "미처 사람도 제대로 섬기지 못하면서, 어찌 귀신을 섬길 수 있으리오?" "감히 죽음에 대해 여쭙겠습니다." "아

閔子侍側, 誾誾如也; 子路, 行行如也; 冉有·子貢, 侃侃如也. 子樂. "若由
也, 不得其死然."

誾誾(은은) 형병에 따르면 중정(中正)한 모양이다.　行行(항항) 정현에 따르면 굳세고 강한
모습이다.　侃侃(간간) 형병에 따르면 온화하고 쾌락한 모양이다.　子樂(자락) 황간본에는 이
뒤에 왈(曰) 자가 있다.　然(연) 정약용은 추측을 나타내는 말로 보았다.

魯人爲長府. 閔子騫曰: "仍舊貫, 如之何? 何必改作?" 子曰: "夫人不言,
言必有中."

魯人(노인) 양보쥔에 따르면 인(人)은 그 나라의 집정 대신을 가리켜 말한 것이므로, 민(民)
과 구별된다.　長府(장부) 정현에 따르면 재물을 저장하는 창고의 이름이다.　仍(잉) 따르다
〔因〕로 해석된다.　貫(관) 정현은 일〔事〕, 정약용은 동전 꿰미로 보았다.

직 삶을 제대로 모르면서, 어떻게 죽음을 알겠는가?"

해설   공자가 인간과 귀신, 생과 사를 대비해서 언급한 중요한 문장이다. 공자는 귀신보다 인간의 가치를 중하게 생각했고, 죽음보다 삶의 현실을 중하게 생각했음을 표현했다. 인간이 인간을 존중하지 않고 어떻게 귀신을 섬길 수 있으며, 삶을 성실하게 살지 못하면서 어떻게 죽음을 말할 수 있겠느냐는 공자의 견해는 현세적 인간의 가치와 존엄을 확보하고자 한 그의 철학 전반에 걸친 노력의 산물이라고 할 수 있다.

11-13   민자건은 곁에서 모실 적에 바르고 알맞은 듯하고, 자로는 강하고 굳센 듯하며, 염유와 자공은 온화하고 쾌락한 듯하니 선생님께서 즐거워하셨다. (그리고 말씀하셨다.) "자로 같은 사람은 제명에 죽지 못할 것이다."

11-14   노나라 사람이 장부라는 창고를 개조하려고 하니, 민자건이 말했다. "옛것을 그대로 두면 어떠하기에 반드시 개조해야 하는가?" 선생님께서 말씀하셨다. "그 사람은 말을 하지 않으면 몰라도, 말을 하면 반드시 핵심을 찌른다."

해설   정약용에 따르면 장부는 화폐의 이름이다. 노나라 소공이 계씨를 정벌하려고 할 때 장부라는 곳에 머물렀다. 민자건 당시에 장부에서 화폐를 다시 주조해 이름을 장부라 붙였다. 새로 만든 화폐는 기왕에 사용하던 것보다 컸으므로 그 수를 줄여야 했지만, 백성들에게 세금을 매길 때 예전 화폐와 양을 똑같이 해서 백성의 부담이 늘어났다. 이를 민자건이 비판한 것이다.

子曰:"由之瑟, 奚爲於丘之門?" 門人不敬子路. 子曰:"由也升堂矣, 未入
於室也."

升堂(승당), 入於室(입어실) 도(道)에 들어가는 순서를 말한다.

子貢問:"師與商也孰賢?" 子曰:"師也過, 商也不及." 曰:"然則師愈與?"
子曰:"過猶不及."

11-15 선생님께서 "유(자로)는 나의 문하에서 비파를 어찌 그렇게 타는가?" 하시니, 제자들이 자로를 공경하지 않았다. 선생님께서 말씀하셨다. "자로는 대청에는 올라섰지만 아직 방 안에는 들어오지 못했을 따름이다."

해설 옛날에는 사람을 가르칠 때 예악을 썼다. 자로가 악을 연습하는 것이 훌륭하지 못해 공자에게 책망을 들었던 일을 비유한 것이다. 정약용에 따르면 자로의 북과 비파 연주가 「주남(周南)」과 「소남(召南)」을 연주하기에는 적합하지 못함을 책망한 말이다. 한편 마융에 따르면 자로의 비파 솜씨가 아송(雅頌)을 연주하기에는 아직 적합하지 않다는 뜻이다. 승당이란 학문의 단계로 첫째가 입문(入門), 둘째가 승당(升堂), 셋째가 입실(入室)이다.

11-16 자공이 물었다. "사(자장)와 상(자하) 가운데 누가 더 현명합니까?" 선생님께서 말씀하셨다. "사는 지나치고 상은 미치지 못한다." "그러면 자장이 더 낫군요?" "지나침은 미치지 못함과 같다."

해설 주희에 따르면 자장은 재주가 높고 뜻이 넓었으나 어려운 일을 하기 좋아해서 항상 중도(中道)를 지나쳤고, 자하는 독실하게 믿고 삼가 지켰으나 도량이 좁아 늘 중도에 미치지 못했다. 그러므로 두 사람 모두 중(中)을 얻지 못함을 말한 것이다. 형병에 따르면 자장은 마땅함을 지나쳤어도 그치지 않았고, 자하는 미치지 못했어도 그친 것이다. 정약용에 따르면 덕을 향상시키는 것(進德)으로 논할 때 광(狂)은 지나치고 견(狷)은 미치지 못한다. 채청(蔡淸)에 따르면 자장은 광에 가깝고, 자하는 견을 면하지 못한다. 혼자서 몇 사람을 당해 내는 사람(兼人者)은 지나치고, 물러서는 사람(退者)은 미치지

季氏富於周公, 而求也爲之聚斂而附益之, 子曰: "非吾徒也, 小子鳴鼓而
攻之, 可也."

周公(주공) 공안국에 따르면 주공은 천자의 재(宰)인 경사(卿士)를 말한다. 황간은 주공 단
(旦)의 후손으로 보았다. 천자의 신하는 봉록이 많으므로 제후의 신하인 계씨보다는 부유
해야 마땅하다. 그러나 계씨가 참람(僭濫)해 천자의 신하보다 더 부유하므로 비난한 것이다.
聚斂而附益之(취렴이부익지) 형병에 따르면 재물을 긁어모아 보태서 재산을 늘리는 데 도움
을 준 것이다. 鳴鼓而攻之(명고이공지) 정현과 형병에 따르면 북을 울려서 그 죄를 성토하고
꾸짖는 것이다. 이와 관련해 정약용은 조선의 태학(太學)에 공자의 명고지법(鳴鼓之法)이라
는 풍습이 있었던 것을 다음과 같이 비판했다.

"북을 울려서 죄인을 치는 것은 군대의 일이다. 『춘추』에서는 쇠북과 북을 울리면서 선전 포
고를 한 뒤 시작하는 전쟁을 벌(伐)이라 하고, 그러한 선전 포고 없이 일으키는 전쟁을 침(侵)
이라 하니, 군려(軍旅) 외에 북을 울리며 남을 공격하는 법은 없는 것이다. 그러므로 『주례』
의 「대사마(大司馬)」에서는 구벌(九伐)의 법으로써 나라를 바로잡는다고 했고, 그 조목은
'어진 사람과 백성에게 해를 입히는 사람은 정벌한다.', '들을 황폐화하고 백성들을 흩어지게
하면 그의 땅을 삭감한다.'라고 했다. 염구의 죄는 백성을 해치는 일을 금하는 조항을 어긴 것
이다. 이에 공자가 '그것은 『주례』에 있어서 명고의 율에 바로 들어맞는다'는 뜻으로 말한 것
이지, 문인들에게 정말로 북채를 들고 북을 울리면서 염자의 집을 정벌하게 했다는 뜻은 아니
었다. 선유(先儒)는 이 글을 오해했고, 오늘날은 태학생 가운데 죄가 있으면 이른바 '명고지
법'을 두어서 죄가 있는 사람 등에 지운 북을 여러 사람이 쳐서 징계하며 교문(橋門) 밖까지
쫓아낸다. 그것을 이름하여 공자의 명고지법이라고 하니, 매우 괴이한 일이다."

못하는 것이 된다.(자로와 염구가 이에 해당한다.) 한편 예를 행하는 것으로 말하자면 사치한 자는 지나치고, 문식을 인색하게 하는 사람〔儉者〕은 미치지 못하며, 부모상을 당해 너무나 상심하는 것〔戚〕은 지나치며 편안해 하는 것〔易〕은 미치지 못한다.

11·17   계씨는 주공보다 부유했는데도, 구(염유)가 그를 위해 세금을 거두어들여서 더욱 부유하게 해 주었다. 선생님께서 말씀하셨다. "(염유는) 나의 제자가 아니다. 문인들이여, 북을 울려 그를 성토해도 괜찮다."

해설   당시에 가장 심각한 사회 문제 가운데 하나가 과도한 세금 징수였다. 공자는 백성들을 힘들게 하는 과다한 세금 징수를 반대했다. 이것은 백성을 편안하게 하는 것을 통치의 근본으로 삼는 공자에게는 당연한 일이었다. 후대 유가들이 안민 사상을 강조하는 것은 공자의 이러한 입장에 근거한 것이다.

柴也愚, 參也魯, 師也辟, 由也喭.

柴(시) 공자의 제자 고시(高柴). 자는 자고(子羔)이다. 愚(우) 하안에 따르면 우직한 것, 왕
필(王弼)에 따르면 인을 좋아함이 지나친 것[好仁過], 주희에 따르면 앎은 부족하지만 덕의
두터움은 넉넉한 것이다. 魯(노) 공안국에 따르면 증자의 성품은 지둔(遲鈍)해 영민하지 못
한 것이고, 왕필에 따르면 질박해 꾸밈이 적은 것[質勝文]이다. 辟(벽) 왕필에 따르면 지나치
거나 미치지 못하는 것을 꾸미는 것[飾過差], 마융에 따르면 꾸밈이 지나친 것[文過], 주희에
따르면 편벽하고 성실하지 못한 것이다. 喭(언) 거칠다. 왕필에 따르면 강하고 사나운 것[強
而猛], 주희에 따르면 거칠고 속된 것, 정약용에 따르면 비속한 것이다.

子曰: "回也, 其庶乎! 屢空. 賜不受命, 而貨殖焉, 億則屢中."

空(공) 하안에 따르면 비었다[虛]는 뜻이니, 의식(衣食)이 궁핍한 것이다. 안회는 궁핍할 때
에도 마음을 비우고 심원한 도에 뜻을 둘 수가 있었다. 億則屢中(억즉누중) 이치를 연구하
지 않았는데도 요행히 번번이 맞히는 것이다.

子張問善人之道. 子曰: "不踐迹, 亦不入於室."

善人之道(선인지도) 공안국에 따르면 선인은 단지 옛 성현의 자취를 그대로 좇는 것만이 아
니라 어느 정도 창의적으로 일할 수 있지만 성인의 경지에는 들어가지 못하는 사람이다. 주희
에 따르면 선인이란 자질은 훌륭하지만 아직 제대로 배우지 않은 사람으로, 선인의 도는 그러
한 사람이 가고 있는 길을 뜻한다. 정약용은 사람을 가르치는 방법을 말한다고 보았다. 즉 선
(善)을 수선한다[繕]는 뜻의 동사로 본 것이다. 이에 따르면 공자의 답변은 "옛 성현의 자취
를 따라 실천하지 않으면, 또한 성인의 경지에 들어가지 못하는 것이다."로 해석된다. 踐迹
(천적) 정약용에 따르면 순서를 뛰어넘지 않는 옛날의 교육 방법을 뜻한다.

子曰: "論篤是與, 君子者乎? 色莊者乎?"

與(여) 주희에 따르면 '허여한다'로, 언론만 보고 사람을 평가해서는 안 된다는 뜻으로 쓰였

11-18   시(자고)는 우직하고, 삼(증자)은 노둔하고, 사(자장)는 치우
치고, 유(자로)는 거칠다.

11-19   선생님께서 말씀하셨다. "회는 아마 도에 가깝지 않을까?
그러나 궁핍한 적이 많았다. 자공은 벼슬을 하지 않고도 재
물을 늘렸으니, 추측하면 요행히 잘 맞았다."

11-20   자장이 선인(善人)의 길을 물으니, 선생님께서 말씀하셨다.
"옛사람들의 발자취를 따라 하지 않고서도 나쁜 일을 하지
않지만, 또한 성인의 경지에는 들어가지 못한다."

11-21   선생님께서 말씀하셨다. "언론이 독실하다고 칭찬한다면, 그
사람은 군자다운 사람인가? 얼굴빛만 장중한 사람인가?"

다. 하안에 따르면 어조사 호(乎)와 같다.

子路問: "聞斯行諸?" 子曰: "有父兄在, 如之何其聞斯行之?" 冉有問: "聞斯行諸?" 子曰: "聞斯行之." 公西華曰: "由也問聞斯行諸, 子曰 '有父兄在.' 求也問聞斯行諸, 子曰 '聞斯行之.' 赤也惑, 敢問." 子曰: "求也退, 故進之. 由也兼人, 故退之."

其聞(기문) 포함에 따르면 크고 작은 재물을 내어 곤궁한 사람을 돕고 부족한 사람을 구원하는 일〔賑窮救乏之事〕이다. 兼人(겸인) 남을 누르기 좋아하는 사람을 뜻한다.

子畏於匡, 顔淵後. 子曰: "吾以女爲死矣." 曰: "子在, 回何敢死?"

　　하안의 『논어집해』에 따르면 이 장은 앞 장과 분리되지 않으며, 따라서 선인이 어떠한 사람인가를 말하는 글이 된다. 이에 따르면 "(선인은) 언론이 독실한 사람인가? 군자다운 사람인가? 얼굴빛이 장엄한 사람인가?"라 옮겨져 선인은 이 세 가지를 갖추어야 한다고 해석된다. 주희와 정약용은 이 장을 앞 장과 분리해 놓았다.

11-22　　자로가 물었다. "(옳은 것을) 들으면 곧장 실행해야 합니까?" 선생님께서 말씀하셨다. "부형이 계신데 어떻게 그것을 들었다고 곧장 실행에 옮길 수 있겠느냐?" 염유가 물었다. "들으면 곧장 실행해야 합니까?" 선생님께서 말씀하셨다. "들으면 곧장 실행에 옮겨야지!" (이러한 대화를 듣고) 공서화가 물었다. "유가 '들으면 곧장 실행하여야 합니까'라 여쭈니 선생님께서는 '부형이 있지 않으냐'고 하셨고, 구가 똑같이 여쭈었을 때 선생님께서는 '들으면 곧장 실행해야 한다'고 하셨습니다. 제가 의심이 나서 감히 묻습니다." 선생님께서 말씀하셨다. "염유는 뒤로 물러나는 성품이기 때문에 앞으로 나아가게 이끌었고, 자로는 앞질러 나가는 성품이기 때문에 물러날 줄 알게 한 것이다."

11-23　　선생님께서 광 땅에서 환난을 겪으셨을 때, 안연이 뒤늦게 빠져나왔다. 선생님께서 "나는 네가 죽은 줄 알았다."라고 말씀하시니, "선생님께서 계신데 제가 어찌 감히 죽을 수 있겠습니까?" 하였다.

해설　　이 글은 안회가 공자를 부모 섬기는 도리로 존대했다는 것을 보여 준다.

季子然問: "仲由·冉求, 可謂大臣與?" 子曰: "吾以子爲異之問, 曾由與求之問. 所謂大臣者, 以道事君, 不可則止. 今由與求也, 可謂具臣矣." 曰: "然則從之者與?" 子曰: "殺父與君, 亦不從也."

季子然(계자연) 계씨의 자제. 具臣(구신) 공안국에 따르면 그저 자리 숫자를 채우거나 하는 신하로, 커다란 역할을 하지 못하는 사람을 말한다.

子路使子羔爲費宰. 子曰: "賊夫人之子." 子路曰: "有民人焉, 有社稷焉, 何必讀書, 然後爲學?" 子曰: "是故惡夫佞者."

子羔(자고) 형병에 따르면 자로는 계씨의 신하였기에 자고를 천거해 계씨의 채읍인 비(費) 땅의 읍장으로 삼았다. 포함에 따르면 자고는 학문이 아직 성숙하지 못했으므로 그에게 정치를 맡기는 것은 백성을 해치는 일이다.

子路·曾晳·冉有·公西華侍坐. 子曰: "以吾一日長乎爾, 毋吾以也. 居則曰: '不吾知也.' 如或知爾, 則何以哉?"

曾晳(증석) 이름은 점(點). 석은 자로 증자의 아버지이다. 부자가 모두 공자에게 수업을 받았다고 전해 온다.

子路率爾而對, 曰: "千乘之國, 攝乎大國之間, 加之以師旅, 因之以饑饉, 由也爲之, 比及三年, 可使有勇, 且知方也." 夫子哂之.

率(솔) 황간본에는 졸(卒)이라고 하였다. 거칠다는 뜻으로 예법에 맞지 않음을 가리킨다. 군

11-24 계자연이 물었다. "중유와 염구는 대신이라고 말할 수 있습니까?" 선생님께서 말씀하셨다. "나는 그대가 지금 묻는 것을 이상한 일이라고 생각한다. 중유와 염구에 관한 질문이기 때문이다. 이른바 대신이란 도로써 임금을 섬기다가, 되지 않는다면 그만둔다. 지금 중유와 염구는 숫자나 채우는 신하라고 말할 수 있다." "그렇다면 이 두 사람은 임금이 하고자 하는 일이면 무엇이나 따르는 사람인가요?" 선생님께서 말씀하셨다. "아비와 임금을 죽이는 일에는 이들도 따르지 않을 것이다."

11-25 자로가 자고를 비 땅의 읍장으로 삼았다. 선생님께서 말씀하셨다. "남의 아들을 해치는구나." 자로가 말했다. "인민이 있고 사직이 있으니, 어찌 반드시 책을 읽은 다음에야 배우게 되는 것이겠습니까?" 선생님께서 말씀하셨다. "이 때문에 나는 말재주 부리는 자를 미워하는 것이다."

11-26-1 자로, 증석, 염유, 공서화가 선생님을 모시고 앉았다. 선생님께서 말씀하셨다. "내가 자네들보다 나이가 조금 많기는 하지만, 그렇다고 나를 어렵게 대하지는 마라. 자네들이 평소에 말하기를 '나를 알아주지 않는다'고 하던데, 만약 누군가가 자네들을 알아준다면 자네들은 어떻게 하겠느냐?"

11-26-2 자로가 경솔하게 대답했다. "천승의 나라가 대국 사이에 끼여 견제를 받으면서 이웃 나라의 침략을 당하고 기근까지 겹쳐도, 제가 다스린다면 3년 안에 인민을 용맹스럽게 만들

자가 물음을 받으면 일어나서 묻는 사람을 돌아보고 대답해야 하는데, 자로는 그렇게 하지 않았기 때문에 그 경솔한 행동을 묘사한 것이다. 哂(신) 정약용에 따르면 잇몸이 보이는 것을 뜻한다. 주희는 미소라고 했고, 황간은 크게 웃어서 입을 벌리는 것이라고 했지만 꼭 그렇게 볼 수는 없다.

"求, 爾何如?" 對曰: "方六七十, 如五六十, 求也爲之, 比及三年, 可使足民. 如其禮樂, 以俟君子."

"赤, 爾何如?" 對曰: "非曰能之, 願學焉. 宗廟之事, 如會同, 端章甫, 願爲小相焉."

小相(소상) 임금이 제사를 올릴 때나 제후를 맞이할 때 예의 법도로써 도와주는 사람이다. 공서화는 겸손하게 소상이라고 말한 것이다. 정약용은 『주례』의 소종백(小宗伯)과 같은 종류라고 했다.

"點, 爾何如?" 鼓瑟希, 鏗爾, 舍瑟而作, 對曰: "異乎三子者之撰." 子曰: "何傷乎? 亦各言其志也." 曰: "莫春者, 春服旣成, 冠者五六人, 童子六七人, 浴乎沂, 風乎舞雩, 詠而歸." 夫子然嘆曰: "吾與點也!"

希(희) 황간에 따르면 소리가 드물게 나는 것(稀), 즉 손놀림이 완만해지면서 음이 드문드문 나는 것을 뜻한다. 정약용에 따르면 소리가 성기어지다(疏) 또는 가늘어지다(微) 두 뜻이 있다. 鏗(갱) 공안국에 따르면 거문고를 내려놓을 때 나는 소리다. 春服旣成(춘복기성) 포함에 따르면 춘삼월로 홑옷을 입을 때다. 정약용은 홑옷만이 아니라 솜을 넣은 겹옷 가운데 가볍고 얇은 옷도 입는다고 했다. 詠(영) 포함에 따르면 선왕의 도를 읊는 것이다.

고, 사람 노릇 하는 정도를 알게 할 것입니다." 선생님께서
는 허허 웃으셨다.

11·26·3 "구야, 너는 어찌하겠느냐?" 염유가 대답했다. "사방 육칠십
리 또는 오륙십 리 되는 작은 나라를 제가 다스리게 된다
면, 3년 만에 인민을 풍족하게 할 수 있습니다. 그리고 예와
악 같은 일들은 군자의 힘을 빌려야 할 것 같습니다."

11·26·4 "적아, 너는 어찌하겠느냐?" 공서화가 대답했다. "제가 능력
이 있다고 말할 수는 없으므로 좀 더 배우고 싶습니다. 종묘
에서 제사 지낼 때와 제후들이 회동할 때 검은 제복을 입고
장보 갓을 머리에 쓰고서, 좀 도와주는 일을 하고 싶습니다."

11·26·5 "점아, 너는 어떻게 하겠느냐?" 하시자, 비파 두드리는 소리
가 가늘어지더니, 쿵 소리를 내며 비파를 밀어 젖혀 두고 증
석이 일어나서 대답했다. "저는 세 사람이 말한 것과는 다릅
니다." 선생님께서 말씀하셨다. "해로울 것이 뭐 있겠느냐?
각자 자기 뜻을 말하는 것에 지나지 않는다." 증석이 말했
다. "늦은 봄에 봄옷이 만들어지면, 갓 쓴 이 대여섯 사람과
동자 예닐곱과 기수(沂水)에서 목욕하고 무우(舞雩)에서 바
람 쐬다가 시를 읊으며 돌아오겠습니다." 선생님께서 "아!"
하고 감탄하시며 말씀하셨다. "나는 점과 같이하겠노라."

三子者出, 曾晳後. 曾晳曰: "夫三子者之言何如?" 子曰: "亦各言其志已矣." 曰: "夫子何哂由也?" 曰: "爲國以禮, 其言不讓, 是故哂之."

"唯求則非邦也與?" "安見方六七十如五六十而非邦也者?"

邦(방) 황간에 따르면 염유 또한 나라를 다스리는 데 뜻을 둔 것[志於爲國]이다.

"唯赤則非邦也與?" "宗廟會同, 非諸侯而何? 赤也爲之小, 孰能爲之大."

諸侯(제후) 제후의 일[諸侯之事]이므로 나랏일을 가리킨다. 赤也爲之小, 孰能爲之大(적야위지소, 숙능위지대) 번역은 공안국의 주에 따랐다. 황간에 따르면 다음과 같다. "적이 조그마한 일을 할 수 있는 인물이라면, 누가 큰일을 할 수 있는 인물이겠는가?"

11-26-6　　세 제자들이 나가고 증석만이 뒤에 남았다. 증석이 말했다. "저 세 사람의 말을 어떻게 생각하십니까?" 선생님께서 말씀하셨다. "역시 각자 자기 뜻을 말했을 뿐이다." "선생님께서는 어찌 유를 보고 웃으셨습니까?" 공자께서 말씀하셨다. "나라는 예로써 다스려야 하는 것인데, 그 말이 겸양하는 맛이 없기 때문에 웃게 되었다."

11-26-7　　"구만은 나라를 다스리겠다는 뜻이 아니던가요?" "어찌 사방 육칠십 리 또는 오륙십 리 같은 것이라 해서 나라가 아니라고 할 수 있겠는가?"

11-26-8　　"적만은 나라를 다스리겠다는 뜻이 아니던가요?" "종묘와 회동이 나랏일이 아니고 무엇이겠는가? 그러나 적이 조금밖에 도울 수 없다면, 누가 크게 돕는 일을 할 수 있겠느냐?"

해설　　　자로, 염유, 공서화 세 사람의 뜻은 모두 벼슬하려는 것인데, 증석은 세상에 도가 실행되지 않아 혼란하므로 선왕의 도를 지키는 데 뜻을 두었다. 공자는 이러한 점을 인정한 것이다.

12 안연
顔淵

모두 24장으로, 주로 인정(仁政)에 대하여, 그리고 일상에서 결정하기 어려운 일에 지혜롭게 대처하는 법에 대하여 말했다. "예(禮)가 아니면 보지 말고, 예가 아니면 듣지 말고, 예가 아니면 말하지 말고, 예가 아니면 움직이지 마라."라고 한 말과 "예로부터 누구에게나 다 죽음이 있지만, 백성이 위정자를 믿지 않으면 나라가 존립하지 못할 것이다."라고 한 말, "임금은 임금다워야 하고, 신하는 신하다워야 하며, 아버지는 아버지다워야 하고, 아들은 아들다워야 한다."라는 말 그리고 "군자는 글로써 벗들을 모으고, 벗으로써 자신의 어진 덕성을 기른다."라는 말 등이 주목을 끈다. 「선진」이 주로 제자들의 행위에 대해 논했다면, 다음에 오는 이 편에서는 구체적으로 행위하는 방법을 논했다.

顏淵問仁. 子曰: "克己復禮爲仁. 一日克己復禮, 天下歸仁焉. 爲仁由己,
而由人乎哉!"顏淵曰: "請問其目." 子曰: "非禮勿視, 非禮勿聽, 非禮勿言,
非禮勿動."顏淵曰: "回雖不敏, 請事斯語矣."

克己(극기) 마음과 형병은 몸가짐을 단속하다[約身]로 본다. 범녕은 자기를 따져 보다[責己
責求]라고 풀이한다. 주희는 사욕을 이겨 낸다[勝私欲]는 뜻으로 풀이한다. 爲仁(위인) 공
안국에 따르면 인하게 된다는 뜻이다. 天下歸仁焉(천하귀인언) 황간과 형병은 온 세상 사람
이 인덕(仁德)을 갖춘 임금에게로 모여든다고 풀이한다. 『한서』 「왕망전」에서는 온 세상 사람
이 그 인함을 칭송한다고 풀이한다. 주희에 따르면 '귀(歸)'는 편들다[與], 즉 온 세상 사람이
그 인함을 함께한다는 뜻이다.

12-1　　안연이 인(仁)에 대해 물었다. 선생님께서 말씀하셨다. "자기를 이겨 예(禮)로 돌아가면 인하게 된다. 하루라도 자기를 이겨 예로 돌아가면, 세상 사람들이 모두 인으로 귀의할 것이다. 인하게 되는 것이 자기에게 달려 있지, 남에게 달려 있겠는가?" 안연이 말했다. "그 조목을 여쭙고자 합니다." 선생님께서 말씀하셨다. "예가 아니면 보지 말고, 예가 아니면 듣지 말고, 예가 아니면 말하지 말고, 예가 아니면 움직이지 마라." 안연이 말했다. "제가 비록 불민하지만, 이 말씀을 받들어 실천하겠습니다."

해설　　유가에서 인이라는 도덕 원리와 예의 관계를 보여 주는 중요한 대목이다. 먼저 "극기(克己)"에 대한 해석은 크게 '몸가짐을 단속한다', '자기를 따져 본다'는 뜻과 '사욕을 이겨 낸다'는 뜻으로 나누어지는데, 주희는 후자로 해석했다. "위인(爲仁)"은 '인하게 된다'와 '인을 실천한다'로 해석되는데, 이이의 언해본은 '인을 함이니'라 해서 후자로 보았다. 황간은 당시 사람들이 사치스러워져서 예가 지나쳤으므로 '극기복례'를 "자기의 몸가짐을 단속하고 자기 자신의 행동을 따져 보아, 예에 맞게 하면 인하게 된다."라고 해석했다. 여기에서 극기복례의 주체는 왕이니, 군주가 극기복례할 수 있으면 천하 사람들이 모두 인한 군주에게 복종하리라는 것이다.

송 대에 이르러 이 구절은 성인이 되기를 지향하는 모든 학자들의 기본적인 공부 방법으로 중시되었다. 주희는 이 장의 문답이 공자의 문하에서 전수한 심법(心法)의 절실하고도 긴요한 말이며, 따라서 안회 같은 제자라야 비로소 들을 수 있는 가르침이었지만 그럼에도 모든 학자들이 힘써야 할 부분이라고 하였다. 주희에 따르면 인(仁)과 기(己)는 천리(天理)의 공(公)과 인욕(人欲)의 사(私)의 구별이다. 기는 자기의 사욕(私欲)이니, 자기의 사욕을

仲弓問仁. 子曰:"出門如見大賓, 使民如承大祭. 己所不欲, 勿施於人. 在邦無怨, 在家無怨." 仲弓曰:"雍雖不敏, 請事斯語矣."

大賓(대빈) 형병에 따르면 공후(公侯)의 빈객이고, 범녕에 따르면 국내에서 군신이 벌이는 중요한 연회에 참석하는 빈객[君臣之嘉會]을 뜻한다. 大祭(대제) 형병에 따르면 체(禘) 제사·교(郊) 제사와 같은 것이다. 在邦(재방), 在家(재가) 포함에 따르면 재방은 제후가 됨, 재가는 경대부가 됨을 말한다.

이겨 내고 천리의 절문(節文)인 예로 되돌아가는 것이 인을 행하는 것이다. 따라서 극기의 조목인 사물(四勿)은 예가 아닌 사욕을 극복할 수 있는 방법이 된다. 정이(程頤)는 이러한 공부 방법에 대해 외면을 제어하는 것은 그 중심을 기르기 위함이라 해서 외면적인 예가 내면적인 마음을 기를 수 있음을 밝히고, 안회는 이 말을 실천해서 성인의 경지로 진일보할 수 있었으므로 나중에 성인이 되기 위한 학문을 하는 사람은 마땅히 가슴에 새겨 잊지 말아야 할 것이라고 강조했다. 이러한 뜻으로 지은 글이 시(視)·청(聽)·언(言)·동(動) 네 가지의 잠(箴)이다. 정이의 「사잠(四箴)」은 이후의 주자학자들에게 큰 영향을 끼쳤다. 이이는 같은 입장에서 「극기복례설(克己復禮說)」을 지었다. "인이란 본심의 전덕(全德)으로, 모든 사람이 이 본심을 갖추고 있지만 사욕이 그것의 실현을 가로막으므로, 몸과 마음을 검속하는 도구인 예에 따름으로써 마음의 덕이 온전해질 수 있다."

12-2   중궁이 인에 대해 물었다. 선생님께서 말씀하셨다. "문을 나가서는 귀한 손님을 맞는 듯이 하고, 백성을 부릴 때에는 큰 제사를 받드는 듯이 하며, 자신이 원치 않는 일을 남에게 베풀지 마라. (그렇게 하면) 나라 안에서도 원망하는 이가 없을 것이고, 집 안에서도 원망하는 이가 없을 것이다." 중궁이 말했다. "제가 비록 불민하지만, 이 말씀을 받들어 실천하겠습니다."

해설   "출문(出門) …… 여승대제(如承大祭)"는 경(敬)의 태도이고, "기소불욕, 물시어인(己所不欲, 勿施於人)"은 서(恕)의 태도니, 이 경과 서가 인을 실천하는 태도임을 말한 것이다.

司馬牛問仁. 子曰: "仁者, 其言也訒." 曰: "其言也訒, 斯謂之仁已乎?" 子曰: "爲之難, 言之得無訒乎?"

司馬牛(사마우) 송나라 사람으로, 공자의 제자이자 환퇴의 아우인 사마리(司馬犁)이다. 訒(인) 공안국과 황간에 따르면 어렵게 여긴다〔難也〕는 뜻이다. 주희에 따르면 참다, 어렵게 여기다〔忍也, 難也〕이다.

司馬牛問君子. 子曰: "君子不憂不懼." 曰: "不憂不懼, 斯謂之君子矣乎?" 子曰: "內省不疚, 夫何憂何懼?"

疚(구) 병들다.

司馬牛憂曰: "人皆有兄弟, 我獨亡." 子夏曰: "商聞之矣: 死生有命, 富貴在天. 君子敬而無失, 與人恭而有禮, 四海之內皆兄弟也, 君子何患乎無兄弟也?"

商(상) 자하의 이름. 無失(무실) 황간에 따르면 백성을 잃지 않는다〔廣愛衆〕는 뜻이다. 주희에 따르면 자기를 경(敬)으로써 지켜서 그치지 않는다〔苟能持己以敬, 而不間斷〕는 뜻이다. 정약용에 따르면 자신에게 있는 도를 잃지 않는다〔無失在我之道〕는 뜻이다.

12-3 사마우가 인에 대해 물었다. 선생님께서 말씀하셨다. "인한 사람은 말하기를 어려워한다." "말하기를 어려워한다면, 곧 인하다고 할 수 있겠습니까?" 하고 물으니, 선생님께서 말씀하셨다. "인을 행하기가 쉽지 않은데, 말하는 것이 어찌 어렵지 않겠는가?"

12-4 사마우가 군자에 대해 물었다. 선생님께서 말씀하셨다. "군자는 근심하지도 않고 두려워하지도 않는다." "근심하지도 않고 두려워하지도 않는다면, 군자라 할 수 있습니까?" 선생님께서 말씀하셨다. "자기의 마음을 살펴서 잘못이 없으면, 무엇을 근심하고 무엇을 두려워할 것인가?"

해설 형 환퇴가 장차 난을 일으키려 하니 송나라에서 배우러 온 사마우는 늘 근심하고 두려워했다. 그래서 공자가 이 말을 했다고 한다. 또한 "내성불구(內省不疚)"란 평일의 행동이 마음에 부끄러운 바가 없어야 가능한 것이며, 이렇게 되면 저절로 근심과 두려움이 없어지므로 마음을 살피는 일을 소홀히 하지 말아야 함을 말한 것이라 볼 수도 있다.

12-5 사마우가 근심하며 말했다. "남들은 모두 형제들이 있는데, 유독 나만 없구나." 자하가 말했다. "내가 들으니 '생사에는 명(命)이 있고, 부귀는 하늘에 달려 있다'고 한다. 군자가 공경하여 잃음이 없으며, 사람을 대함에 공손히 해서 예가 있으면 사해 안이 모두 형제인데, 군자가 형제가 없다고 해서 무엇을 근심하겠는가?"

子張問明. 子曰: "浸潤之讒, 膚受之愬, 不行焉, 可謂明也已矣. 浸潤之讒, 膚受之愬, 不行焉, 可謂遠也已矣."

明(명) 밝게 살피는 것[明察]. 讒(참) 참소하다. 膚受(부수) 형병에 따르면 '살갗의 잔주름에 때가 끼듯'이라는 비유다. 주희에 따르면 피부에 닿듯이 자신에게 이해(利害)가 절실하게 느껴지는 상태다. 愬(소) 하소하다. 遠(원) 마음에 따르면 덕행이 고원(高遠)한 것. 주희에 따르면 가까운 것에 가려지지 않고 멀리 내다보는 것이다.

子貢問政. 子曰: "足食, 足兵, 民信之矣." 子貢曰: "必不得已而去, 於斯三者何先?" 曰: "去兵." 子貢曰: "必不得已而去, 於斯二者何先?" 曰: "去食. 自古皆有死, 民無信不立."

必(필) 『경사연석(經詞衍釋)』에 따르면 '과야(果也)'이니 과는 만약이라는 뜻이다. 不立(불립) 황간과 형병에 따르면 나라가 존립하지 못한다는 뜻이다. 정약용에 따르면, 입(立)이란 백성이 흥기해 군주를 향하는 마음을 하나로 합해서 명령을 따르는 것이다. 불립은 백성이 단합해 일어서지 못하는 것이니, 백성이 일어서지 못하면 군대가 있어도 환란을 막지 못하고 식량이 풍족해도 즐거움을 누릴 수 없게 된다.

棘子成曰: "君子質而已矣, 何以文爲?" 子貢曰: "惜乎! 夫子之說君子也, 駟不及舌. 文猶質也, 質猶文也. 虎豹之鞹, 猶犬羊之鞹."

棘子成(극자성) 위(衛)나라의 대부. 당시 사람들의 문식이 지나쳤으므로 위와 같이 말했다. 文猶質也, 質猶文也(문유질야, 질유문야) 공안국은 문과 질을 똑같이 여겨 그 차이를 무시

해설   사마우는 형 환퇴가 나쁜 짓을 행하므로 죽을 날이 멀지 않은 듯해 자신은 형제가 없다고 말한 것이다. 주희에 따르면 이에 대한 자하의 말은 사마우를 위로하기 위한 것이지 형제의 죽음을 아무렇지 않게 여기는 것은 아니다.

12-6   자장이 밝음에 대해 물었다. 선생님께서 말씀하셨다. "차츰차츰 스며들 듯 하는 참소와 피부에 와 닿도록 절실히 하는 하소연도 그에게 통하지 않는다면, 밝다고 할 수 있을 것이다. 차츰차츰 스며들 듯 하는 참소와 피부에 와 닿도록 절실히 하는 하소연도 그에게 통하지 않는다면, 덕행이 고원하다고 할 수 있을 것이다."

12-7   자공이 정치하는 방법을 물었다. 선생님께서 말씀하셨다. "먹을 것을 풍족하게 하고, 군비(軍備)를 충실히 하며, 백성들이 위정자를 믿게 하는 것이다. 자공이 말했다. "만약 마지못해 버린다면, 이 세 가지 가운데 어느 것을 먼저 버려야겠습니까?" "군비를 버릴 것이다." 자공이 말했다. "만약 마지못해 버린다면, 이 두 가지 가운데 어느 것을 먼저 버려야겠습니까?" "먹을 것을 버릴 것이다. 예로부터 누구에게나 다 죽음은 있지만, 백성이 위정자를 믿지 않으면 나라가 존립하지 못할 것이다."

12-8   극자성이 말했다. "군자가 질박하면 되지 문식(文飾)은 해서 무엇하겠습니까?" 자공이 말했다. "애석하구나, 그대가 군자에 대해 말함이여! 말 네 필이 끄는 수레로도 그대가 한 말을 따라잡지는 못할 것입니다. 문(文)도 질(質)만큼 중요하

한 극자성의 관점을 자공이 평한 것으로 보았다. 그러나 주희는 이 구절이 공자의 문질빈빈(文質彬彬) 사상을 이어 '문과 질이 똑같이 중요하여 어느 하나라도 없어서는 안 된다'는 자공 자신의 견해를 피력한 것이며, 본말과 경중을 고려하지 않은 잘못이 자공에게 있다고 했다. 鞹(곽) 무두질한 가죽. 털을 제거한 가죽.

哀公問於有若曰: "年饑, 用不足, 如之何?" 有若對曰: "盍徹乎?" 曰: "二, 吾猶不足, 如之何其徹也?" 對曰: "百姓足, 君孰與不足? 百姓不足, 君孰與足?"

徹(철) 주 대의 전조(田租) 제도로, 농가마다 1년 수익의 10분의 1을 세금으로 내는 것. 철(徹) 자는 통한다, 균등하다는 뜻으로 천하에 통용되는 법을 의미한다. 노나라는 선공(宣公) 때부터 농지에도 세금을 부과해서 10분의 2를 세금으로 받아 왔다. 유약은 나라의 재정이 부족하다는 애공에게 오히려 10분의 1을 세금으로 내는 철법을 제대로 시행하자고 건의한 것이다. 孰與(숙여) '누구와 더불어'로, 여민동락(與民同樂, 백성과 즐거움을 함께함)의 뜻을 밝힌 것이다.

子張問崇德辨惑. 子曰: "主忠信, 徙義, 崇德也. 愛之欲其生, 惡之欲其死. 旣欲其生, 又欲其死, 是惑也. '誠不以富, 亦祇以異.'"

誠不以富, 亦祇以異(성불이부, 역지이이) 『시경』 「소아 아행기야(我行其野)」의 구절이다. 정현은 앞 구절의 뜻을 밝히기 위해 인용했다고 보았으나, 정이는 착간(錯簡)이라 보고 「계씨」편 "제 경공이 말 4000필을 가지고 있었으나[齊景公有馬千駟]"(16-12)의 앞에 있어야 한다고 했다. 祇(지) 다만.

齊景公問政於孔子. 孔子對曰: "君君, 臣臣, 父父, 子子." 公曰: "善哉! 信如君不君, 臣不臣, 父不父, 子不子, 雖有粟, 吾得而食諸?"

고, 질도 문만큼 중요합니다. (질만을 중시한다면) 범과 표범의 털 없는 가죽은 개와 양의 털 없는 가죽과 다를 것이 없습니다."

12·9 애공이 유약에게 물었다. "해마다 흉년이 들어 나라의 재정이 부족하니, 어쩌면 좋겠는가?" 유약이 대답했다. "왜 철(徹)이라는 세법을 시행치 않으시오?" "10분의 2로도 나는 오히려 부족한데, 어찌 그 철이라는 세법을 쓰겠는가?" 유약이 대답했다. "백성이 풍족하면 임금께서 어찌 혼자만 부족할 것이며, 백성이 부족하면 임금께서 어찌 혼자만 풍족하겠습니까?"

해설 국가의 비용을 절약해서 백성의 생활을 후하게 한다는[節用以厚民] 유가의 사상이 드러난다.

12·10 자장이 덕을 높이는 것과 의혹을 변별하는 일에 대해 물었다. 선생님께서 말씀하셨다. "충과 신을 위주로 하며 의를 따르는 것이 덕을 높이는 것이다. 사랑할 때는 그가 살기를 바라고 미워할 때는 그가 죽기를 바라는데, 그가 살기를 바라면서도 또 그가 죽기를 바라는 것이 의혹이니, '실로 부유하게 하지도 못하고 다만 이상함을 취할 뿐'이라는 것이다."

12·11 제 경공이 공자에게 정사를 물으니, 공자께서 대답하셨다. "임금은 임금다워야 하고, 신하는 신하다워야 하며, 아버지

粟(속) 『서경』「대우모(大禹謨)」 가운데 "천록영종(天祿永終)"의 천록, 즉 하늘이 주는 복록을 비유한 말이며, 경대부의 경우는 봉록을 가리킨다. 「요왈」 편(20-1-1) 참조.

子曰: "片言可以折獄者, 其由也與? 子路無宿諾."

片(편) 공안국은 편(偏)으로 보았다. 옥사를 판결하려면 반드시 쌍방의 말을 들어 그 시비를 가려야 하는데, 한쪽 말만을 믿고 옥사를 판결하는 것이 자로에게는 가능하다고 해석했다. 황간과 형병도 이를 따른다. 그러나 초순은 한쪽 말만 듣고 명쾌히 판결한다는 것은 이치에 맞지 않는다고 비판했다. 주희는 편언(片言)이 반언(半言)이라고 했다. 즉 자로가 믿음직스럽고 명쾌히 판결하므로 사람들은 '그의 말이 끝나기도 전에' 믿고 따랐는데, 이는 자로가 평소에 신임을 받고 있었기 때문이라는 것이다. 子路無宿諾(자로무숙낙) 『경전석문』에서는 이 구절을 별도의 한 장으로 구별했다. 宿(숙) 황간과 형병에 따르면 미리 하다[豫也], 주희에 따르면 유보하다[留也]이다.

子曰: "聽訟, 吾猶人也. 必也, 使無訟乎!"

子張問政. 子曰: "居之無倦, 行之以忠."

居(거) 황간에 따르면 '몸이 정사를 맡는 자리에 있게 되면 게으름이 없어야 한다[身居政事, 則莫解倦]'로 해석된다. 주희는 거(居)를 마음속에 보존하고 있는 것으로 보아, 일로 드러난 행(行)과 대비했다. 이 경우 "마음속에 보존하기를 게을리하지 말며……"로 해석된다.

子曰: "君子博學於文, 約之以禮, 亦可以不畔矣夫."

는 아버지다워야 하고, 아들은 아들다워야 합니다." 경공이 말했다. "좋구나! 정말로 임금이 임금답지 않고, 신하가 신하답지 않으며, 아버지가 아버지답지 않고, 아들이 아들답지 않으면 비록 곡식이 있다 하더라도 내 그것을 먹을 수가 있겠는가?"

12-12 선생님께서 말씀하셨다. "한쪽의 말만 듣고도 송사를 재판할 수 있는 사람은 아마 자로가 아닐까? 자로는 약속한 말을 유예하는 일이 없었다."

12-13 선생님께서 말씀하셨다. "송사를 처리하는 것은 나도 남과 다를 것이 없으나, 반드시 송사가 없도록 해야 할 것이다."

12-14 자장이 정사에 관해 물으니, 선생님께서 말씀하셨다. "관직에 있을 때 게을리하지 말며, 정사를 시행할 때는 충심으로써 해야 한다."

12-15 선생님께서 말씀하셨다. "군자가 널리 문헌을 배우고, 예로

子曰: "君子成人之美, 不成人之惡. 小人反是."

季康子問政於孔子. 孔子對曰: "政者, 正也. 子帥以正, 孰敢不正!"

季康子患盜, 問於孔子, 孔子對曰: "苟子之不欲, 雖賞之不竊."

季康子問政於孔子曰: "如殺無道, 以就有道, 何如?" 孔子對曰: "子爲政,
焉用殺? 子欲善而民善矣. 君子之德風, 小人之德草. 草上之風, 必偃."

君子(군자), 小人(소인) 황간은 군자는 인군(人君), 즉 임금이고 소인은 민하(民下), 즉 아래
에 있는 백성이라고 했다. 草上之風(초상지풍) 형병본에 따랐다. 황간본에는 상(上) 대신 상
(尙)이라고 씌어 있으니 더한다는 뜻이다. 偃(언) 부(仆), 곧 쓰러지다의 뜻이다.

써 단속한다면, 또한 도리에 어그러지지 않을 수 있다."

해설   「옹야」편(6-26)을 참조하라.

12-16   선생님께서 말씀하셨다. "군자는 남의 아름다운 일을 이루어 주고, 남의 악한 일은 이루어지지 않도록 한다. 소인은 이와 반대다."

12-17   계강자가 공자에게 정사에 대해 물었다. 공자께서 대답하셨다. "정(政)이란 바로잡는 것입니다. 만약 그대가 바름으로써 통솔한다면, 누가 감히 바르게 되지 않겠습니까!"

12-18   계강자가 도적을 걱정해 공자에게 물었다. 공자께서 대답하셨다. "진실로 그대가 탐욕스럽지 않으면, 비록 상을 주더라도 도적질을 하지 않을 것입니다."

12-19   계강자가 정사에 관해 공자에게 물었다. "만약 무도한 자를 죽여 도가 있는 데로 나아간다면 어떠할까요?" 공자께서 대답하셨다. "그대가 정치를 하는 데 사람 죽이는 방법을 써서야 되겠습니까? 그대가 선하고자 한다면 백성들이 선해질 것입니다. 군자의 덕은 바람과 같고 백성의 덕은 풀과 같으니, 풀 위로 바람이 지나가면 그 풀은 반드시 쓰러질 것입니다."

子張問: "士何如斯可謂之達矣?" 子曰: "何哉, 爾所謂達者?" 子張對曰: "在邦必聞, 在家必聞." 子曰: "是聞也, 非達也. 夫達也者, 質直而好義, 察言而觀色, 慮以下人. 在邦必達, 在家必達. 夫聞也者, 色取仁而行違, 居之不疑. 在邦必聞, 在家必聞."

家(가) 경대부의 채지(采地)를 가리킨다. 경대부는 국가로부터 받은 채지를 다스리고 세금을 걷는다. 質直而好義(질직이호의) 주희는 안으로 충(忠)과 신(信)을 주로 하고 밖으로 행동이 의(義)에 합치되는 것이라 했다. 정약용은 질직(質直)은 내실(內實)이요, 호의(好義)는 외행(外行)이라 했다. 居之不疑(거지불의) 마음은 "선한 일 하는 것을 편안히 여겨 스스로 의심하지 않는다."라 옮겼지만, 주희는 "스스로 옳다고 여겨 꺼리는 바가 없는 것"으로 해석했다.

樊遲從遊於舞雩之下, 曰: "敢問崇德·修慝·辨惑." 子曰: "善哉問! 先事後得, 非崇德與? 攻其惡, 無攻人之惡, 非修慝與? 一朝之忿, 忘其身, 以及其親, 非惑與?"

慝(특) 간특하다. 先事後得(선사후득) 주희에 따르면 '어려운 일을 먼저 하고 이득을 앞세우지 않는다[先難後獲]'와 같은 말이니, 마땅히 해야 할 바를 하고 그 공로를 헤아리지 않는 것

17장에서 19장까지는 위정자의 솔선수범을 통한 교화의 정치를 말한 것이다.

12-20　　자장이 물었다. "선비는 어떠해야 달(達)했다고 말할 수 있습니까?" 선생님께서 말씀하셨다. "네가 말하는 달의 뜻이 무엇이냐?" 자장이 대답했다. "제후의 나라에서도 반드시 소문이 나고, 경대부의 가에서도 반드시 소문이 나는 것을 말합니다." 선생님께서 말씀하셨다. "그것은 소문이 난 것이지 달이 아니다. 달이란 질박하고 곧으며 의(義)를 좋아하고, 언어를 자세히 살피고 얼굴빛을 관찰하며, 사려 깊게 남들에게 자신을 낮추는 것이다. (그러면) 제후의 나라에서도 반드시 달하고, 경대부의 가에서도 반드시 달하게 된다. 소문이 난다는 것은 얼굴빛은 인자하나 행실은 그것과 어긋나고, 그렇게 살아가면서도 스스로 의심하지 않는 것이다. (그러면) 제후의 나라에서도 반드시 소문은 나고, 경대부의 가에서도 반드시 소문은 나게 된다."

해설　　정자는 이 구절을 실질에 힘쓰는 것〔務實〕과 이름 얻기를 힘쓰는 것〔務求名〕으로 대비했다. 학자가 이름 얻기에 힘쓰면 이미 대본(大本)을 잃은 것이므로 거짓된 것이며, 또한 이익을 구하는 마음과 같은 것이라는 비판이다.

12-21　　번지가 무우 아래에서 모시고 노닐 때 말했다. "덕을 높이고, 나쁜 마음을 닦아 내며, 의혹을 분별하는 것에 관해 감히 여쭙니다." 선생님께서 말씀하셨다. "좋은 질문이다! 일은 먼저 하고 그 대가는 뒤로하는 것이 덕을 높이는 것 아니겠는가? 자신의 나쁜 점을 다스리고 남의 나쁜 점은 공격

이다. 공안국에 따르면 일을 먼저 힘들게 한 뒤에 대가를 받는 것이고, 정약용에 따르면 노고
는 남보다 먼저 하고 이익이나 녹은 남보다 뒤에 취하는 것을 말한다. 攻(공) 다스린다(治)는
뜻이다. 忿(분) 성내다.

樊遲問仁. 子曰: "愛人." 問知. 子曰: "知人." 樊遲未達. 子曰: "擧直錯諸
枉, 能使枉者直." 樊遲退, 見子夏曰: "鄕也吾見於夫子而問知, 子曰: '擧直
錯諸枉, 能使枉者直.' 何謂也?" 子夏曰: "富哉言乎! 舜有天下, 選於衆, 擧
皐陶, 不仁者遠矣. 湯有天下, 選於衆, 擧伊尹, 不仁者遠矣."

擧直錯諸枉(거직조제왕) 「위정」 2-19의 주석 참조.

子夏問友. 子曰: "忠告而善道之, 不可則止, 毋自辱焉."

善道之(선도지) 하안의 『논어집해』에는 "이선도지(以善道之)"로 되어 있다. 이 경우 '선으로
써 인도하되'가 된다. 不可則止(불가즉지) 황간본에는 "불즉지(不則止)"로 되어 있다.

曾子曰: "君子以文會友, 以友輔仁."

하지 않는 것이 사특함을 다스리는 것 아니겠는가? 한때의 분노로 자신을 잊고, 부모에게까지 화가 미치는 것이 미혹됨이 아니겠는가?

12:22   번지가 인(仁)에 대하여 물었다. 선생님께서 말씀하셨다. "사람을 사랑하는 것이다." 지(知)에 대하여 물었다. 선생님께서 말씀하셨다. "사람을 알아보는 것이다." 번지가 그 뜻을 파악하지 못했다. 선생님께서 말씀하셨다. "정직한 이를 등용해 여러 바르지 못한 자 위에 놓으면, 바르지 않은 이를 정직하게 할 수 있을 것이다." 번지가 물러 나와 자하를 만나 말했다. "조금 전에 내가 선생님을 뵙고 지에 대해 물었더니, '정직한 이를 등용해 여러 바르지 못한 자 위에 놓으면, 바르지 않은 이를 정직하게 할 수 있을 것이다.' 하셨는데 무슨 뜻인가?" 자하가 말했다. "넓게 포괄하는구나, 그 말씀이여! 순임금이 천하를 다스릴 때 백성들 속에서 뽑아 고요(皐陶)를 등용하니 인하지 않은 자들이 멀어졌고, 탕임금이 천하를 다스릴 때 백성들 속에서 뽑아 이윤(伊尹)을 등용하니 인하지 않은 자들이 멀어졌다."

12:23   자공이 벗함에 관해 물었다. 선생님께서 말씀하셨다. "충고하고 잘 인도하되, 따르지 않으면 중지해 스스로를 욕되게 하지 마라."

12:24   증자가 말했다. "군자는 글로써 벗들을 모으고, 벗으로써 자신의 어진 덕성을 기른다."

13 자로
子路

모두 30장이다. 이 편에는 군자가 나라를 위하고 백성을 교육하는 일에 대한 언급이 많다. 인정(仁政), 효제(孝悌)가 나라를 다스리고 수신(修身)하는 근본이라는 것은 앞 편과 비슷하다. 그래서 「안연」에 이어 이 편을 두었다. 편 가운데 "이름이 바르지 않으면 말에 순서가 없게 되고, 말에 순서가 없어지면 일이 이루어지지 않는다."라는 말은 공자의 정명(正名) 사상의 하나로서 중요한 정치적 언명 가운데 하나다. 또 "군자는 화합하나 부화뇌동하지 않는다. 소인은 부화뇌동하나 화목하지는 못하다."라는 말과 "가까운 백성들을 기쁘게 하면, 자연히 멀리 있는 백성들이 찾아올 것입니다."라고 한 말은 지금도 많은 사람들이 좋아하는 문구이다.

子路問政. 子曰: "先之, 勞之." 請益. 曰: "無倦."

先之, 勞之(선지, 노지) 「자장」 19-10에는 "군자는 신뢰를 얻은 뒤에 그의 백성을 부려야 한다.(君子信而後勞其民)"라고 했다. 공안국에 따르면 먼저 덕으로 인도해 백성들이 믿게 한 뒤에 힘써서 일하게 하라는 뜻이다. 이러한 해석이 송 대에 이르면 두 가지 일 모두 통치자에게 적용되는 것으로 바뀐다. 『논어집주』에서는 자신이 먼저 하고(以身先之) 자신이 힘써 일하라(以身勞之)고 해석했다. 정약용에 따르면 솔선하고 백성의 고됨을 위로하라는 뜻이 된다.

仲弓爲季氏宰, 問政. 子曰: "先有司, 赦小過, 擧賢才." 曰: "焉知賢才而擧之?" 曰: "擧爾所知, 爾所不知, 人其舍諸?"

先有司(선유사) 하안의 『논어집해』에서 왕숙은 관리 책임자에게 일을 맡기고 책임까지 묻는 것으로 해석했다. 그러나 정약용은 '선(先)'을 솔선(率先)으로 해석해, '유사'에 앞서 몸소 솔선한다(躬自率先)는 뜻으로 새겼다. 赦(사) 용서하다.

子路曰: "衛君待子而爲政, 子將奚先?" 子曰: "必也正名乎!" 子路曰: "有是哉, 子之迂也! 奚其正?" 子曰: "野哉, 由也! 君子於其所不知, 蓋闕如也. 名不正則言不順, 言不順則事不成, 事不成則禮樂不興, 禮樂不興則刑罰不中, 刑罰不中則民無所措手足, 故君子名之必可言也, 言之必可行也. 君子於其言, 無所苟而已矣."

名(명) 부자, 군신과 같이 정해진 이름을 말한다. 정약용은 이에 관한 당시의 정황을 다음과 같이 풀이했다. "이때 괴첩(蒯輒)은 위나라 군주를 칭하고 괴외는 위나라 세자라고 칭하니(『춘추』에 보인다.) 부자, 군신의 명(名)이 전도되어 인륜을 상실했다. 정명을 위해서 첩은 당연히 아버지(괴외)를 맞아들여 양위하고 세자의 자리로 물러나야 한다." 迂(우) 우회하다. 闕(궐) 비다. 言不順(언불순) 정약용은 말씀이 순서에 맞지 않는다(言不順序)는 공영달의 설을 부연해, 칭위가 순서에 맞지 않는다(稱謂不順序也)는 뜻으로 해석했다. 정약용은 그러한 사례로 아버지 괴외는 나라 밖에서 세자라고 칭하고 아들 첩은 나라 안에서 근엄하게 군

13·1   자로가 정사에 관해 물었다. 선생님께서 말씀하셨다. "솔선수범한 뒤에 힘써서 일하게 하라." 자로가 말씀을 더 청하니, "(그 두 가지 일을) 태만함이 없게 하라." 하셨다.

13·2   중궁이 계씨의 가신이 되어 정사에 관해 물었다. 선생님께서 말씀하셨다. "먼저 담당 관리에게 맡기고, 작은 실수는 용서하고, 현재를 천거해서 쓰거라." "어떻게 현재를 알아보고 등용합니까?" "네가 아는 이를 등용하면, 네가 모르는 이를 다른 사람들이 버려두겠느냐?"

13·3   자로가 말했다. "위나라의 군주가 선생님을 기다려서 함께 정치를 하고자 한다면, 선생님께서는 장차 무엇을 먼저 하시겠습니까?" 선생님께서 말씀하셨다. "반드시 정명(正名)을 먼저 하겠다!" 자로가 말했다. "이럴 수가 있습니까, 선생님의 우원(迂遠)함이여! 어찌 이름을 바로잡겠다는 말씀이십니까?" 선생님께서 말씀하셨다. "거칠도다, 자로여! 군자는 자기가 알지 못하는 것에 관해서는 판단을 유보하는 법이다. 이름이 바르지 않으면 말에 순서가 없게 되고, 말에 순서가 없어지면 일이 이루어지지 않는다. 일이 이루어지지 않으면 예악이 일어나지 않으며, 예악이 일어나지 않으면 형벌이 적절하게 시행되지 않는다. 형벌이 적절하게 시행되지 않으면 백성들은 손발을 둘 곳이 없게 될 것이다. 그러므로

이라고 칭하는 상황을 들었다. 정약용은 소목(昭穆)의 순서를 의식한 것으로 보인다. 刑罰不中(형벌부중) 형벌이 사리와 정서에 들어맞지 않고 남용되는 것을 뜻한다.

樊遲請學稼. 子曰: "吾不如老農." 請學爲圃. 曰: "吾不如老圃." 樊遲出. 子曰: "小人哉, 樊須也! 上好禮, 則民莫敢不敬. 上好義, 則民莫敢不服. 上好信, 則民莫敢不用情. 夫如是, 則四方之民襁負其子而至矣, 焉用稼!"

稼(가) 심다. 襁(강) 포대기.

군자는 이름을 바로 하면 말을 순서 있게 할 수 있고, 말을 순서 있게 하면 반드시 시행할 수 있을 것이다. 군자는 그 말에 구차한 바가 없을 뿐이다."

해설 『사기』「공자세가」에 따르면 당시의 상황은 다음과 같다. 공자가 초나라에서 위나라로 돌아왔을 때 위나라 임금 출공, 즉 괴첩의 아버지 괴외는 왕위에 오르지 못하고 국외로 떠돌았는데, 다른 나라 제후들은 양위를 한 것이라고 여겼다. 이때 공자의 여러 제자들 가운데 위나라에서 벼슬하는 사람이 여럿 있었고, 마침 위나라 군주가 공자에게 정사를 맡기고자 했던 것이다.

공자가 반드시 정명을 먼저 하겠다고 한 까닭은 「술이」 7-14의 배경과 같다. 괴외는 다른 나라의 힘을 빌려 아들 괴첩과 싸우려 하니 아버지가 아버지답지 못하고, 괴첩은 할아버지 영공의 명령이라는 구실로 아버지를 거부하니 자식이 자식답지 못하여 장래에 이들 사이에 무슨 일이 벌어질지 몰랐다. 이에 공자는 정명을 최우선으로 삼았던 것이다. 정명이란 곧 「안연」 편의 "임금은 임금다워야 하고, 신하는 신하다워야 하며, 아버지는 아버지다워야 하고, 아들은 아들다워야 한다."(12-11)를 말한다.

13-4 번지가 곡식 심는 법 배우기를 청했다. 선생님께서 말씀하셨다. "나는 곡식 심는 경험이 많은 이만 못하다." (다시) 채소 가꾸는 법을 배우기를 청하니, "나는 채소 가꾸는 경험이 많은 이만 못하다." 하셨다. 번지가 나가자 선생님께서 말씀하셨다. "소인이구나, 번지여! 윗사람이 예(禮)를 좋아하면 백성은 감히 공경하지 않을 수가 없고, 윗사람이 의(義)를 좋아하면 백성은 감히 복종하지 않을 수 없고, 윗사람이 신(信)을 좋아하면 백성은 감히 진정으로 대하지 않을

子曰: "誦詩三百, 授之以政, 不達; 使於四方, 不能專對, 雖多, 亦奚以爲?"

子曰: "其身正, 不令而行. 其身不正, 雖令不從."
令(령) 하안에 따르면 교령(敎令, 임금의 명령)을 뜻한다.

수 없을 것이다. 대체로 이와 같이 한다면, 사방의 백성들이 자식을 포대기로 업고 모여들 것이니, 어찌 스스로 곡식을 심어야만 하겠는가?"

해설   이 장에서 공자는 농사일과 같은 기술과 기능을 하찮게 여긴 것이 아니라 사람마다 할 일이 따로 있다는 것을 말한다. 황간은 '선비가 할 일은 농사가 아니라 선왕의 전적을 잘 가르치는 일'이라 하고, 교육자인 공자의 태도가 나타난 구절로 보았다. 한편 정약용에 따르면 번지가 이러한 질문을 한 취지는 신농(神農)과 후직(后稷)의 기술로 다스려서 사방의 백성들을 불러오면 좋지 않겠는가 하는 데 있었다. 공자가 번지의 질문을 물리친 까닭은 '예의를 앞세우고 음식물과 재물 등을 뒤로한다〔先禮義後食貨〕'는 뜻이라는 풀이다. 장보첸의 해설로는 옛날에 사민(四民, 사농공상)에게는 각각 직분이 있었으니, 대인의 일이 있고 소인의 일이 있었다. 대인의 일은 예의를 닦는 것이며 소인의 일은 농사를 짓는 것으로, 선비 된 사람은 마땅히 대인의 일에 힘써서 소인을 다스려야지 일없이 먹기만 하고 빈둥거려서는 안 된다는 의미이다.

13-5   선생님께서 말씀하셨다. "『시』 삼백 편을 외우되, 그에게 정치를 맡겼을 때 잘 해내지 못하고, 사방에 사신으로 가서 독자적으로 응대하지 못하면, 많이 외울지라도 무슨 소용이 있겠는가?"

13-6   선생님께서 말씀하셨다. "자기 자신이 바르면 명령을 하지 않아도 저절로 행하고, 자신이 바르지 않으면 비록 명령하더라도 따르지 않을 것이다."

子曰: "魯·衛之政, 兄弟也."

魯·衛(노·위) 포함에 따르면 노와 위는 무왕의 아우인 주공과 강숙(康叔)에게 봉한 나라이
므로 본래 형제 나라인데, 이 두 나라의 치란이 대체로 같았으니 풍속, 교화가 똑같이 나빠졌
다는 뜻이다. 주희에 따르면 본래 형제의 나라인 두 나라가 이때에 이르러 쇠퇴하고 혼란스러
워졌으므로, 정치가 서로 비슷한 점을 공자가 탄식한 것이다.

子謂衛公子荊, "善居室. 始有, 曰 '苟合矣'; 少有, 曰 '苟完矣'; 富有, 曰
'苟美矣.'"

公子荊(공자형) 위나라 대부다. 苟(구) 황간에 따르면 '구차(苟且, 궁색하지만)', 『논어집주』
에 따르면 '그런대로, 대강(聊且粗略)'이며, 유보남은 '진실로'라고 보았다. 合(합) 황간에 따
르면 구차하게나마 들어맞는다(苟且遇合)이고, 형병과 주희에 따르면 구차하게 모은다(苟且
聚合)는 뜻이다.

子適衛, 冉有僕. 子曰: "庶矣哉!" 冉有曰: "既庶矣, 又何加焉?" 曰: "富
之." 曰: "既富矣, 又何加焉?" 曰: "敎之."

僕(복) 수레 모는 일.

子曰: "苟有用我者, 朞月而已可也, 三年有成."

이에 대해서는 요노(饒魯)의 설명을 참고할 만하다. 요노에 따르면 몸소 행함으로써 가르치는 사람은 남이 따르고, 말만으로 가르치는 사람에게는 다툼이 있게 된다(以身教者從, 以言教者訟)는 뜻이다.

13-7 선생님께서 말씀하셨다. "노나라와 위나라의 정사는 형제처럼 닮았구나."

13-8 선생님께서 위나라 공자형에 대해 말씀하셨다. "집안을 잘 다스리는 사람이다. 처음 재물을 조금 가졌을 때 '그런대로 모아졌다'고 했고, 다소 더 갖게 되었을 때 '그런대로 갖추어졌다'고 했고, 부유해지자 '그런대로 좋아졌다'고 했다."

13-9 선생님께서 위나라에 가실 때, 염유가 수레를 몰았다. 선생님께서 "(백성들이) 많구나!"라고 하시자, 염유가 물었다. "백성들이 많아졌다면 또 무엇을 보태야 하겠습니까?" "부유하게 만들어야지." "부유해졌다면 또 무엇을 더해야 하겠습니까?" "가르쳐야 한다."

13-10 선생님께서 말씀하셨다. "만일 나를 쓰는 사람이 있다면 1년

朞月(기월) 기월은 주월(周月)로, 열두 달(1년)이 지남을 말한다.

子曰: "'善人爲邦百年, 亦可以勝殘去殺矣.' 誠哉是言也!"
善人(선인) 황간에 따르면 현인(賢人)이고, 정약용에 따르면 그 일을 잘하는 사람[善於其事者]이다. 亦(역) 강조의 뜻. 따로 해석을 하지 않아도 무방하다. 殘(잔) 잔인하고 포악한 사람. 去殺(거살) 형벌로 죽이는 것, 즉 사형을 없앤다는 뜻이다. 그러나 정약용에 따르면 남을 해치고 죽이는 자를 없애는 것이다.

子曰: "如有王者, 必世而後仁."
王(왕) 천명을 받아서 덕(德)과 위(位)가 함께 갖추어진 사람을 말한다. 世(세) 공안국에 따르면 30년이며, 정약용은 부자가 대를 물리는 기간이라고 보는 것이 더 적절하다고 했다.

子曰: "苟正其身矣, 於從政乎何有? 不能正其身, 如正人何?"
從政(종정) 요노에 따르면 위정은 군주의 일이고 종정은 대부의 일이다.

冉子退朝. 子曰: "何晏也?" 對曰: "有政." 子曰: "其事也. 如有政, 雖不吾以, 吾其與聞之."
晏(안) 형병에 따르면 만(晚)의 뜻이다. 政(정), 事(사) 주희는 국정과 가사로 보았으나, 마융과 황간은 '사'를 일상적인 일[凡所行常事]로 보았다. 以(이) 주희에 따르면 용(用)이다. 與(여) 참여하다. 그런데 정약용은 '미리[預]'와 통한다고 한다.

만 되더라도 괜찮아질 것이고, 3년이면 성과가 있을 것이다."

13-11 선생님께서 말씀하셨다. "'현인이 나라를 다스려도 100년이 되어야만 잔학한 사람을 이기고 사형을 없앨 수 있을 것이다.' 하니, 참으로 옳은 말이다."

해설 현인이 훌륭한 정치를 하더라도 금방 쉽게 효과가 나타나는 것은 아니라는 뜻이다. 주희에 따르면 현인이 나라를 다스린 효과로 잔인하고 난폭한 사람을 교화해서 악을 저지르지 않도록 할 수 있고, 백성들이 선에 교화되어 사형을 쓰지 않아도 된다는 뜻이다. 이는 교화해서 풍속을 바꾸는 일이다.

13-12 선생님께서 말씀하셨다. "만일 왕자(王者)가 나타날지라도, 반드시 30년은 지나야 인정(仁政)이 실현되는 사회가 될 것이다."

13-13 선생님께서 말씀하셨다. "진실로 제 자신을 바르게 한다면 정사에 종사하는 데 무슨 어려움이 있겠으며, 자신을 바르게 하지 못한다면 어떻게 남을 바르게 할 수 있겠는가?"

13-14 염자가 조정에서 물러나오자 선생님께서 "어찌 늦었느냐?" 하고 물으셨다. (염자가) 대답했다. "나랏일 때문입니다." 선생님께서 말씀하셨다. "그것은 그의 가사였을 것이다. 만일 정사였다면 비록 나를 쓰지 않으나 나도 참여해서 들었을 것이다."

定公問: "一言而可以興邦, 有諸?" 孔子對曰: "言不可以若是, 其幾也. 人之言曰: '爲君難, 爲臣不易.' 如知爲君之難也, 不幾乎一言而興邦乎?" 曰: "一言而喪邦, 有諸?" 孔子對曰: "言不可以若是, 其幾也. 人之言曰: '予無樂乎爲君, 唯其言而莫予違也.' 如其善而莫之違也, 不亦善乎? 如不善而莫之違也, 不幾乎一言而喪邦乎?"

言不可以若是, 其幾也(언불가이약시, 기기야) 하안에 따르면 '기기야' 세 글자는 그 자체가 하나의 성구가 되며 기(幾)는 근(近)의 뜻으로, 본문 해석은 이에 따랐다. 한편 주희는 '언불가 …… 기기야'를 하나의 구절로 간주하고, 기(幾)를 '반드시 그렇게 된다(必期)'는 뜻으로 해석했다. 이에 따르면 "말 한마디로써 이와 같이 되리라고 기약할 수는 없다."라고 번역된다.

葉公問政. 子曰: "近者說, 遠者來."

子夏爲莒父宰, 問政. 子曰: "無欲速, 無見小利. 欲速則不達, 見小利則大事不成."

莒父(거보) 음은 '거보'이고, 구설(舊說)에 따르면 노나라의 하읍(下邑)이다. 達(달) 황간에 따르면 사리에 통달한다는 뜻이다. 그러나 이 구절에서는 전통적으로 달성한다는 뜻으로 해

13-15 정공이 물었다. "말 한마디로써 나라를 흥성하게 할 수 있
다고 하는데, 그럴 수 있습니까?" 공자께서 대답하셨다.
"말 한마디로는 그렇게 할 수야 없습니다. 그러나 그에 가까
운 것은 있습니다. 사람들이 하는 말에 '임금 노릇 하기 어
려우며, 신하 노릇 하기도 쉽지 않다.'라고 합니다. 만일 임
금 노릇 하기가 어렵다는 것을 안다면, 말 한마디가 나라
를 흥성케 한다는 데 가깝지 않겠습니까?" (정공이 다시) 물
었다. "말 한마디로써 나라를 잃는다고 하는데, 그럴 수 있
습니까?" 공자께서 대답하셨다. "말 한마디로는 그렇게 할
수야 없습니다. 그러나 그에 가까운 것은 있습니다. 사람들
이 하는 말에 '나는 임금 노릇 하는 것에 별다른 즐거움은
없지만, 오로지 내 말을 어기는 사람이 없다는 것이 즐거울
뿐이다.'라고 합니다. 만약 내 말이 참으로 옳아서 어기는
사람이 없다면 좋은 일이 아니겠습니까? 만약 옳지 못한데
도 어기는 사람이 없다면, 말 한마디가 나라를 잃게 한다는
데 가깝지 않겠습니까?"

13-16 섭공이 정사에 관해 물었다. 선생님께서 말씀하셨다. "가까
운 백성들을 기쁘게 하면, 자연히 멀리 있는 백성들이 찾아
올 것입니다."

13-17 자하가 거보 땅의 읍재가 되어서 정사에 관해 물었다. 선생
님께서 말씀하셨다. "빠른 성과를 얻으려 하지 말 것이며,
작은 이익을 보려고 하지 마라. 빨리 성과를 얻으려고 하면
제대로 달성하지 못하고, 작은 이익을 보려고 하면 큰일을

석해 왔다. 정약용도 이룬다〔遂〕는 뜻으로 풀이했다.

葉公語孔子曰: "吾黨有直躬者, 其父攘羊, 而子證之." 孔子曰: "吾黨之直
者異於是. 父爲子隱, 子爲父隱, 直在其中矣."

直躬(직궁) 정직을 실천하는 사람.　攘(양) 훔치다.

樊遲問仁. 子曰: "居處恭, 執事敬, 與人忠. 雖之夷狄, 不可棄也."

執事(집사) 황간에 따르면 예를 행하면서 일을 집행할 때〔行禮執事時〕를 말한다.

子貢問曰: "何如斯可謂之士矣?" 子曰: "行己有恥, 使於四方, 不辱君命,
可謂士矣." 曰: "敢問其次." 曰: "宗族稱孝焉, 鄉黨稱弟焉." 曰: "敢問其
次." 曰: "言必信, 行必果, 硜硜然小人哉! 抑亦可以爲次矣." 曰: "今之從
政者何如?" 子曰: "噫! 斗筲之人, 何足算也?"

硜硜然(경경연) 융통성 없는 상태를 나타낸다. 정약용에 따르면 경경은 돌소리인데, 스스로
행동하는 것이 거칠지 않아서 마치 돌이 서로 부딪듯 맑은 소리가 나는 것이다. 돌소리는 맑

이루지 못한다."

13-18

섭공이 공자에게 말했다. "우리 고장에 정직한 사람이 있습니다. 그의 아버지가 양을 훔치자, 자식이 그 사실을 알려주었습니다." 공자께서 말씀하셨다. "우리 고장의 정직한 사람은 그와 다릅니다. 아버지는 자식을 위해 숨기며, 자식은 아버지를 위해 숨기니, 정직함이 그 속에 있습니다."

해설

공자는 사람의 순수한 정감이 그대로 표현되는 것을 직(直)으로 보았다. 직은 인간의 본성에서 우러나오는 것으로 자연스러운 것이다. 만약 아들이 아버지의 잘못을 감싸 주지 않고 관가에 고발한다면 불효의 풍속을 조장하게 될 것이다. 이는 직이 아니라 인위적인 것으로 인간의 본성에 맞지 않는다. 유가에서 친친(親親)의 도덕을 얼마나 중시하는지 알 수 있는 대목이다.

13-19

번지가 인(仁)에 관해 물었다. 선생님께서 말씀하셨다. "평소 거처할 적에는 공손히 하며, 일을 맡아 할 적에는 경건히 하며, 남과 사귈 적에는 충성스럽게 하는 것이다. 비록 오랑캐 땅에 간다고 해도 그것을 버려서는 안 될 것이다."

13-20

자공이 물었다. "어떻게 해야 선비라고 일컬을 수 있습니까?" 선생님께서 말씀하셨다. "자신의 행동에 미흡함이 있으면 부끄러워할 줄 알며, 사방에 사신으로 나가서 임무를 완수하여 군명(君命)을 욕되게 하지 않으면 선비라고 말할 수 있다." "감히 그 다음가는 것을 여쭙겠습니다." "일가친척들이 효자라고 칭찬하고, 마을 사람들이 어른 공경할 줄고 분명하니, 선비로서 행동할 때 역시 자신의 소임을 분명하고 맑게 지켜 내는 것이 중요하다는 뜻이다. 斗筲(두소) 두는 한 말의 용량이다. 소는 죽기(竹器)이니, 되가웃(한 되 반쯤)의 용량이다.

子曰: "不得中行而與之, 必也狂·狷乎! 狂者進取, 狷者有所不爲也."

中行(중행) 포함에 따르면 중용의 도에 따라서 행동하는 사람(行能得其中者)이다. 주희에 따르면 중도(中道)이다. 狂(광) 포함은 선도(善道)로 나아가는 사람(進取於善道), 형병은 나아갈 줄 알지만 물러날 줄 모르는 사람(知進而不知退), 주희는 뜻이 지극히 높아서 행동이 과격한 사람(志極高而行不掩), 정약용은 조급하고 멋대로 하기 때문에 나아갈 수 있는 사람(躁而肆故能進取)이라 보았다. 狷(견) 고집스럽다. 포함은 절도를 지켜서 제멋대로 행동하지 않는 사람(守節無爲), 형병은 마땅히 나아가야 하는데도 물러서는 사람(應進而退), 주희는 아는 것은 모자라지만 지키는 것은 잘하는 사람(知未及而守有餘), 정약용은 깨끗하지만 도량이 좁기 때문에 하지 않는 바가 있는 사람(潔而狹, 故能有所不爲)으로 새겼다.

子曰: "南人有言曰: '人而無恒, 不可以作巫醫.' 善夫!" "不恒其德, 或承之羞." 子曰: "不占而已矣."

作巫醫(작무의) 형병은 무가 신과 접해서 사악함을 제거하고, 의는 병의 치료를 주관한다고 했다. 주희는 무가 귀신과 관계하는 사람이고, 의는 생사를 맡기는 사람이라고 구분했다. 이와 달리 양보쥔은 무의를 한 개념으로 보았다. 고대 의사는 대부분 무술(巫術)로 병을 치료했기에 의(醫)의 옛 글자는 의(毉)였다. '작무의'는 대체로 두 가지 뜻으로 해석되어 왔다. 황간의 『논어의소』에 소개된 설로는 항심이 없는 사람은 무와 의가 되어서는 안 된다는 뜻과, 만약 행동을 떳떳하게 하지 않으면 무의가 다스려도 낫지 않는다는 뜻이 있다. 형병은 후자에 안다고 칭찬하는 인물이다." "감히 그 다음가는 것을 여쭙겠습니다." "말은 반드시 믿음직하며, 행동에 과단성이 있기만 하다면 융통성 없는 소인이기는 하지만, 그 다음은 될 만하다." "지금의 정치하는 사람은 어떠합니까?" 선생님께서 말씀하셨다. "아! 슬프다. 한 말 되가웃짜리 사람들을 어찌 따질 필요가 있겠느냐?"

13-21 선생님께서 말씀하셨다. "중용을 실천할 수 있는 사람을 얻어 함께하지 못할 바에는 반드시 광자(狂者)나 견자(狷者)와 함께할 것이다. 광자는 진취적이고, 견자는 부질없는 짓을 하지 않는다."

해설 유가에서 가장 문제로 삼는 것은 무엇이고 하지 못하는 바가 없는 것(無所不爲)이다. 이 글은 하지 못하는 바가 있어야(有所不爲) 한다는 유가적 사고를 잘 보여 준다. 『맹자』「진심 하(盡心下)」 재진(在陳) 장(14-37)의 내용이 이와 대체로 같다.

13-22 선생님께서 말씀하셨다. "남쪽 사람들의 말에 '사람이 항심(恒心)이 없으면 무(巫)나 의(醫)가 되어서는 안 된다.'라고 하니 좋은 말이다. 『역』에서도 '그 덕행을 꾸준하게 하지 못하면 언제나 치욕을 받을 것이다.'라 하였다." 선생님께서 말씀하셨다. "(항심이 없으면) 점쳐지지도 않는다."

해설 항심, 즉 일정하며 변하지 않는 마음의 중요성을 강조한 구절이다. 공자는 항심이 있는 사람이라야 점을 쳐서 길흉을 예측할 텐데, 항심이 없는 사람은 가까운 입장으로, 성품과 행동에 떳떳함이 없는 사람은 무와 의가 치료할 수 없다고 보았다. 不恒其德(불항기덕), 或承之羞(혹승지수) 『주역』 항괘(恒卦)의 구삼(九三) 효사(爻辭). 혹(或)은 상(常)의 뜻이니, 형병은 행동을 떳떳하게(常) 해야 무의가 병을 고친다고 보았다. 정현은 항심이 없는 사람은 『역』에서 점칠 수 없는 바라고 했다. 이에 대해서 정약용은 항심이 없는 사람은 점친 결과의 괘상(卦象)과 그 길흉을 올바르게 살펴 그 점이 계시하는 바를 판단하지 못한다고 설명한다. 不占(불점) 주희는 이 글의 뜻이 분명하지 않다고 한다. 항심이 없으면 점사(占辭)가 제대로 나타나지 않는다는 뜻으로 볼 수 있으며, 점치는 사람뿐 아니라 점치러 가는 사람도 모두 해당된다.

子曰: "君子和而不同, 小人同而不和."

子貢問曰: "鄕人皆好之, 何如?" 子曰: "未可也." "鄕人皆惡之, 何如?" 子曰: "未可也. 不如鄕人之善者好之, 其不善者惡之."

점을 쳐도 욕을 보기가 쉬울 뿐 길흉의 결과는 예측하기 어려우므로 '점쳐지지 않는다'고 한 것이다.

13-23   선생님께서 말씀하셨다. "군자는 화합하나 부화뇌동하지 않는다. 소인은 부화뇌동하나 화합하지 못한다."

해설   『춘추좌전』 소공(昭公) 20년을 보면 안자(晏子)와 제후(齊侯)가 화(和)와 동(同)의 다른 점을 논하고 있다. 임금이 가하다고 하지만 부당함이 있다면 신하가 부당함을 말씀 올려서 가함을 잘 이루게 하는 것이 화(和)이며, 임금이 가하다고 하면 가하다고 말하고 임금이 부당하다고 하면 부당하다고 말하는 것이 동(同)이라고 했다. 또 하안에 따르면 군자는 마음이 평화로우나 그가 보는 바는 각각 다르기 때문에 부동이며, 소인은 기호가 같지만 각기 이익을 다투기 때문에 불화하게 된다.

13-24   자공이 물었다. "마을 사람들이 그를 모두 좋아한다면 어떻습니까?" 선생님께서 말씀하셨다. "아직 안 된다." "마을 사람들이 그를 모두 미워한다면 어떻습니까?" "아직 안 된다. 마을 사람 가운데 선한 사람은 그를 좋아하고, 그 가운데 선하지 못한 사람은 그를 미워하는 것만 못하다."

子曰: "君子易事而難說也. 說之不以道, 不說也. 及其使人也, 器之. 小人難事而易說也. 說之雖不以道, 說也. 及其使人也, 求備焉."

子曰: "君子泰而不驕, 小人驕而不泰."

泰(태) 정약용에 따르면 마음이 충실해서 밖에서 구하지 않는다〔內實而無求於外〕는 뜻이다.
驕(교) 정약용은 마음이 부실해서 바깥으로 기를 부린다〔內虛而使氣於外〕고 보았다.

子曰: "剛·毅·木·訥近仁."

剛(강) 왕숙에 따르면 욕심이 없는 것이다.   毅(의) 왕숙에 따르면 과감한 것이다. 정약용은
의로움을 강하게 지킨다〔執守之强〕고 보았다.   木(목) 왕숙에 따르면 질박한 것이다.   訥(눌)
왕숙에 따르면 느리고 더딘 것이다.

해설   공안국에 따르면 선한 사람들이 자기를 좋아하고 악한 사람들이 자기를 미워하는 것은 선을 좋아하고 악을 미워함이 분명하게 나타난 것이다. 주희는 다음과 같이 풀었다. "나쁜 사람이 그를 미워하지 않는다면 반드시 거기에는 야합한 행실이 있었을 것이며, 착한 사람이 그를 좋아하지 않는다면 반드시 거기에는 좋아할 만한 행실이 없었을 것이다."

13-25   선생님께서 말씀하셨다. "군자는 섬기기는 쉽지만 기쁘게 하기는 어려우니, 도(道)로써 기쁘게 하지 않으면 기뻐하지 않는다. 그가 사람을 부릴 때에는 각자 그릇에 맞게 쓴다. 소인은 섬기기는 어렵지만 기쁘게 하기는 쉬우니, 비록 도로써 기쁘게 하지 않더라도 기뻐한다. 그가 사람을 부릴 때에는 갖은 짓을 다 해 주기를 요구한다.

13-26   선생님께서 말씀하셨다. "군자는 태평하되 교만하지 않으며, 소인은 교만하되 태평하지 않다."

13-27   선생님께서 말씀하셨다. "강직하고, 굳세고, 질박하고, 어눌한 것이 인(仁)에 가깝다."

해설   이 구절은 공자가 강조한 인의 실상으로 자주 언급되는 부분이다. 황간의 설을 따라 풀이하면 인한 사람은 성품에 욕심이 없어 고요하므로 강하고, 의로운 일에 용감하므로 굳세고, 허식을 숭상하지 않으므로 질박하고, 말을 함부로 하지 않으므로 어눌하다.

子路問曰: "何如斯可謂之士矣?" 子曰: "切切偲偲, 怡怡如也, 可謂士矣. 朋友切切偲偲, 兄弟怡怡."

切切偲偲(절절시시) '시'는 살피고 힘쓰는 모양이다. 마음에 따르면 서로 간절하게 선을 권면하는 모습(相切責之貌)이다. 怡怡(이이) 마음에 따르면 화순(和順)한 모습이다.

子曰: "善人教民七年, 亦可以卽戎矣."

善人(선인) 형병은 군자, 황간은 현인, 정약용은 그 일을 잘하는 사람(善於其事者)이라고 했다. 敎(교) 주희는 효제충신(孝弟忠信)의 행(行)과 무농강무(務農講武, 농업에 힘쓰고 군사력을 갖춤)의 법으로써 가르치는 것이라고 새겼다. 정약용은 인의로써 가르쳐 아랫사람이 윗사람을 가까이하고(親上) 수장을 위해 죽을 줄(死長) 알게 하고, 무용(武勇)으로써 가르쳐 앉아 있는 것과 일어나는 것(坐作), 나아가는 것과 물러나는 것(進退)의 법을 알게 하는 것이라고 풀었다. 卽戎(즉융) 포함에 따르면 싸움터에 나아가게 한다는 뜻이다.

子曰: "以不教民戰, 是謂棄之."

13-28 　자로가 물었다. "어떠해야 선비라고 말할 수 있습니까?" 선생님께서 말씀하셨다. "간절하고 진지하게 선을 권하고, 또한 (서로 함께) 사이좋게 즐긴다면 선비라고 말할 수 있다. 붕우에게는 간절하고 진지하게 선을 권하고, 형제와는 (서로 함께) 사이좋게 즐겨야 한다.

13-29 　선생님께서 말씀하셨다. "선인이 7년 동안 백성을 가르치면, 백성을 전쟁하러 나아가게 할 수 있을 것이다."

13-30 　선생님께서 말씀하셨다. "가르치지 않은 백성을 데리고 전쟁한다면, 이는 백성을 버리는 짓이라고 한다."

14 헌문
憲問

이 편은 모두 47장이다. 첫 장에서 제자 원헌(原憲)은 공자에게 벼슬하는 방법에 대하여 묻는다. 공자는 학문은 관리가 되는 문이라고 생각했다. 「선진」, 「안연」, 「자로」 편에는 제자들의 학문과 덕행에 대한 언급이 많다. 그래서 벼슬하는 방법을 말한 「헌문」을 그 뒤에 두었다. 편 가운데 "옛날의 학자들은 자신을 충실히 하기 위해 공부했고, 오늘날의 학자들은 남에게 인정받기 위해 공부한다."라고 한 말은 관리가 되기 이전에 사람이 되어야 한다는 위기지학(爲己之學)에 대한 언명이다. "인한 사람은 근심하지 않고, 지혜로운 사람은 의혹하지 않고, 용기 있는 사람은 두려워하지 않는다."라는 말은 공정해야 할 관리의 기본 자세를 말한 것이며, "남이 나를 알아주지 않는 것을 근심하지 말고, 자기가 능력이 없음을 걱정해라."라는 말은 관리 본연의 자세에 충실할 것을 말한 것이라고 하겠다.

憲問恥. 子曰: "邦有道, 穀. 邦無道, 穀, 恥也."

憲(헌) 공자의 제자 원헌. 「옹야」 6-4에 등장하는 원사(原思)와 같은 사람이다. 穀(곡) 공안국에 따르면 녹, 봉록이라는 뜻으로, 관리에게 곡식을 봉록으로 주었기 때문에 곡이라고 했다. 벼슬한다는 뜻이다. 恥(치) 공안국에 따르면 나라에 도가 있을 때는 마땅히 벼슬해야 하지만 임금이 무도한데도 벼슬하는 것은 부끄러운 일이다. 주희에 따르면 나라에 도가 있을 때하는 일 없이 녹만 먹는 일이나, 나라에 도가 없을 때 벼슬에서 물러나 도를 지키지 못하고 녹만 먹는 것 모두가 부끄러운 일이다. 정약용은 나라에 도가 있을 때도 벼슬하고 나라에 도가없을 때도 벼슬하는 것은 부끄러운 일이라고 했다. 벼슬할 때 벼슬하고 그만두어야 할 때 그만두어야 한다는 말이다.

"克·伐·怨·欲不行焉, 可以爲仁矣?" 子曰: "可以爲難矣, 仁則吾不知也."

克(극)·伐(벌)·怨(원)·欲(욕) 정약용은 서로 다른 네 가지 일이 아니라, 원망하고 욕심내는〔怨欲〕 씨앗이 싹트지 못하도록 하는 것〔克伐〕이라고 했다. 이는 극기(克己)에는 해당하지만복례(復禮)까지는 이르지 못하는 것이므로 인이라고 보기 어렵다는 관점이다.

子曰: "士而懷居, 不足以爲士矣."

子曰: "邦有道, 危言危行. 邦無道, 危行言孫."

危(위) 포함은 려(厲), 곧 엄숙, 엄함이라 했다. 주희는 높고 준엄하다〔高峻〕라 설명했지만, 양보쥔은 왕념손의 『광아소증』을 인용해 정당함〔正〕이라 했다. 여기에서는 포함과 왕념손을 따랐다.

子曰: "有德者必有言, 有言者不必有德. 仁者必有勇, 勇者不必有仁."

헌이 부끄러운 일에 관해 물었다. 선생님께서 말씀하셨다. "나라에 도가 있을 때는 벼슬하는 것이 괜찮지만, 나라에 도가 없을 때 벼슬하는 것은 부끄러운 일이다."

"남을 이기기 좋아하거나, 자기 공을 자랑하거나, 남을 원망하거나, 욕심내는 짓을 하지 않는다면 인하다고 할 수 있습니까?" 선생님께서 말씀하셨다. "어려운 일이라고 할 수 있겠지만 인한지는 나는 모르겠다."

선생님께서 말씀하셨다. "선비가 편안히 사는 데만 마음을 둔다면 선비가 되기에 부족하다."

선생님께서 말씀하셨다. "나라에 도가 있으면 말과 행동을 엄정하게 하고, 나라에 도가 없으면 행동은 엄정하게 하되 말은 겸손하게 한다."

선생님께서 말씀하셨다. "덕이 있는 사람은 반드시 도리에 맞는 말을 하지만, 말을 잘하는 사람이 반드시 덕이 있는

南宮适問於孔子曰: "羿善射, 奡盪舟, 俱不得其死然. 禹·稷躬稼而有天下." 夫子不答. 南宮适出, 子曰: "君子哉若人! 尙德哉若人!"

南宮适(남궁괄) 공안국에 따르면 노나라 대부 남궁경숙(南宮敬叔)이다. 형병에 따르면 남궁도(南宮縚)로, 자는 자용(子容)이다. 정현의 『예기』「단궁」주에서는 경숙이 노나라 맹희자(孟僖子)의 아들인 중손열(仲孫閱)이라고 했으니, 이 사람이 남궁괄이다. 羿(예) 공안국에 따르면 유궁국(有窮國)의 임금으로, 하후(夏后) 상(相)의 지위를 찬탈했지만 그 신하인 한착(寒浞)에게 죽임당했다. 奡(오) 주희에 따르면 『춘추좌전』에서 말하는 요(澆)다. 그러나 정약용은 요임금의 아들인 단주(丹朱)의 무리라고 했다. 공안국에 따르면 오는 힘이 세서 육지에서 배를 움직일 수 있었는데〔多力能陸地行舟〕나중에 소강(少康)에게 죽었다. 盪舟(탕주) 고염무(顧炎武)의 『일지록』에서는 배를 잘 뒤집는 것, 즉 수전에 능한 것이라고 했다.

子曰: "君子而不仁者有矣夫, 未有小人而仁者也."

子曰: "愛之, 能勿勞乎? 忠焉, 能勿誨乎?"

愛之, 能勿勞乎(애지, 능물로호) 공안국에 따르면 "사랑하는 사람을 맞이해 수고를 위로한다."이다. 여기에서는 주희의 번역을 따랐다.

子曰: "爲命, 裨諶草創之, 世叔討論之, 行人子羽修飾之, 東里子産潤色之."

命(명) 외교관이 지니는 외교 문서. 황간은 제후들이 회맹(會盟)할 때 정(鄭)나라에서 자국의 일을 기록한 글이라고 했다. 정약용은 '사(辭)'가 사신이 독자적으로 판단해서 대답하는 것은 아니다. 인한 사람은 반드시 용기가 있지만, 용기 있는 사람이 반드시 인한 것은 아니다."

14-6   남궁괄이 공자께 여쭈었다. "예(羿)는 활을 잘 쏘았고, 오(奡)는 땅에서 배를 밀 수 있는 힘이 있었으나, 모두 제명에 죽지 못했습니다. 그러나 우(禹)와 직(稷)은 몸소 농사를 지었지만 천하를 가지게 되었습니다." 선생님께서 대답하지 않으셨다. 남궁괄이 나가자 선생님께서 말씀하셨다. "군자로구나, 이 사람은! 덕을 숭상하는구나, 이 사람은!"

해설   남궁괄은 무력으로 천하를 빼앗았다가 몰락한 예와 오의 사례를 들어 당시 세도가들을 풍자했다. 공자는 마음속으로는 그 뜻을 알면서도 겉으로 표현하지 않다가 그가 돌아가자 군자라고 칭찬했다. 아마 통치 계층 가운데에도 이러한 군자가 있음을 보고 기뻐한 것이리라.

14-7   선생님께서 말씀하셨다. "군자이면서 인하지 못한 사람은 있을지언정 소인으로서 인한 사람은 아직 없다."

14-8   선생님께서 말씀하셨다. "사랑한다고 하여, 어찌 고생시키지 않을 수 있겠는가? 충심으로 대한다면, 어찌 가르쳐 주고 싶은 마음이 없겠는가?"

14-9   선생님께서 말씀하셨다. "(정나라에서는) 외교 문서를 만들 때에 비심이 초고를 작성하고, 세숙이 그것을 검토하고, 외교관 자우가 수정 보완하고, 동리 자산이 윤문했다."

〔專對〕 언어라면, '명'은 사신이 자국의 임금에게 받아서 가져가는〔受賣〕 글이라고 주석했다. 『춘추공양전(春秋公羊傳)』에서는 "빙례에 대부는 명은 받지만 사는 받지 않는다.〔大夫受命 不受辭〕"라 했다. 裨諶(비심) 정나라 대부. 주희는 '비심'이라고 읽었는데, '비침'이라고도 읽는다. 世叔(세숙) 정나라 대부 유길(游吉)로, 『춘추좌전』의 자태숙(子大叔)과 같은 사람이다. 討論(토론) 황간에 따르면 토(討)는 치(治), 논(論)은 평(評)이다. 오늘날의 토론과는 달리 어느 한 사람이 깊이 연구하고 검토해 의견을 제시하는 것이다. 行人(행인) 마융에 따르면 각국에서 온 외교관을 수행하는 절차를 관장하는 관직으로, 지금의 의전 담당관에 해당한다. 형병에 따르면 『주례』「추관(秋官)」에 대행인(大行人)과 소행인(小行人)이 있다. 행인이란 제후가 천자에게 조회하거나 회동하는 예를 관장하는 관리〔掌朝觀會同之禮〕다. 子羽(자우) 공손휘(公孫揮). 修飾(수식) 정약용에 따르면 '수'는 깎아 내고 고치는 것〔刪改〕, '식'은 보충해 더하는 것〔補益〕이다. 東里(동리) 자산이 동리에 살았기 때문에 붙은 호다. 潤色(윤색) 윤문을 뜻한다.

或問子産. 子曰: "惠人也." 問子西. 曰: "彼哉! 彼哉!" 問管仲. 曰: "人也. 奪伯氏騈邑三百, 飯疏食, 沒齒無怨言."

子西(자서) 마융은 정나라의 대부라고 하면서, 초나라의 영윤인 자서라는 설도 소개했다. 황간에 따르면 정나라 대부인 공손하(公孫夏)다. 奪(탈) 공안국은 탈, 즉 '빼앗다'의 주체를 관중으로 보았으나, 주희는 환공(桓公)이라고 보았다. 주희는 『순자』「중니(仲尼)」 편의 구절을 근거로 삼았다. "제나라 환공이 그에게 서사(書社) 300호를 주었는데도 부자들이 감히 막는 사람들이 없었다.〔齊桓公, …… 與之書社三百, 而富人莫之敢拒者〕" 伯氏(백씨) 제나라의 대부로, 권문세가이므로 백씨라고 낮춰 불렀다. 騈邑(병읍) 오늘날 중국 산동 성에 있는 땅이름이다.

子曰: "貧而無怨難, 富而無驕易."

정나라는 중원의 선진국이었다. 공자는 외교 문서 하나에도 성의를 다한 정
나라의 본보기를 들어 제자들을 가르쳤다.

14·10   어떤 사람이 자산에 관해 물었다. 선생님께서 말씀하셨다.
"은혜를 베풀 줄 아는 사람이다." 자서에 관해 물으니 말씀
하셨다. "그저 그런 사람이다." 관중에 관해 물으니 말씀하
셨다. "인물이다. 그가 백씨의 채지인 병읍 300호를 빼앗았
는데, 그것 때문에 백씨가 거친 밥을 먹으며 일생을 마치게
되었지만, 관중을 원망하는 말이 없었다."

14·11   선생님께서 말씀하셨다. "가난하면서 원망하지 않기는 어려
워도, 부유하면서 교만하지 않기는 오히려 쉽다."

子曰: "孟公綽爲趙·魏老則優, 不可以爲滕·薛大夫."

孟公綽(맹공작) 노나라 대부. 趙·魏(조·위) 모두 진나라의 경이다. 老(노) 공안국은 가신(家臣), 주희는 가신의 우두머리라고 했다.

子路問成人. 子曰: "若臧武仲之知, 公綽之不欲, 卞莊子之勇, 冉求之藝, 文之以禮樂, 亦可以爲成人矣." 曰: "今之成人者何必然? 見利思義, 見危授命, 久要不忘平生之言, 亦可以爲成人矣."

成人(성인) 주희는 전인(全人)이라고 했는데, 인격이 완성된 사람을 뜻한다. 臧武仲(장무중) 노나라 대부 장손흘(臧孫紇). 장문중의 손자이며 장선숙(臧宣叔)의 아들이다. 不欲(불욕) 공안국에 따르면 맹공작은 성품이 과욕(寡欲)했다고 하므로 불욕을 과욕으로 풀이했다. 卞莊子(변장자) 노나라 변읍의 대부. 久要不忘平生之言(구요불망평생지언) 양보쥔은 양우부(楊遇夫)의 『적미거소학술림(積微居小學述林)』에 근거해 '요(要)'는 약(約)의 가차자로 곤궁이라는 뜻이 있다고 보았다. 공안국에 따르면 '요'는 구약(舊約)이니, 젊은 시절에 한 오래된 약속이다. 형병에 따르면 '젊은 시절에 남과 했던 약속을 나이 들고 출세해서도 잊지 않는 선생님께서 말씀하셨다. "맹공작은 진나라의 조씨와 위씨의 가신 노릇을 하면 잘 해낼 수 있지만, 등나라나 설나라의 대부 노릇 하기는 어려울 것이다."

해설

공자는 맹공작이 노나라의 대부이지만 진나라같이 큰 나라에서는 가신밖에 할 수 없고, 등이나 설과 같은 작은 나라에서도 경대부는 할 수 없는 인물이라고 보았다. 맹공작은 욕심이 적어서 가신은 할 수 있으나, 정치가로서 능력은 부족함을 말한 것이다. 정약용의 관점이 이와 비슷하다. 정약용에 따르면 맹공작은 자질구레한 일을 잘 처리하는 능력은 있지만, 작은 나라일지라도 경대부가 될 만한 체모는 없다는 것이다. 그러므로 공자의 말에는 그를 비하하는 뜻이 담겨 있다. 그러나 공안국은 다른 관점을 보인다. 그에 따르면 큰 나라에는 현인이 많기 때문에 가신으로서 맡을 일이 번잡하지 않으나, 등과 설처럼 작은 나라에는 현인이 적어서 일이 번잡할 것이기에 경대부 노릇 하기도 쉽지 않다는 의미다.

14-13

자로가 인격이 완성된 사람에 관해 물으니, 선생님께서 말씀하셨다. "장무중 같은 지혜와 맹공작 같은 과욕과 변읍의 장자 같은 용기와 염구 같은 재주에, 예악으로써 격식을 갖추면 인격이 완성된 사람이라고 할 수 있다." 다시 말씀하셨다. "오늘날 인격이 완성된 사람은 그렇게 할 필요까지야 있겠는가? 이익을 보면 의를 생각하고, 위태로움을 보면 신명을 다 바치며, 오랫동안 곤궁하게 살더라도 젊은 시절의 약속을 잊지 않는다면 인격이 완성된 사람이라고 할 수 있을 것이다."

다'는 뜻이다. '평생'에 대해 공안국은 젊은 때〔少時〕, 주희는 평일(平日)이라고 했다.

子問公叔文子於公明賈曰: "信乎, 夫子不言不笑不取乎?" 公明賈對曰: "以告者過也. 夫子時然後言, 人不厭其言. 樂然後笑, 人不厭其笑. 義然後取, 人不厭其取." 子曰: "其然? 豈其然乎?"

公叔文子(공숙문자) 공안국은 위(衛)나라 대부 공손발(公孫拔)이라고 했다. 형병은 공손지라고 했다. '문'은 공손지의 시호다. 公明賈(공명가) 공명은 성, 가는 이름이다. 정약용은 당시 공숙문자의 가신이거나 제자라고 썼다. 不言不笑不取(불언불소불취) 말해야 할 때만 말하고, 즐거울 때만 웃으며, 의에 맞을 때만 취하는 것을 역설적으로 표현한 것이다.

子曰: "臧武仲以防求爲後於魯, 雖曰不要君, 吾不信也."

防(방) 장무중의 고읍(故邑)이다. 爲後(위후) 후계자를 세우는 일. 要(요) 요협(要脅), 곧 체력이나 세력을 믿고 남을 으르는 것이다. 여기에서는 '압력을 가하다'로 해석했다.

子曰: "晉文公譎而不正, 齊桓公正而不譎."

譎(휼) 간사하다.

子路曰: "桓公殺公子糾, 召忽死之, 管仲不死. 曰未仁乎?" 子曰: "桓公九

　호인(胡寅)에 따르면 뒷부분은 자로의 말이다. 주희의 주석과 다르다.

14-14　선생님께서 공명가에게 공숙문자에 관해 물었다. "정말인가? 그분께서는 말하지도 않고, 웃지도 않고, 취하지도 않으시는가?" 공명가가 대답했다. "전해 준 사람의 말이 지나쳤기 때문입니다. 그분께서는 때가 된 다음에야 말하니 남들이 그 말을 싫어하지 않고, 즐거울 때라야 웃으니 남들이 그 웃음을 싫어하지 않고, 마땅해야 취하니 남들이 그 취함을 싫어하지 않습니다." 선생님께서 말씀하셨다. "그런가? 설마 그러려고?"

14-15　선생님께서 말씀하셨다. "장무중은 자신의 영지인 방 땅을 근거지로 해서 노나라에 그의 후계자를 경대부로 삼아 주기를 요구했으니, 비록 임금에게 압력을 가한 것은 아니라고 말하는 사람이 있지만, 나는 믿지 않는다."

해설　장무중은 죄를 얻어서 주(邾)나라로 달아났다가 방읍으로 가서, 자신의 사람을 후계자로 세워 주면 방읍에서 떠나겠다고 했다. 만일 요청을 들어주지 않으면 방읍을 점거해 반란을 일으키겠다는 뜻을 보였으니, 이는 임금을 협박한 것이다.

14-16　선생님께서 말씀하셨다. "진 문공은 간사하면서 바르지 않고, 제 환공은 바르면서 속이지 않는다."

14-17　자로가 물었다. "환공이 공자 규를 죽이자 소홀은 죽었는데

合諸侯, 不以兵車, 管仲之力也. 如其仁, 如其仁."

九合(구합) 『춘추좌전』 장공(莊公) 8~9년에는 '구(九)'가 '규(糾)'로 되어 있다.

子貢曰: "管仲非仁者與? 桓公殺公子糾, 不能死, 又相之." 子曰: "管仲相桓公, 霸諸侯, 一匡天下, 民到于今受其賜. 微管仲, 吾其被髮左衽矣. 豈若匹夫匹婦之爲諒也, 自經於溝瀆而莫之知也?"

微(미) '만일 ~이 없다면'으로, 사실과 상반되는 가정을 표현할 때 사용된다. 被髮左衽(피발좌임) 머리를 산발하고 옷섶을 왼쪽으로 여미는 것. 북방 오랑캐의 풍습을 말한다. 諒(량) 믿다. 주희는 작은 신의(小信)라고 했다. 自經(자경) '경'은 목매다(縊)이다. 溝瀆(구독) 논밭 사이에 난 도랑.

관중은 죽지 않았으니, 관중은 인하지 않다고 하겠습니까?"
선생님께서 말씀하셨다. "환공은 제후를 여러 차례 모아 맹
약을 맺었는데, 무력을 쓰지 않은 것은 관중의 힘이었다. 누
가 그만큼 인하겠는가? 누가 그만큼 인하겠는가?"

해설   제나라 양공(襄公)이 내란으로 죽었을 때, 타국에 있던 공자 규와 소백(小
白)이 귀국해 왕위를 계승하려 했다. 소백이 먼저 돌아와 환공이 된 다음 형
인 규를 죽였다. 이때 규를 보좌했던 소홀은 함께 죽었지만, 관중은 살아남
아 환공의 재상이 되었다. 단순한 정의파였던 자로는 이러한 관중의 행위를
변절로 생각했던 듯하다. 그러나 공자는 관중의 공로를 들어 자로의 주장을
부정했다. 규와 소백이 모두 양공의 아들이었으므로 누가 군주의 자리에 오
르든 명분에 어긋나지 않으며, 신하로서는 군주가 누구이든 잘 섬겨 국가를
융성하게 하고 백성을 잘살게 하는 것이 훨씬 중요하다고 여겼기 때문일 것
이다. 공자는 규를 따라 죽은 소홀의 작은 절의보다는 관중이 국가와 백성
에게 끼친 혜택을 더 높이 샀다.

14-18   자공이 말했다. "관중은 인한 사람이 아닐 것입니다. 환공
이 공자 규를 죽일 때 따라 죽지 못하고, 게다가 환공을 돕
지 않았습니까?" 선생님께서 말씀하셨다. "관중이 환공을
도와 제후의 패자가 되게 해서 천하 일체가 모두 바르게 되
니, 백성들이 오늘에 이르도록 그 은혜를 입었다. 관중이 아
니었다면, 우리들은 아마 머리를 묶지 않고 옷깃을 왼쪽으
로 여미는 오랑캐가 되었을 것이다. 어찌 일반 서민들처럼
작은 신의에 얽매여, 도랑에서 스스로 목매어 죽어도 아는
사람이 없게 하겠는가?"

公叔文子之臣大夫僎與文子同升諸公. 子聞之, 曰: "可以爲文矣."

僎(선) 선은 본래 공숙문자의 가신이었다가 그의 천거로 대부가 되었다. 公(공) 조정을 뜻한다. 文(문) 문자의 시호가 문(文)인 것에 대해서는 「공야장」 5-15를 참조하라.

子言衛靈公之無道也, 康子曰: "夫如是, 奚而不喪?" 孔子曰: "仲叔圉治賓客, 祝鮀治宗廟, 王孫賈治軍旅. 夫如是, 奚其喪?"

仲叔圉(중숙어) 공문자를 가리킨다.

子曰: "其言之不怍, 則爲之也難."

怍(작) 부끄러워하다.

이 글은 공자도 화이(華夷)를 구별했다고 주장하는 사람들이 자주 인용하는 문장이다. 한족(漢族)은 머리를 묶고 관을 쓰는 풍속이 있는데, 오랑캐는 이와 다르다고 보았다는 것이다.

14-19   공숙문자의 가신인 대부 선이 (문자의 추천으로) 문자와 함께 위나라 조정에서 벼슬하게 되었다. 선생님께서 듣고 말씀하셨다. "시호를 문이라고 할 만하다."

14-20   선생님께서 위 영공의 무도함에 관해 말씀하시니, 강자가 말했다. "대저 이와 같이 한다면, 어찌 망하지 않겠습니까?" 공자께서 말씀하셨다. "중숙어는 빈객을 잘 접대하고, 축타는 종묘의 제사 일을 잘 관장하고, 왕손가는 군사 일을 잘 돌봅니다. 대저 이와 같이 하는데, 어찌 그 나라를 망치겠습니까?"

14-21   선생님께서 말씀하셨다. "말을 부끄럽지 않게 하는 것, 그렇게 한다는 것은 어렵다."

해설   번역은 마음의 주석에 따랐다. 겉으로 꺼내는 말이 부끄럽지 않으려면 내면을 충실하게 하는 것이 선행되어야 한다. 『대학』에서 "마음속에 성실함이 가득하면 몸 밖으로 나타난다.〔誠於中形於外〕"라고 한 것처럼 오히려 어눌함이 필요한 것이다. 그러므로 "위지(爲之)"의 지는 "언지불작(言之不怍)"을 가리킨다. 반면 주희는 "말하는 것을 부끄러워하지 않으면, 그것을 행하는 것이 어렵다."라고 풀이했다. 다시 말해 호언장담하는 것을 부끄러워할 줄 모른다면 그 말은 실행하기 어렵다는 뜻이다.

陳成子弑簡公. 孔子沐浴而朝, 告於哀公曰: "陳恒弑其君, 請討之." 公曰: "告夫三子." 孔子曰: "以吾從大夫之後, 不敢不告也. 君曰'告夫三子'者." 之三子告, 不可. 孔子曰: "以吾從大夫之後, 不敢不告也."

陳成子(진성자) 제나라 대부 진항. 簡公(간공) 제나라 임금으로 이름은 임(壬)이다. 三子(삼자) 맹손, 숙손, 계손을 말한다. 당시 정치가 이들 삼가(三家)의 손에 달려 있었으므로 애공은 공자더러 그들에게 말하라고 시켰다.

子路問事君. 子曰: "勿欺也, 而犯之."

犯(범) 윗사람의 안색에 개의치 않고 잘못을 지적하는 일.

子曰: "君子上達, 小人下達."

진성자가 간공을 시해하니, 공자께서 목욕하신 다음 조정에 들어가 애공을 뵙고 아뢰었다. "진항이 그 임금을 시해했으니 청컨대 토벌하십시오." 애공이 말했다. "저들 맹손, 숙손, 계손 세 사람에게 말해라." 공자께서 말씀하셨다. "내가 대부의 자리를 차지한 이상 감히 아뢰지 않을 수 없었는데, 임금께서는 '저 세 사람에게 말하라'고 하시는구나." 세 사람에게 가서 말하니 불가하다고 했다. 공자께서 말씀하셨다. "내가 대부의 자리를 차지한 이상 감히 아뢰지 않을 수가 없었다."

해설 이 사건에 관련해 『춘추좌전』 애공 14년 6월 갑오(甲午)에 기사가 있다. 기원전 481년 진항이 자기 군주인 간공을 시해했다. 이때 공자는 72세의 나이에도 목욕까지 하고 입궐해 애공에게 군대를 일으키기를 간청했다. 그러나 실권이 없었던 애공은 맹손, 숙손, 계손과 교섭하도록 미루었고, 그들은 공자가 찾아갔지만 말을 들어주지 않았다. 공자는 노나라에서 일어난 사건이 아니었음에도 사회 질서가 무너지는 것을 염려한 나머지 나섰던 것이다.

14-23 자로가 임금 섬기는 일에 대해 묻자 선생님께서 말씀하셨다. "속이지 말아야 하며, (허물이 있으면) 숨기지 말고 직언해라."

14-24 선생님께서 말씀하셨다. "군자는 위로 통달하고, 소인은 아래로 통달한다."

해설 하안은 근본에 도달하는 것이 상달(上達)이고 지엽적인 데 도달하는 것이

子曰: "古之學者爲己, 今之學者爲人."

爲己(위기) 정자는 자기가 그것을 터득하고자 하는 일[欲得之於己]이라고 했다. 爲人(위인) 정자가 남에게 알려지게 하려는 것[欲見知於人]이라고 했다면, 정약용은 남에게 도움을 주는 것[益於人]이라고 했으니 위(爲)를 조(助)로 해석한 것이다.

蘧伯玉使人於孔子. 孔子與之坐而問焉, 曰: "夫子何爲?" 對曰: "夫子欲寡其過而未能也." 使者出. 子曰: "使乎! 使乎!"

蘧伯玉(거백옥) 위나라 대부 거원(蘧瑗)으로, 호가 백옥이다. 공자가 깊이 사귄 사람으로 위나라에 있을 때 공자는 그의 집에 머물렀다. 거백옥은 되도록 잘못을 적게 하려고 애썼던 사람이다. 『회남자』「원도훈(原道訓)」에 따르면 거백옥은 나이 50살에 지난 49년 동안의 잘못을 알았고, 『장자』「칙양(則陽)」에는 60살이 될 때까지 60번 고쳤다고 한다.

子曰: "不在其位, 不謀其政." 曾子曰: "君子思不出其位."

子曰: "君子恥其言而過其行."

而(이) 황간본에는 지(之)라고 되어 있다. 반면 주희에 따르면 "군자는 그 말하는 것을 조심스럽게 하고, 그 행하는 것은 지나치리만큼 한다."라고 해서 이(而)가 '그리고'로 번역된다.

하달(下達)이라고 보았으며, 황간은 인의에 도달하는 것이 상달, 재물과 이익을 추구하는 것이 하달이라고 했다. 인의를 본으로, 재물과 이익을 말로 본다면 두 설이 다른 내용이 아니다.

14-25   선생님께서 말씀하셨다. "옛날의 학자들은 자신을 충실히 하기 위해 공부했고, 오늘날의 학자들은 남에게 인정받기 위해 공부한다."

14-26   거백옥이 공자께 사람을 보냈다. 공자께서 그와 함께 앉아서 물으셨다. "그분께서는 무엇을 하시는가?" (그 사람이) 대답했다. "저희 선생님께서는 허물을 적게 하려고 하십니다만, 아직 그렇게 못하시는 것 같습니다." 심부름 온 사람이 나가자 공자께서 말씀하셨다. "심부름을 잘하는구나! 심부름을 잘하는구나!"

14-27   선생님께서 말씀하셨다. "그 자리에 있지 않으면, 그 정사를 도모하지 않는다." 증자가 말했다. "군자는 그 직위를 넘어서는 일까지 생각하지 않는다."

해설   형병은 이 구절을 하나로 묶었으나, 주희는 둘로 나누었다.

14-28   선생님께서 말씀하셨다. "군자는 그의 말이 그의 실천보다 넘치는 것을 부끄러워한다."

子曰: "君子道者三, 我無能焉: 仁者不憂, 知者不惑, 勇者不懼." 子貢曰:
"夫子自道也."

子貢方人. 子曰: "賜也賢乎哉? 夫我則不暇."

方(방) 주희는 인물의 장단점을 비교해 논평하는 것, 정현은 남의 과오를 말하는 것이라고 했
다. 哉(재) 황간본에는 아(我)라고 되어 있는데, 이에 따르면 "사야, 너는 나보다 현명하구
나."로 번역된다. 暇(가) 한가하다. 여기에서 한가하지 않다는 것은 남들을 비교하며 논할 겨
를이 없다는 뜻이다.

子曰: "不患人之不己知, 患其不能也."

子曰: "不逆詐, 不億不信, 抑亦先覺者, 是賢乎!"

逆(역) 주희에 따르면 일이 닥치기도 전에 그것을 맞이하는 것[未至而迎之也]이니, 미리 넘
겨짚는 것을 뜻한다. 億(억) 주희에 따르면 일이 생기기도 전에 미리 추측하는 것[未見而意
之也]이다.

微生畝謂孔子曰: "丘何爲是栖栖者與? 無乃爲佞乎?" 孔子曰: "非敢爲佞
也, 疾固也."

微生畝(미생무) 미생은 성, 무는 이름이다. 은자인데 공자보다 연상이었던 듯하다. 栖栖(서
서) 형병은 황급한 모양[皇皇], 주희는 세상에 대해 연연하는 것[依依]이라고 보았다.

14-29 선생님께서 말씀하셨다. "군자의 도가 셋인데 나는 그 가운데 하나도 제대로 실천하지 못하고 있다. 인한 사람은 근심하지 않고, 지혜로운 사람은 의혹하지 않고, 용기 있는 사람은 두려워하지 않는다." 자공이 말했다. "선생님께서 자신에 대해 말씀하신 것이다."

14-30 자공이 사람을 비교해 논평하니, 선생님께서 말씀하셨다. "사야, 자네는 현명한가? 나는 그렇게 한가하지 않다."

14-31 선생님께서 말씀하셨다. "남이 나를 알아주지 않는 것을 근심하지 말고, 자기가 능력이 없음을 걱정해라."

14-32 선생님께서 말씀하셨다. "남이 자기를 속일 것이라고 미리 넘겨짚지 말고, 남이 자기를 믿지 않을 것이라고 추측하지 마라. 그럼에도 남보다 먼저 알아채는 것이 현명할진저!"

14-33 미생무가 공자께 말했다. "구는 무엇 때문에 그리도 황급하게 돌아다니는가? 말재간이나 부리려는 것이 아닐까?" 공자께서 말씀하셨다. "감히 말주변으로 속이려는 것이 아니라, 세상 사람의 고루함을 싫어하는 것입니다."

子曰: "驥不稱其力, 稱其德也."

或曰: "以德報怨, 何如?" 子曰: "何以報德? 以直報怨, 以德報德."

子曰: "莫我知也夫!" 子貢曰: "何爲其莫知子也?" 子曰: "不怨天, 不尤人, 下學而上達. 知我者其天乎!"

14-34 선생님께서 말씀하셨다. "기(驥)라는 천리마를 좋은 말이라고 하는 것은 그 힘을 칭찬하는 것이 아니고, 그 덕을 칭찬하는 것이다."

14-35 어떤 사람이 말했다. "은혜로써 원한을 갚는 것은 어떻습니까?" 선생님께서 말씀하셨다. "그런다면 어떻게 은혜를 갚겠는가? 정직한 마음으로 원수를 갚고, 은혜로써 은혜를 갚아야 한다."

해설 『노자』 63장에서는 "원수를 은혜로써 갚는다.〔報怨以德〕"라고 썼는데, 공자는 "정직한 마음으로 원수를 갚는다."라고 했다. 『예기』 「단궁 상」 중 다음과 같은 글을 통해 원수에 대처하는 유가적 태도를 알 수 있다.

"자하가 공자에게 '부모의 원수를 대처할 때 어떻게 해야 합니까?' 물었다. 공자는 '거적을 깔고 방패를 베개로 삼아 벼슬하지 않으며, 그와 더불어 천하를 함께하지 않으며, 저자나 조정에서 그를 만나면 무기를 챙기러 가지 않고 즉각 싸울 수 있게 해야 한다.'라고 대답했다. 자하가 '청컨대 형제의 원수를 대처할 때 어떻게 합니까?' 하고 물었다. 공자는 '벼슬해 그와 같은 나라에 있지 않으며, 군주의 명을 받고 사신으로 가거든 비록 그를 만날지라도 싸우지 않는다.'라고 대답했다. 자하가 '청컨대 당형제의 원수에 대처할 때 어떻게 합니까?' 하고 물었다. 공자는 '먼저 손쓰지 않으나, 만약 주인이 갚을 수 있다면 무기를 잡고서 뒤에서 돕는다.'라고 대답했다."

14-36 선생님께서 말씀하셨다. "나를 아는 사람이 없구나!" 자공이 말했다. "어찌하여 선생님을 아는 사람이 없을 수 있겠습니까?" 선생님께서 말씀하셨다. "하늘을 원망하지 않고,

公伯寮愬子路於季孫. 子服景伯以告, 曰: "夫子固有惑志, 於公伯寮, 吾力猶能肆諸市朝." 子曰: "道之將行也與, 命也. 道之將廢也與, 命也. 公伯寮其如命何!"

公伯寮(공백료) 노나라 사람이다. 『사기』「중니제자열전(仲尼弟子列傳)」에 공자의 제자로 기록되어 있는 공백료는 자로와 함께 계손씨의 가신을 지냈다.   愬(소) 일러바치다.   子服景伯(자복경백) 자복은 성이고 경은 시호, 백은 자. 노나라 대부 자복하(子服何)이다.   肆(사) 정현에 따르면 사람을 죽여서 그 시신을 널어놓는 것[陳其尸]이다.

子曰: "賢者辟世, 其次辟地, 其次辟色, 其次辟言. 子曰: "作者七人矣."

辟世(피세) 혼란한 세상을 피하는 것이다. 정약용에 따르면 이름을 감추고 행적을 드러나게 하지 않음으로써 세상에 살면서도 세상 사람들이 알지 못하는 것이 혼란한 세상을 피하는 것이다.   辟地(피지) 혼란한 나라를 떠나서 안정된 나라로 가는 것이다.   辟色(피색) 임금의 안색을 보아서 자기를 싫어하는 안색이면 떠나는 것이다.   辟言(피언) 임금으로부터 나쁜 소리를 듣게 되면 떠나는 것. 즉 한마디 말을 듣고 혼란이 일어날 조짐을 알아 떠나는 것이다.

사람을 탓하지 않으며, 아래로부터 배워 위로 통달하나니, 나를 아는 이는 아마 저 하늘이 아닐까!"

14:37   공백료가 계손에게 자로를 헐뜯고 고발하자, 자복경백이 공자께 말했다. "그분은 틀림없이 공백료에게 뜻이 미혹되어 있습니다. 그러나 나의 힘이 그래도 공백료를 죽여서 저자에 내걸 수는 있습니다." 선생님께서 말씀하셨다. "도가 장차 실행되는 것도 명이며, 도가 장차 폐하여지는 것도 명이니, 공백료가 명에 대해 어찌하겠는가?"

해설   공자는 계손씨, 숙손씨, 맹손씨의 성벽을 헐어서 노나라의 군주권을 강화하려고 했다. 그래서 기원전 498년 계무자(季武子)의 신임을 업고 자로를 천거해 계손씨의 비성(費城)을 맡는 성주가 되게 했다. 그 뒤 공자는 계손씨를 설득해서 비성을 철거했지만, 맹손씨와 숙손씨의 성은 헐지 못해 개혁은 실패하고 말았다. 이로써 국외로 망명길을 떠나야만 했으니, 공자의 생애에 선을 긋는 사건이었다.

14:38   선생님께서 말씀하셨다. "현자는 세상을 피하고, 그다음은 땅을 피하고, 그다음은 안색을 피하고, 그다음은 말을 피한다." 선생님께서 말씀하셨다. "이와 같이 한 사람이 일곱 사람이다."

해설   십삼경주소본에서는 위와 같이 하나의 장으로 묶었고, 『논어집주』에서는 "자왈(子曰) 작자칠인의(作者七人矣)"를 별도의 장으로 구분했는데, 이에 따르면 '작자'는 "일어나 은둔한 사람"으로 해석된다. 포함에 따르면 일곱 사

子路宿於石門. 晨門曰: "奚自?" 子路曰: "自孔氏." 曰: "是知其不可而爲
之者與?"

石門(석문) 노나라 성문. 반면 정약용은 제나라 땅에 있는 교외로 나가는 관문이라고 했다. 노
나라에서 온 자로가 제나라 관문인 석문 밖에서 하룻밤 묵고 이튿날 아침 석문에 들어서려 하
니 문지기가 질문하는 상황으로 본 것이다. 晨門(신문) 아침저녁으로 문을 열고 닫는 사람.

子擊磬於衛, 有荷蕢而過孔氏之門者, 曰: "有心哉, 擊磬乎!" 旣而曰: "鄙哉,
硜硜乎! 莫己知也, 斯已而已矣. 深則厲, 淺則揭." 子曰: "果哉, 末之難矣!"

磬(경) 경쇠. 蕢(궤) 삼태기. 硜硜(경경) 경쇠의 소리를 나타낸 것이다. 厲(려) 옷을 입은
채로 물을 건너다. 揭(게) 옷을 걷고 물을 건너다.

람은 『논어』에 나오는 장저(長沮), 걸익(桀溺), 장인(丈人), 석문(石門), 하궤(荷蕢), 의봉인(儀封人), 초광접여(楚狂接輿)다. 유가의 관점에서 볼 때 성인은 피세를 하지 않으니, 혼란한 세상일지라도 피하지 않고 자기의 뜻을 펼치고자 한다. 그러나 현자는 혼란한 사회에서 자기를 드러내지 않고 숨으려고 한다.

14·39   자로가 석문에서 묵었다. 석문지기가 물었다. "어디에서 오시오?" 자로가 "공씨 댁에서 옵니다." 하자 석문지기가 말했다. "안 되는 줄 알면서 해 보려고 하는 사람 말인가요?"

해설   "지기불가이위지자(知其不可而爲之者)"라는 구절은 공자의 모습을 가장 적절히 표현한 문구로 회자된다. 공자는 당시 사회 상황이 어찌 해 볼 도리가 없다는 것을 알면서도 사방으로 돌아다니며 노력했다.

14·40   공자께서 위나라에서 경쇠를 치고 계실 때, 삼태기를 메고 공자의 문 앞을 지나가던 사람이 말했다. "뜻이 담겨 있구나, 경쇠 치는 소리여!" 조금 더 들은 뒤에 말했다. "비속하구나, 경경 하고 울리는 저 소리여! 자기를 알아주는 이가 없으면 그치고 말 것이지. 물이 깊으면 옷을 입은 채로 건너고, 물이 얕으면 옷을 걷고 건널 일이다." 선생님께서 말씀하셨다. "과감하도다. 그리만 한다면 어려움이 없을 것이다!"

해설   하안과 황간에 따르면 다음과 같이 해석할 수 있다. "공자가 위나라에서 경쇠를 쳤더니 삼태기를 메고 공자의 문 앞을 지나가던 사람이 말했다. '뜻이 담겨 있구나, 경쇠를 침이여.' 자세히 들어 본 뒤에 말했다. '비열하구나, 경

子張曰: "書云: '高宗諒陰, 三年不言.' 何謂也?" 子曰: "何必高宗, 古之人皆然. 君薨, 百官總己, 以聽於冢宰三年."

書(서) 『서경』「무일」편의 글이다. 高宗(고종) 상(商)나라 임금 무정(武丁). 諒陰(양암) 『서경』「무일」편에는 양암(亮陰)으로 되어 있지만 통용된다. 주희는 천자의 거상(居喪)을 지칭하는 명사라고 했다. 정현에 따르면 양(諒)은 양(梁)과 같아 미(楣, 처마)의 뜻이고, 암(陰)은 암(闇)과 같으며 천자의 여막(廬幕)을 뜻한다. 이와는 달리 마융에 따르면 양(諒)은 신(信), 암(陰)은 묵(默)이다. 즉 "고종이 오랫동안 바깥에 살다가 즉위했기 때문에 정사에 관해서 듣기만 하고 말하지 않았다."로 해석된다. 薨(홍) 죽다. 總己(총기) 백관이 각자 자기의 직무를 모두 보고하는 것[各總其職]을 말한다. 冢宰(총재) 공안국은 천관경(天官卿)이라고 했는데, 이는 후세의 재상을 말한다.

子曰: "上好禮, 則民易使也."

子路問君子. 子曰: "修己以敬." 曰: "如斯而已乎?" 曰: "修己以安人." 曰: "如斯而已乎?" 曰: "修己以安百姓. 修己以安百姓, 堯舜其猶病諸!"

人(인) 형병에 의하면 붕우와 구족(九族)을 가리킨다. 病(병) 공안국은 난(難)이라고 했다.

경함이여. 자기를 알아주는 사람이 없거늘 그치고 말 것이니, 물이 깊으면 옷을 입은 채로 건너고 얕으면 옷을 걷고 건널 것이니라.' 공자가 말했다. '과감하도다. 그렇게 말한 사람이 없다고 하기는 어려울 것이다.'"

14-41 자장이 말했다. "『서』에 이르기를, 상나라 고종이 상중에 있었던 3년 동안 말을 하지 않았다고 하니, 무슨 말입니까?" 공자께서 말씀하셨다. "어찌 고종만 그리하였겠느냐? 옛날 사람들이 다 그렇게 했다. 임금이 돌아가시면, 백관은 자기 일을 한데 묶어서 3년 동안 총재에게 결재를 받았느니라."

해설 자장이 인용한 구절은 고종이 부모의 상을 입으면서 효를 다했음을 설명하는 것이다. 원래 『서경』에 있었지만 사라지고 없는 일문이며, 『위고문상서』「열명(說命)」편에 들어 있다.

14-42 선생님께서 말씀하셨다. "윗사람들이 예를 좋아하면 백성들을 부리기가 쉬우니라."

14-43 자로가 군자에 관해 물었다. 선생님께서 말씀하셨다. "자기를 닦아서 공경스럽게 한다." "이와 같이만 하면 됩니까?" "자기를 닦아서 남을 편안하게 한다." "이와 같이만 하면 됩니까?" "자기를 닦아서 백성을 편안케 한다. 자기를 닦아서 백성을 편안케 해 주는 일은 요임금, 순임금조차도 어렵게 여기지 않았는가?"

原壤夷俟. 子曰: "幼而不孫弟, 長而無述焉, 老而不死, 是爲賊." 以杖叩
其脛.

原壤(원양) 노나라 사람으로 공자의 벗이다. 夷俟(이사) 두 다리를 삼태기처럼 쭉 뻗고 앉아
기다리는 모습. '이'는 무례한 태도를 가리킨다.

闕黨童子將命. 或問之曰: "益者與?" 子曰: "吾見其居於位也, 見其與先生
幷行也. 非求益者也, 欲速成者也."

闕黨(궐당) 공자가 살았던 곡부(曲阜)의 마을 이름이다. 先生(선생) 성인(成人)을 가리킨
다. 速成(속성) 황간에 따르면 성은 '성인(成人)이 되는 것'이다. 성인이 되어야 벼슬할 수 있
으니, 속성은 동자의 출세욕을 지적한 것이다.

경(敬)의 개념은 이미 『서경』「소고(小誥)」와 『시경』「소아」 등에 나타나며 도덕적 의미를 지닌다. 『논어』에는 경 자가 모두 21번 나오는데, 대체로 일상 사에서 신중하고 공경히 행위한다는 뜻으로 사용된다. 경이 도덕 수양론의 중요한 개념으로 쓰이는 것은 『주역』 곤괘(坤卦) 문언전(文言傳)의 "경으로 써 안을 곧게 한다.〔敬以直內〕"에서 비롯했으며, 뒤에 송 대 이학(理學)에서 발전하게 된다.

14·44 원양이 두 다리를 쭉 뻗고 앉아서 공자를 기다리니, 선생님께서 "너는 어려서는 공손하지 못했고, 어른이 되어서도 본받을 것이 없었으며, 늙어서 죽지조차 않으니, 이는 덕을 해치는 사람이다." 말씀하시고, 지팡이로 그 정강이를 두드렸다.

14·45 궐당의 동자가 전갈하러 왔다. 어떤 사람이 "그는 발전성 있는 아이입니까?" 하고 물었다. 선생님께서 말씀하셨다. "나는 그가 어른의 자리에 버젓이 앉아 있는 것을 보았고, 그가 어른들과 더불어 어깨를 나란히 하고 걸어가는 것을 보았다. 그는 스스로 더 나아지기를 구하는 자가 아니라, 빨리 출세하기를 바라는 자다."

해설 이 글에서는 자리에 앉아 있는 것, 어른과 나란히 걸어가는 것이 문제로 지적된다. 『예기』「곡례」에 따르면 동자는 구석에 앉고, 어른과 걸어갈 때는 어른의 왼쪽에서 한 걸음 뒤처져 가야 하며, 형 또래의 사람과는 기러기가 떼지어 날아갈 때처럼 왼쪽에서 조금 옆으로 비껴서 뒤처져 가야 한다. 궐당의 동자는 그런 예를 어겼으므로 발전성이 없다고 본 것이다.

15 위령공
衛靈公

이 편은 모두 42장이다. 공자는 "뜻있는 선비와 인한 사람은 자신을 희생하더라도 인을 이룬다."라고 말했다. 지사(志士)와 인인(仁人)에 의해 다스려지지 못해서 쇠락한 세상을 안타까워하는 뜻이 담겨 있다. 그래서 이 편을 「헌문」편의 다음에 두었다. 후일 이 살신성인(殺身成仁) 사상은 유학의 기본 정신이 되었다. 또 "사람이 멀리 생각하지 않으면, 반드시 가까운 근심이 있게 된다.", "군자는 자신에게서 잘못의 원인을 찾고, 소인은 남에게서 찾는다.", "자신이 원치 않는 일을 남에게 베풀지 말 것이다.", "사람이 도를 넓힐 수 있는 것이지 도가 사람을 넓히는 것은 아니다.", "인을 실천하는 일은 스승에게도 양보하지 않는다." 등등의 표현은 모두 수신과 처세의 방법을 말한 것이다.

衛靈公問陳於孔子. 孔子對曰: "俎豆之事, 則嘗聞之矣. 軍旅之事, 未之學也." 明日遂行.

俎豆之事(조두지사) 조두는 제사에 쓰는 예기(禮器)이다. 여기에서 조두지사는 예를 상징한다. 軍旅之事(군려지사) 군은 1만 2500인, 려는 500인을 가리키는 군대의 단위로, 군려지사는 군대에 관한 일을 말한다.

在陳絶糧, 從者病, 莫能興. 子路慍見曰: "君子亦有窮乎?" 子曰: "君子固窮, 小人窮斯濫矣."

從者(종자) 수행(隨行)하는 사람. 형병에 따르면 제자를 뜻한다. 君子固窮(군자고궁) 주희는 『논어집주』에서 "고궁은 곤궁함을 고수하는 것이다.〔固窮者, 固守其窮〕"라는 정자의 말 역시 통한다고 했다.

子曰: "賜也, 女以予爲多學而識之者與?" 對曰: "然, 非與?" 曰: "非也, 予一以貫之."

識(지) 이 글에서 음은 '지'로, '기억하다'의 뜻이다. 一以貫之(일이관지) 황간에 따르면 하나의 이(理)로써 모든 사물과 사건을 관통함을 뜻한다.

子曰: "由, 知德者鮮矣!"

子曰: "無爲而治者, 其舜也與? 夫何爲哉? 恭己正南面而已矣."

15-1   위 영공이 공자에게 진 치는 방법에 대해 물었다. 공자께서
        는 "예법에 관한 일은 일찍이 들었으나, 군대의 일에 대해서
        는 아직 배우지 못했습니다."라 대답하시고, 이튿날 바로 위
        나라를 떠나셨다.

15-2   진나라에서 양식이 떨어지니, 제자들이 병들어 일어나지 못
        했다. 자로가 성난 얼굴로 뵙고 말했다. "군자도 곤궁한 경우
        가 있습니까?" 선생님께서 말씀하셨다. "군자는 곤궁함도 견
        뎌 나갈 수가 있으나, 소인이 곤궁하면 못할 짓이 없게 된다."

15-3   선생님께서 말씀하셨다. "사야, 자네는 내가 많이 배워서 그
        것을 기억하는 사람이라고 여기는가?" (자공이) 대답하여
        말했다. "그렇습니다. 그렇지 않습니까?" (선생님께서) 말씀
        하셨다. "아니다. 나는 하나로써 관통하느니라."

15-4   선생님께서 말씀하셨다. "유야, 덕을 아는 사람이 드물구나!"

해설   본문은 황간의 주석에 따랐다. 공영달에 따르면 이 장은 자로가 덕에 대해
        아는 것이 드물다는 사실을 말한 것[此一章言子路鮮於知德]이다.

15-5   선생님께서 말씀하셨다. "무위하면서도 천하가 잘 다스려지
        도록 한 이는 아마도 순임금이 아닐까? 무엇을 하였겠는가?
        자신의 몸을 공손히 하고 똑바로 남면했을 뿐이다."

子張問行. 子曰: "言忠信, 行篤敬, 雖蠻貊之邦, 行矣. 言不忠信, 行不篤敬, 雖州里, 行乎哉? 立則見其參於前也, 在輿則見其倚於衡也, 夫然後行." 子張書諸紳.

行(행) 형병에 따르면 세상에 두루 통할 수 있는 실천 도덕이다. 주희의 『논어집주』에서는 자장이 달(達)에 대해 물은 뜻과 같다〔猶問達之意也〕고 했다. 「안연」 2-20 참고. 里(리) 『주례』 「지관사도 하(地官司徒下)」 수인(遂人)에 따르면 25가(家)를 가리킨다. 州(주) 2500가구가 한 주를 이룬다. 형병은 정현이 "1만 2500가구가 주〔萬二千五百家爲州〕"라고 한 것은 잘못이라고 보았다. 參(참) '참'으로 읽는다. 황간에 따르면 앞에 빽빽하게 가득 찬 모습〔森森滿於其前也〕을 나타낸 것이다. 書諸紳(서제신) 큰 허리띠〔紳〕의 늘어진 부분에 글씨를 적어 늘 볼 수 있게 했다는 뜻이다.

子曰: "直哉, 史魚! 邦有道, 如矢. 邦無道, 如矢. 君子哉, 蘧伯玉! 邦有道, 則仕. 邦無道, 則可卷而懷之."

하안에 따르면 알맞은 사람을 얻어서 관직을 맡겼으므로 무위하더라도 천하가 잘 다스려지게 되었음을 말한 것[言任官得其人, 故無爲而治也]이다. 『대대례(大戴禮)』「주언(主言)」편을 보면 순임금은 우와 고요(옥송(獄訟)을 담당) 두 현인을 좌우에 두어서 직접 나서지 않아도 천하가 잘 다스려졌다고 적혀 있다. 『맹자』「등문공 상(滕文公上)」편에 의하면 순임금은 신하 익(益)이 불을 관장하도록 해서 금수들을 내쫓고, 우에게 치수를 맡겨 농사를 지을 수 있게 했으며, 후직을 시켜 백성들에게 농사짓는 방법을 가르치게 했고, 설(契)은 사람의 도리인 오륜(五倫, 부자유친(父子有親)·군신유의(君臣有義)·부부유별(夫婦有別)·장유유서(長幼有序)·붕우유신(朋友有信))을 가르치게 했다. 순임금의 무위 정치란 곧 천하를 다스리면서도 몸소 나서지 않고 현명한 신하에게 각각 업무를 맡겼다는 뜻이다.

15-6 ─── 자장이 행(行)에 대하여 물었다. 선생님께서 말씀하셨다. "말이 충성스럽고 신실하며, 행실이 돈독하고 공경스러우면, 비록 오랑캐의 나라일지라도 두루 통할 것이다. 말이 충성스럽고 신실하지 못하며, 행실이 돈독하고 공경하지 못하면, 자기 고장에서일지라도 통할 수 있겠는가? 서 있으면 자기 앞에 그 말들이 빽빽이 이어져 있는 듯 보이고, 수레에 올라타면 그 말들이 끌채의 끝에 댄 횡목에 새겨져 있는 듯해야 할 것이니, 그런 연후에 통할 것이다." 자장이 큰 허리띠에 이 말씀을 적었다.

15-7 ─── 선생님께서 말씀하셨다. "강직하구나, 사어여! 나라에 도가 있을 때 화살같이 꼿꼿하며, 도가 없을 때도 화살처럼 꼿꼿

史魚(사어) 위(衞)나라 대부. 이름은 추(鰌)다. 邦無道, 則可卷而懷之(방무도, 즉가권이회지) 형병은 "나라에 도가 없으면 그의 총명함을 감추고 지혜가 드러나지 않게 해서 정치에 간여하지 않는다.〔無道則韜光晦知, 不與時政〕"라고 풀었다.

子曰: "可與言而不與言, 失人. 不可與言而與之言, 失言. 知者不失人, 亦不失言."

子曰: "志士仁人, 無求生以害仁, 有殺身以成仁."

子貢問爲仁. 子曰: "工欲善其事, 必善利其器. 居是邦也, 事其大夫之賢者, 友其士之仁者."
利(리) 장인이 도끼와 톱을 예리하게 만드는 일. 포괄적으로 해석하면 연장을 잘 다듬어서 성능을 좋게 하는 것을 말한다.

顔淵問爲邦. 子曰: "行夏之時, 乘殷之輅, 服周之冕, 樂則韶舞. 放鄭聲, 遠佞人. 鄭聲淫, 佞人殆."
時(시) 하(夏)나라 때는 인월(寅月)을 정월로 삼았다. 은(殷)나라는 축월(丑月, 섣달), 주(周)나라는 자월(子月, 동짓달)이 정월이었다. 한 무제(漢武帝) 때부터 하나라를 따라 인월을 정월로 삼아서 현재까지 지켜 온 것이다. 輅(로) 큰 수레. 단옥재는『설문해자주(說文解字注)』에서 로(輅)는 마땅히 로(路)로 보아야 한다고 했다.『석명(釋名)』「석거(釋車)」에서는 "천자가 타는 것을 로(路)라고 한다.〔天子所乘曰路〕"했으니 로는 수레를 가리킨다. 천자가

하다. 군자답구나, 거백옥이여! 나라에 도가 있으면 벼슬을 하고, 나라에 도가 없으면 자신을 거두어들여 감출 수가 있도다."

15-8 　　선생님께서 말씀하셨다. "더불어 말할 만한데도 그와 말을 하지 않으면 사람을 잃을 것이고, 더불어 말할 만하지 못한데도 그와 말을 하면 실언할 것이다. 지혜로운 이는 사람을 잃지도 않고 실언하지도 않는다."

15-9 　　선생님께서 말씀하셨다. "뜻있는 선비와 인한 사람은 자신이 살자고 인을 해치는 일은 없지만, 자신을 희생해서 인을 이루는 경우는 있다."

15-10 　　자공이 인한 사람이 되는 방법을 물었다. 선생님께서 말씀하셨다. "장인이 그의 일을 잘하고자 하면, 반드시 먼저 연장을 잘 다듬어야 한다. 이 나라에 살게 되면, 그 대부 가운데 현자를 섬기고, 그 선비 가운데 인한 이를 벗할 것이니라."

15-11 　　안연이 나라 다스리는 방법에 관해 물었다. 선생님께서 말씀하셨다. "하 대의 역법을 쓰고, 은 대의 질박한 수레를 타며, 주 대의 면류관을 쓰고, 음악은 순임금의 소무(韶舞)를 사용한다. 정나라의 소리를 금지하고, 아첨하는 사람을 멀리해야 한다. 정나라의 소리는 음탕하고, 아첨하는 사람은 위험하기 때문이다."

타는 수레는 주나라에 와서는 금과 옥으로 장식해 대단히 화려했다고 한다. 그러므로 공자는 은나라 때의 나무로 만든 질박한 수레를 이용해야 함을 강조한 것이다. 韶舞(소무) 순임금의 음악. 『군경평의』에서는 무(舞)는 무(武)로 읽어야 한다고 했다. 양보쥔은 무(舞)는 무(武)와 같으므로 무왕(武王)의 덕을 칭송한 음악이라고 보았다. 「팔일」 3-25 참조. 鄭聲(정성) 정나라 노래. 정나라에는 남녀가 진(溱)과 유(洧)라는 물가에서 어울리는 습속이 있었기에 연애의 감정을 읊은 노래가 많았다. 그런데 그 정도가 지나쳐서 음란하다고 여기게 되었다.

子曰: "人無遠慮, 必有近憂."
近憂(근우) 장식(張栻)의 『논어해(論語解)』에서는 "사려가 멀리까지 미치지 않으면 우환이 곧 이르게 되므로 근우라고 말한 것이다.〔慮之不遠, 其患卽至, 故曰近憂〕"라고 했다. 요노는 "사려가 백년 천년까지 멀리 미치지 않는다면 우환이 눈앞에 가까이 있다.〔慮不及千百年之遠, 則患在旦夕之近〕"라 했다. 정약용은 "가깝다는 것은 이미 닥친 듯이 급박한 것이다.〔近者, 已到之迫急也〕"라 했다. 이상을 종합하면 근우란 일상생활 속에 근심이 생긴다는 뜻이다.

子曰: "已矣乎! 吾未見好德如好色者也."

子曰: "臧文仲其竊位者與! 知柳下惠之賢而不與立也."
柳下惠(유하혜) 주희에 따르면 노나라 대부 전획(展獲)으로, 유하 땅을 식읍지로 받았으며 혜는 시호이다. 與立(여립) 주희는 그와 함께 조정에서 벼슬하는 것〔與之並立於朝〕이라 했다.

15-12   선생님께서 말씀하셨다. "사람이 멀리 생각하지 않으면, 반드시 가까운 근심이 있게 된다."

15-13   선생님께서 말씀하셨다. "끝나 버리려는가! 내 아직 덕 좋아하기를 여색 좋아하듯 하는 사람을 보지 못했으니."

해설   「자한」 9-17 참조.

15-14   선생님께서 말씀하셨다. "장문중은 벼슬자리를 도적질한 자로구나. 유하혜의 현명함을 알면서도 그를 천거하지 않았으니."

해설   장문중은 직책이 사구였고 유하혜는 그 속관(屬官, 부속 관리)이었다. 유하

子曰: "躬自厚, 而薄責於人, 則遠怨矣."

躬自厚(궁자후) 공영달에 따르면 '궁'은 자신을 말하는데, 곧 자기 자신을 엄중하게 책망함을 뜻한다. 황간은 채모(蔡謨)의 말을 인용해 '후'를 설명했다. "후(厚)는 덕을 두터이 하는 것이다. 그런데 자신은 제대로 하지도 못하면서 남더러 제대로 하라고 책하는 까닭에 사람들이 마음으로 복종하지 않는다. 만약 자신의 덕을 두터이 하고 남에게 많은 것을 요구하지 않는다면 원성이 그치게 된다.〔厚者, 厚其德也. 而人又若己所未能而責物以能, 故人心不服. 若自厚其德而不求多於人, 則怨路塞.〕"

子曰: "不曰'如之何, 如之何'者, 吾末如之何也已矣."

末(말) 형병에 따르면 무(無)와 같다.

子曰: "群居終日, 言不及義, 好行小慧, 難矣哉!"

難矣哉(난의재) 정현은 말을 해도 끝내 성과가 없는 것〔言終無成〕이라 보았다. 황간은 "이와 같이 살아간다면 사람이 되기 어렵다.〔以此處世, 難爲成人也.〕"라고 했는데, 이때 성(成)의 뜻은 사람다운 사람이 '되다'이다. 양보쥔은 '가르쳐 계도하기가 실로 어렵다'라 풀었다.

子曰: "君子義以爲質, 禮以行之, 孫以出之, 信以成之. 君子哉!"

出之(출지) 출은 말로 표현하는 것〔出言〕이다.

子曰: "君子病無能焉, 不病人之不己知也."

無能(무능) 포함은 성인의 도가 없는 것〔無聖人之道〕으로 보았다. 정약용은 '능'을 예능(藝

혜의 현명함을 모를 리 없는데도 그를 천거하지 않은 장문중의 행동은 전횡
을 일삼은 노나라의 삼가와 다를 바 없다고 본 것이다.

15-15   선생님께서 말씀하셨다. "자신을 많이 책망하고, 남에 대해
         서는 적게 책망하면, 원성이 멀어질 것이다."

15-16   선생님께서 말씀하셨다. "'어떻게 할까, 어떻게 할까'라고 하
         지 않는 사람은, 나도 어떻게 해 볼 도리가 없다."

15-17   선생님께서 말씀하셨다. "여러 사람이 종일토록 모여 앉아
         서, 의리에 대해 언급하지 않고 잔재주만 뽐내기를 좋아하
         면, 사람 되기는 어렵다."

15-18   선생님께서 말씀하셨다. "군자는 의를 바탕으로 삼고, 예를
         갖춰 행하며, 겸손하게 표현하고, 신의 있게 완성하니, (이러
         해야) 군자답도다!"

15-19   선생님께서 말씀하셨다. "군자는 자신의 능력이 없음을 걱
         정하지, 남이 자기를 알아주지 않는 것을 근심하지 않는다."

能), 즉 유교적 교양으로 보았다.

子曰: "君子疾沒世而名不稱焉."

子曰: "君子求諸己, 小人求諸人."
君子求諸己, 小人求諸人(군자구저기, 소인구저인) 하안은 "군자는 자신을 탓하고 소인은 남
을 탓한다.〔君子責己, 小人責人〕"라고 해석했다. 정약용은 구(求)의 목적이 인(仁)이라고 보았
다. 이에 따르면 "군자는 자신에게서 인을 구하고 소인들은 남에게 인하도록 요구한다."라 해
석된다.

子曰: "君子矜而不爭, 群而不黨."

子曰: "君子不以言擧人, 不以人廢言."
不以人(불이인) '인'은 사람의 신분을 뜻한다. 황간은 "그 사람이 비천하다고 해서 그의 좋
은 말을 쓰지 않고 폐기해서는 안 된다.〔不可以彼人之卑賤, 而廢其美言而不用也.〕"라고
해석했다.

子貢問曰: "有一言而可以終身行之者乎?" 子曰: "其恕乎! 己所不欲, 勿
施於人."
己所不欲, 勿施於人(기소불욕, 물시어인)「안연」 12-2 참조.

子曰: "吾之於人也, 誰毀誰譽? 如有所譽者, 其有所試矣. 斯民也, 三代之
所以直道而行也."

15-20   선생님께서 말씀하셨다. "군자는 죽은 뒤 그 이름이 칭송되지 않을까 봐 근심한다."

15-21   선생님께서 말씀하셨다. "군자는 자신에게서 잘못의 원인을 찾고, 소인은 남에게서 찾는다."

15-22   선생님께서 말씀하셨다. "군자는 정중하되 다투지 않으며, 어울리되 패거리를 만들지 않는다."

15-23   선생님께서 말씀하셨다. "군자는 말만 듣고 사람을 천거하지 않으며, 사람의 신분을 보고 말을 버리지 않는다."

15-24   자공이 물었다. "종신토록 받들어 실천할 만한 한마디가 있습니까?" 선생님께서 말씀하셨다. "서(恕)가 아닐까? 자신이 원치 않는 일을 남에게 베풀지 않는 것이다."

15-25   선생님께서 말씀하셨다. "내가 남에 대해 누구를 흠보며 누구를 칭찬하겠는가? 만약 칭찬한 일이 있었다면 그 사람의

斯民也(사민야) 마융은 '이와 같이 백성을 쓰다[用民如此]', 황간은 '이와 같이 백성을 기르다[若此養民]'로 해석했다. 그런데 주희는 '사민'을 공자 당시의 사람들로 새겼다. 이 경우에 전체 구절은 "이 사람들은 삼대 성왕들의 직도(直道)의 교화를 받아 내려온 사람들이므로 시비곡직의 관념이 있는데, 내가 어떻게 사사로이 비판하고 칭찬할 수 있겠는가?"의 뜻이다. 정약용에 따르면 위의 말을 하기 전에 공자는 제자들 앞에서 누군가를 칭찬했고, 이에 대해 제자들에게 해명한 것이다. 여기에서 '사민'은 공자가 언급한 인물을 가리키며, 주희가 말한 '공자 당시의 사람들'을 바탕으로 해석한 것이다.

子曰: "吾猶及史之闕文也. 有馬者借人乘之, 今亡矣夫!"
闕文(궐문) 글자나 문구의 뜻을 자의적으로 해석하지 않고 남겨 두는 것.

子曰: "巧言亂德. 小不忍, 則亂大謀."

子曰: "衆惡之, 必察焉. 衆好之, 必察焉."

덕행을 시험해 보았을 것이다. 이와 같이 백성들이 길러진 것은 하, 은, 주 삼대가 곧은 도로써 행했기 때문이다."

15-26   선생님께서 말씀하셨다. "나는 그래도 사관(史官)이 의심스러운 부분을 궐문으로 남겨 두는 것과, 다루기 어려운 말을 가진 사람이 남에게 빌려주어 길들이게 하는 것을 보았다. 지금은 그런 일이 다 없어졌다."

해설   포함은 말을 가진 사람이 직접 훈련할 수 없는 경우 남에게 빌려주어 훈련 시키게 하는 것이 곧 사관이 궐문을 두고 훗날 타인에 의한 보완을 기대하는 것과 같다는 비유로 보았다. 주희는 양시(楊時)의 말을 인용해 사관이 궐문으로 남긴 것과 말을 남에게 빌려 주는 것을 별개의 일로 보았다. 같은 맥락에서 정약용은 사관이 삼가는 태도를 갖추고 말을 가진 사람이 후한 인심을 보이던 미풍양속이 공자 당시 이미 사라져 버렸다고 보았다.

15-27   선생님께서 말씀하셨다. "교묘하게 꾸미는 말은 덕을 어지럽히고, 작은 일을 참지 못하면 큰 계획을 그르친다."

15-28   선생님께서 말씀하셨다. "여러 사람이 그를 미워한다고 해도 반드시 그를 잘 살펴보아야 하고, 여러 사람이 그를 좋

子曰: "人能弘道, 非道弘人."

子曰: "過而不改, 是謂過矣."

子曰: "吾嘗終日不食, 終夜不寢, 以思, 無益, 不如學也."

子曰: "君子謀道不謀食. 耕也, 餒在其中矣. 學也, 祿在其中矣. 君子憂道
不憂貧."
餒(뇌) 주리다.

子曰: "知及之, 仁不能守之, 雖得之, 必失之. 知及之, 仁能守之, 不莊以
涖之, 則民不敬. 知及之, 仁能守之, 莊以涖之, 動之不以禮, 未善也."

아한다고 해도 반드시 그를 잘 살펴보아야 한다."

15-29 　선생님께서 말씀하셨다. "사람이 도를 넓힐 수 있는 것이지 도가 사람을 넓히는 것은 아니다."

해설 　이 구절은 사람이 도덕적 자각에 기초해 주체적이고 능동적인 실천을 해 나가야 함을 강조한 것이다. 유가의 도는 객관적 원리인 동시에 주관적 원리다. 객관적 원리로서 도는 인간의 도덕적 실천에 직접 관여하는 것이 아니라 주관적 원리, 즉 내적 도덕성의 실천을 통해서만 실현 가능하기 때문이다.

15-30 　선생님께서 말씀하셨다. "잘못을 하고도 고치지 않는 것, 이것이 잘못이다."

15-31 　선생님께서 말씀하셨다. "내 일찍이 하루 종일 아무것도 먹지 않고, 밤새도록 잠도 자지 않고서 생각에 잠긴 적이 있었으나, 아무런 소득이 없었으니, 배움에 힘쓰느니만 못한 일이다."

15-32 　선생님께서 말씀하셨다. "군자는 도를 추구하지 먹을 것을 추구하지 않는다. 농사를 지어도 굶주림이 그 안에 있을 수 있고, 학문을 해도 봉록이 그 가운데 있을 수 있다. 군자는 도를 얻지 못할까 근심하지 가난을 근심하지는 않는다."

15-33 　선생님께서 말씀하셨다. "지식이 관직을 수행할 만해도, 인으로 그것을 지키지 못한다면 관직을 얻었다 한들 반드시

知及之(지급지) 황간은 지(之)를 관직으로 풀이했다. 주희는 이(理)로 보았다. 장보첸은 주희를 좇아 '나라를 다스리고 정치를 행하는 도[治國爲政之道]'라고 새겼다. 動之(동지) 주희는 백성을 동원하는 것[動民]으로 보았다.

子曰: "君子不可小知, 而可大受也; 小人不可大受, 而可小知也."

子曰: "民之於仁也, 甚於水火. 水火, 吾見蹈而死者矣, 未見蹈仁而死者也."

子曰: "當仁不讓於師."

잃게 된다. 지식으로 관직을 얻고서 인으로 그것을 지킬 수 있다고 하더라도, 엄숙하지 못한 자세로 임하면 백성들이 공경하지 않는다. 지식으로 관직을 얻고서 인으로 그것을 지킬 수 있고 엄숙한 자세로 백성에게 임한다 하더라도, 행동을 예에 맞게 하지 않으면 아직 선을 극진하게 행한다 할 수 없다."

15-34   선생님께서 말씀하셨다. "군자는 작은 일로써 알 수는 없으나 큰일을 맡길 수 있고, 소인은 큰일을 맡길 수 없지만 작은 일로써 알 수는 있다."

해설   본문의 번역은 주희의 『논어집주』에 따랐다. 황간은 "군자의 도는 심원해 범인들이 알 수 없기 때문에 작은 일로써 알 수 없다고 했고, 덕은 사물을 윤택하게 할 수 있으니 사람이 깊이 받아들일 수 있으므로 크게 받아들일 수 있다고 했다.〔君子之道深遠, 不與凡人可知, 故云不可小知也. 德能深潤物, 物受之深, 故云而可大受也.〕"라 주석을 달았다. 이에 따르면 다음과 같이 해석된다. "군자는 범인들이 알 수 없는 면이 있으나 깊이 받아들일 수 있고, 소인들은 깊이 받아들일 수는 없으나 범인들이 알 수 있다."

15-35   선생님께서 말씀하셨다. "백성들에게 인(仁)은 물과 불보다 더 필요하다. 나는 물에 빠지거나 불에 타서 죽은 사람은 보았으나 인을 실천하다 죽은 사람은 보지 못했다."

15-36   선생님께서 말씀하셨다. "인을 실천하는 일은 스승에게도 양보하지 않는다."

子曰: "君子貞而不諒."

子曰: "事君, 敬其事而後其食."
食(식) 식록(食祿). 봉록을 받는 것.

子曰: "有敎無類."
有敎無類(유교무류) 황간은 "사람에게는 귀천이 있지만 다 같이 가르침에 힘입게 해야지, 그 부류가 서민과 천민이라 해서 가르치지 않아서는 안 된다.〔人乃有貴賤, 同宜資敎, 不可以其種類庶卑, 以不敎之也.〕"라고 해석했다. 주희는 사람의 본성은 다 선하므로 착한 부류의 사람과 나쁜 부류의 사람을 막론하고 가르친다면 누구나 다 본래의 선한 본성을 회복해 그러한 차이도 없어진다고 보았다.

子曰: "道不同, 不相爲謀."

子曰: "辭達而已矣."
辭(사) 정약용에 따르면 사의 예로는 『주례』에 보이는 축관(祝官) · 사관(史官)의 말, 『주례』와 『춘추좌전』 등에 보이는 맹세하는 말, 『춘추좌전』의 거북점과 시초점(蓍草占) 치는 말, 『의례』 「사혼기(士昏記)」 등에서 보이는 혼인의 말, 『주례』의 소송 사건에 관한 말 등등이 있다. 공자가 말한 '사'도 이와 같은 종류인데, 특히 대부가 사신으로 나가서 독자적으로 판단해 대답하는 말이라고 보았다. 즉 위의 여러가지 예처럼 뜻을 전달하는 언어일 뿐이라는 것이다.

師冕見, 及階, 子曰: "階也." 及席, 子曰: "席也." 皆坐, 子告之曰: "某在斯, 某在斯." 師冕出. 子張問曰: "與師言之道與?" 子曰: "然, 固相師之道也."

15-37 선생님께서 말씀하셨다. "군자는 바르되 작은 신의에 구애받지 않는다."

15-38 선생님께서 말씀하셨다. "임금을 섬길 때, 그 일을 정성껏 하고 보수를 받는 것은 뒤로한다."

15-39 선생님께서 말씀하셨다. "가르치는 데에 빈부귀천을 가리지 않는다."

15-40 선생님께서 말씀하셨다. "가는 길이 같지 않으면, 서로 함께 일을 도모하지 않는다."

15-41 선생님께서 말씀하셨다. "말은 뜻을 전달할 따름이다."

15-42 악사 면이 공자를 뵐 때 계단에 이르니 선생님께서 "계단입니다." 하시고, 자리에 이르니 선생님께서 "자리입니다." 하

道(도) 황간은 예(禮)라고 풀이했다.

셨다. 모두 앉으니 선생님께서 "아무개는 여기 있고, 아무개는 여기 있습니다."라고 일러 주셨다. 악사 면이 나가자 자장이 물었다. "이것이 눈먼 악사와 말하는 예입니까?" 선생님께서 말씀하셨다. "그렇다. 이것이 본디 눈먼 악사를 인도하는 예다."

16 계씨
季氏

모두 14장이다. 앞의 편에서는 성인이 때를 만나지 못하고 세상도 쇠미해져서 안타까워하는 것을 더러 언급했다. 이 편은 그러한 내용이 더욱 심한 것을 기록해 「위령공」 편 다음에 두었다. 편 가운데에는 그러한 세상에 대처하는 지혜를 나열해서 말한 내용이 많다. "정직한 사람과 벗하며, 성실한 사람과 벗하며, 견문이 많은 사람과 벗하면 유익할 것이다. 편벽한 사람과 벗하며, 앞에서는 복종하는 듯하면서 내심으로 다른 생각을 하는 사람을 벗하며, 말을 잘해 교묘하게 둘러대는 사람을 벗하면 해로울 것이다." 또한 "군자는 천명을 두려워하고, 대인(大人)을 두려워하며, 성인의 말씀을 두려워한다.", "선한 것을 보고 그렇게 하지 못할까 두려워하며 불선한 것을 보고 뜨거운 물에 손을 넣은 듯이 한다."라는 말 등은 가까운 현실에서 도를 구현하는 구체적인 방도를 말한 것이다.

季氏將伐顓臾. 冉有·季路見於孔子曰: "季氏將有事於顓臾." 孔子曰: "求!
無乃爾是過與? 夫顓臾, 昔者先王以爲東蒙主, 且在邦域之中矣, 是社稷之
臣也. 何以伐爲?"

顓臾(전유) 노나라의 경계 안에 있고, 동쪽 몽산(蒙山, 오늘날 산둥 성 이저우(沂州)의 명인
(蒙陰) 소재) 아래에 위치한 작은 나라로, 노나라에 부속된 부용국(附庸國)이었다. 그 임금의
성은 풍(風)이며 복희씨의 후예다. 주나라 천자에게 조공을 직접 바치지는 못했다.

冉有曰: "夫子欲之, 吾二臣者皆不欲也." 孔子曰: "求! 周任有言曰: '陳力
就列, 不能者止.' 危而不持, 顚而不扶, 則將焉用彼相矣? 且爾言過矣, 虎
兕出於柙, 龜玉毀於櫝中, 是誰之過與?"

周任(주임) 마융에 따르면 옛날의 훌륭한 사관(史官)이다. 형병은 주의 대부라 했다. 『춘추
좌전』 두예(杜預)의 주에는 주의 태사(太史)라고 적혀 있다. 陳(진) 진술(陳述)하다, 밝혀
서 말하다. 마융에 따르면 자기의 능력을 진술하고, 자기가 맡을 일을 헤아려서 그 자리에 나
아가고, 능력이 감당하지 못하면 마땅히 그만두는 것이다. 주희는 펼치다[布]로 해석한다. 그
에 따르면 "자기 능력을 펼쳐 보이고, 능력이 감당하지 못하면 그만둔다."라고 해석된다. 相
(상) 주희에 따르면 눈먼 소경을 인도하는 사람으로, 여기에서는 위정자 또는 우두머리의 보
좌관을 뜻한다. 龜(귀) 신성한 영물. 점치기 위해 간직해 두는 거북의 껍데기를 말한다. 櫝
(독) 함, 궤.

冉有曰: "今夫顓臾, 固而近於費. 今不取, 後世必爲子孫憂." 孔子曰: "求!
君子疾夫, 舍曰欲之, 而必爲之辭. 丘也聞有國有家者, 不患寡而患不均, 不
患貧而患不安, 蓋均無貧, 和無寡, 安無傾. 夫如是, 故遠人不服, 則修文德
以來之. 旣來之, 則安之. 今由與求也, 相夫子, 遠人不服, 而不能來也; 邦
分崩離析, 而不能守也; 而謀動干戈於邦內, 吾恐季孫之憂不在顓臾, 而在
蕭牆之內也."

계씨가 전유를 정벌하려고 했다. 염유와 계로가 공자를 뵙고 말했다. "계씨가 전유에 대해 일을 벌일 것 같습니다." 공자께서 말씀하셨다. "구야! 이것은 네가 잘못한 것이 아닐까? 전유로 말하자면 옛날에 선왕들이 동몽산의 제사를 주관하게 했고, 또한 노나라 영토 안에 있으며, 이는 사직의 신하인데, 어찌 정벌할 수 있겠느냐?"

염유가 말했다. "그분이 하려는 것이지 우리 두 사람은 모두 원하지 않습니다." 공자께서 말씀하셨다. "구야! 주임(周任)은 '자기 능력을 말하여 밝힌 뒤에 벼슬자리에 나아가고, 능력이 감당하지 못하면 그만둔다.'라고 말했다. 위태하게 되어도 잡아 주지 못하고, 엎어지는데도 붙잡아 주지 못한다면, 그러한 보좌관을 어디에 쓰겠느냐? 또한 너의 말도 잘못이다. 범과 외뿔소가 우리 밖으로 나오며, 거북과 옥이 궤속에서 부서지면, 이것은 누구의 잘못이겠느냐?"

염유가 말했다. "이제 저 전유는 성곽이 견고하고 비 땅에 가까우니, 지금 취하지 않으면 후세에 반드시 자손들의 근심거리가 될 것입니다." 공자께서 말씀하셨다. "구야! 군자는 그것을 욕심낸다는 말은 제쳐 두고 굳이 그를 비호해서 말하는 것을 미워한다. 내가 듣기에 군주와 경대부는 (토지와 인민이) 적은 것을 걱정하지 않고 (정치를) 고루 공평하

費(비) 계씨의 채읍. 君子疾夫, 舍曰欲之, 而必爲之辭(군자질부, 사탈욕지, 이필위지사) 공자는 '계씨가 탐욕스러워 정벌하려고 한다'고 말하지 않고 '성곽이 견고하고 비 땅에 가깝다'고 둘러대는 염유가 괘씸하다고 본 것이다. 舍(사) 그만두다, 버려두다. 정약용은 '다만[但, 止]'으로 보았다. 寡(과) 공안국은 토지와 인민이 적은 것, 주희는 인민이 적은 것으로 보았다. 分崩離析(분붕리석) 공안국에 따르면 백성이 다른 마음을 품고 있는 것을 '분'이라 하고, 나라를 떠나려고 하는 것을 '붕'이라 하며, 만나서 뭉치지 않음을 '리석'이라고 한다. 번역문은 이에 근거한다. 『춘추좌전』에서는 '붕'을 백성이 떠나가는 것으로 풀이했다. 在蕭牆之內也(재소장지내야) 공자가 말하는 뜻은 그 근심이 전유가 아니라 정사를 돌보는 소장 안 사람들에게 있다는 것이다. 과연 공자가 추측한 대로 나중에 계씨의 가신인 양호가 난을 일으켜 계환자를 감옥에 가두게 된다. 소장지변(蕭牆之變)은 내부에서 일어나는 변란을 뜻하고, 소장지우(蕭牆之憂)는 신변에서 일어나는 우환과 내란을 뜻한다. 蕭牆(소장) 정현에 따르면 소는 엄숙을 말하며 장은 병(屛, 병풍처럼 둘러 세운 것)이다. 임금과 신하가 상견하는 예에서 신하는 병 앞에 다다르면 공경스럽고 엄숙한 태도를 취하게 된다. 그러므로 이 병을 소장이라고 하며, 소장은 곧 임금과 신하가 회견하는 곳에 세운 병풍이다. 일반적으로 신하가 임금에게 조회하는 자리는 소장 안에 있다. 한편 황간에 따르면 천자는 외병(外屛)을 두르고 제후는 내병(內屛)을 두르며 대부는 주렴(珠簾, 구슬을 엮은 발)을, 사(士)는 휘장을 쓴다. 공자가 소장 운운한 것은 계씨는 대부이니 마땅히 병을 두르지 말아야 하는데 참월해 소장을 세웠음을 가리킨다.

孔子曰: "天下有道, 則禮樂征伐自天子出; 天下無道, 則禮樂征伐自諸侯出. 自諸侯出, 蓋十世希不失矣; 自大夫出, 五世希不失矣; 陪臣執國命, 三世希不失矣. 天下有道, 則政不在大夫. 天下有道, 則庶人不議."

陪臣(배신) 대부의 가신을 뜻하며, 계손씨의 경우는 양호다. 제후의 대부가 천자 앞에서 스스로를 칭할 때 배신이라고 한다.

게 하지 못할까 근심하며, 가난함을 근심하지 않고 백성들을 편안하게 해 주지 못할까 걱정한다고 했다. 대체로 고루 공평하게 되면 가난이 없어질 것이요, 위아래 사람들이 화목하면 백성이 줄어들 일이 없어질 것이요, 위아래 사람들이 모두 평안하면 나라가 기울어질 위험이 없을 것이다. 이와 같이 하는데도 먼 나라 사람들이 복종하지 않는다면 예의 도덕을 닦아 그들이 오게 하고, 오게 되면 편하게 해 주어야 할 것이다. 이제 유와 구 네가 그분을 보좌하고 있으나 먼 나라 사람들이 복종하지 않는데도 오게 하지 못하며, 위아래 사람들의 마음이 서로 달라져서 나라를 떠나려 하며 뭉치지 않는데도 나라는 지키지 못하면서, 오히려 나라 안에서 병력을 동원할 계획을 꾸미는구나. 나는 계손의 근심이 전유에 있지 않고 그의 가신 안에 있을까 두렵다."

16-2 공자께서 말씀하셨다. "천하에 도가 있으면 예악과 정벌이 천자로부터 나오고, 천하에 도가 없으면 예악과 정벌이 제후로부터 나온다. 제후로부터 나오면 대체로 10대 안에 나라를 잃지 않은 이가 드물다. 대부로부터 나오면 5대 안에 정권을 잃지 않은 이가 드물다. 가신이 정권을 장악하면 3대 안에 잃지 않은 이가 드물다. 천하에 도가 있으면 정권은 대부

孔子曰: "祿之去公室五世矣, 政逮於大夫四世矣, 故夫三桓之子孫微矣."

祿之去公室五世矣(녹지거공실오세의) 정현에 따르면 이때가 노 정공(魯定公)의 초기다. 이 시기에 노나라에서는 동문양중(東門襄仲)이 문공(文公)의 아들 적(赤)을 죽이고 선공(宣公)을 세웠다. 이로부터 정사의 권한이 대부의 손으로 가고 작록이 임금에게서 나오지 않게 되었는데, 그 기간이 5대(선공(宣公), 성공(成公), 양공(襄公), 소공(昭公), 정공(定公))에 이르렀다. 四世(사세) 계씨가 노나라의 정치를 좌우한 이래 공자가 이 말을 한 시점까지 4대(문자(文子), 무자(武子), 평자(平子), 환자(桓子))가 흘렀다. 三桓(삼환) 맹손, 숙손, 계손 삼경(三卿)인데 이들은 모두 환공(桓公)의 후손이다.

孔子曰: "益者三友, 損者三友. 友直, 友諒, 友多聞, 益矣. 友便辟, 友善柔, 友便佞, 損矣."

便辟(변벽) 마음에 따르면 변은 재빠르게[捷]의 뜻이다. 변벽은 남이 싫어하는 것을 교묘히 피해 그 마음에 쏙 들려고 하는 사람[巧避人之所忌, 以求容媚者]이다. 善柔(선유) 마음은 겉으로는 유순한 듯이 하는 것[面柔]으로 보았고, 황간은 면전에서는 복종하다가도 돌아서서는 비방하는 사람[面從而背毁者]이라고 했다. 便佞(변녕) 정현에 따르면 변은 말을 잘하다[辯]이고, 변녕은 말을 잘해서 남의 비위를 잘 맞추는 사람이다. 황간은 변녕을 말을 잘해서 교묘하게 둘러대는 사람[辯而巧]으로 보았다.

孔子曰: "益者三樂, 損者三樂. 樂節禮樂, 樂道人之善, 樂多賢友, 益矣. 樂驕樂, 樂佚遊, 樂宴樂, 損矣."

樂(요) 『논어통석(論語通釋)』에 따르면 '삼요(三樂)'로 읽으며 '요'는 애호를 뜻한다. 예악(禮樂)에서는 '악'이고 교락(驕樂), 연락(宴樂)에서는 '락'이며, 나머지는 모두 '요'다. 道(도) 본에게 있지 않으며, 천하에 도가 있으면 서민들이 왈가왈부하지 않는다."

16·3 공자께서 말씀하셨다. "작록을 주는 권한이 공실을 떠난 지 5대요, 정권이 대부에게 넘어간 지 4대다. 그래서 삼환의 자손들도 쇠미해 가는 것이다."

16·4 공자께서 말씀하셨다. "유익한 친구가 세 가지요, 해로운 친구가 세 가지다. 정직한 사람과 벗하며, 성실한 사람과 벗하며, 견문이 많은 사람과 벗하면 유익할 것이다. 편벽한 사람을 벗하며, 앞에서는 복종하는 듯하면서 내심으로 다른 생각을 하는 사람을 벗하며, 말을 잘해 교묘하게 둘러대는 사람을 벗하면 해로울 것이다."

16·5 공자께서 말씀하셨다. "좋아하는 것 가운데 유익한 것이 세 가지요, 해로운 것이 세 가지다. 행동을 예악에 맞게 조절하기를 좋아하며, 남의 좋은 점 말하기를 좋아하며, 현명한 친구가 많아지는 것을 좋아하면 유익할 것이다. 교만 방자

문에서는 '말하다'로 번역했다. 그러나 황간본에는 이 글자가 도(導)로 되어 있으니, '남의 선한 점을 이끌어 내 주기를 좋아한다'는 뜻이다.

孔子曰: "侍於君子有三愆: 言未及之而言謂之躁, 言及之而不言謂之隱, 未見顔色而言謂之瞽."

愆(건) 허물. 言及之(언급지) 일반적으로 '말할 때가 되었다'는 뜻으로 해석하지만 이 경우에는 '군자의 말씀이 자신에게 미친다', 즉 자신이 말할 차례가 되었다는 뜻으로 해석할 수도 있다. 이에 따르면 앞의 "언미급지이언(言未及之而言)"은 군자가 자신에게 물어보지도 않았는데 앞질러 말한다는 뜻이 된다.

孔子曰: "君子有三戒: 少之時, 血氣未定, 戒之在色. 及其壯也, 血氣方剛, 戒之在鬪. 及其老也, 血氣旣衰, 戒之在得."

少(소) 30세 이전. 壯(장) 30세부터 50세 사이. 老(노) 50세 이상.

孔子曰: "君子有三畏: 畏天命, 畏大人, 畏聖人之言. 小人不知天命而不畏也, 狎大人, 侮聖人之言."

大人(대인) 『맹자』에 따르면 덕(德), 재(才), 지(智)를 갖춘 사람이다. 정현은 대인이 제후의 지위를 가리킨다고 보았다. 이 구절에서 대인은 덕과 높은 지위를 함께 갖춘 인물이라고 할 수 있다. 小人(소인) 『춘추좌전』에서는 일반 서민으로 언급되지만, 『논어』에서는 덕과 유관한 뜻에서 덕이 부족한 사람을 가리키는 말로 많이 썼다. 狎(압) 가볍게 여기다.

孔子曰: "生而知之者, 上也. 學而知之者, 次也. 困而學之, 又其次也. 困而不學, 民斯爲下矣."

한 것을 좋아하며, 절제하지 않고 놀기를 좋아하며, 먹고 마시기를 좋아하면 해로울 것이다."

16·6   공자께서 말씀하셨다. "군자를 모실 때 저지르기 쉬운 세 가지 잘못이 있다. 자기가 말할 때가 되지 않았는데도 말하는 것을 조급하다고 하고, 자기가 말할 때가 되었는데도 말하지 않는 것을 숨기는 것이라 하고, 낯빛을 보지 않고 (지레 짐작해) 말하는 것을 눈먼 봉사라고 한다.

16·7   공자께서 말씀하셨다. "군자에게는 세 가지 경계할 것이 있다. 젊은 시절에는 혈기가 아직 안정되지 않은지라 경계할 것은 여색에 있고, 장성하면 혈기가 바야흐로 굳세어지니 경계할 것은 싸우는 데 있고, 늙어서는 혈기가 쇠약해지니 경계할 것은 탐내어 얻으려는 데 있다."

16·8   공자께서 말씀하셨다. "군자에게는 세 가지 두려워하는 것이 있다. 천명을 두려워하고, 대인을 두려워하며, 성인의 말씀을 두려워한다. 소인은 천명을 몰라서 두려워하지 않고, 대인을 소홀히 대하며, 성인의 말씀을 경시한다."

16·9   공자께서 말씀하셨다. "태어나면서부터 아는 사람은 상등이다. 배워서 아는 사람은 그다음이다. 곤란에 부딪혀서야

學而知之(학이지지) 『예기』 「학기」에는 "배운 다음에야 부족함을 알고 …… 부족함을 안 뒤에야 스스로 돌이켜 볼 수가 있다.〔學然後知不足, …… 知不足然後, 能自反也.〕"라고 했다. 또한 『중용』에서 "어떤 이는 태어나면서부터 그것을 알고, 어떤 이는 배워서 그것을 알게 되며, 어떤 이는 곤경에 처해야 그것을 알게 되나, 그 앎에 이르러서는 모두 똑같다.〔或生而知之, 或學而知之, 或困而知之, 及其知之, 一也.〕"라고 말하고 있다. 困而學之(곤이학지) 공안국은 '곤'을 갇혀서 통하지 못하는 바가 있는 것〔有所不通〕이라 보았다. 이치에 통하지 않는 것, 일을 하다가 곤란한 지경에 빠지는 것 등이 곤이며, 또한 사람들마다 각각의 경우에 다양한 형태의 곤이 있다고 볼 수 있다. 『예기』 「학기」에서는 "가르친 다음에야 통하지 않음〔困〕을 알게 되고 …… 통하지 않음을 안 뒤에야 스스로 강해진다.〔敎然後知困, …… 知困然後, 能自强也.〕"라고 했다.

孔子曰: "君子有九思: 視思明, 聽思聰, 色思溫, 貌思恭, 言思忠, 事思敬, 疑思問, 忿思難, 見得思義."

視思明(시사명) 형병에 따르면 은미한 조짐을 보는 것을 밝다고 한다.〔見微爲明〕 어떤 사건이나 사물을 분명히 관찰해서 그 은미한 뜻을 볼 수 있어야 한다는 말이다. 聽思聰(청사총) 형병에 따르면 멀리 있는 소리를 듣는 것을 귀 밝다고 한다.〔聽遠爲聰〕 다른 사람의 말을 자세히 들어서 듣는 데 잘못이 없도록 하라는 뜻으로, 측근의 소리만을 들을 것이 아니라 민심의 소리를 들어야 한다는 것이다.

孔子曰: "見善如不及, 見不善如探湯. 吾見其人矣, 吾聞其語矣. 隱居以求其志, 行義以達其道. 吾聞其語矣, 未見其人也."

如不及(여불급) 「태백」 8-17의 "배움은 따라잡지 못하는 듯이 하고, 이미 배운 것을 잃을까 두려워하는 듯이 한다.〔學如不及, 猶恐失之〕"에 근거해 '그렇게 하지 못할까 두려워하며'로 옮겼다. 황간은 "선한 사람을 보면 마땅히 그를 사모해서 그와 같아지기를 바란다."라고 풀었다.

배우는 사람은 또 그다음이다. 곤란에 부딪혀도 배우지 않으면, 그러한 사람은 곧 하등이 된다."

16-10 　공자께서 말씀하셨다. "군자에게는 아홉 가지 생각해야 할 일이 있다. 볼 때는 은미한 것을 보기를 생각하고, 들을 때는 멀리 듣기를 생각하고, 안색은 온화하기를 생각하고, 용모는 공손하기를 생각하며, 말은 충심으로 하기를 생각하며, 일은 경건하기를 생각하고, 의심스러운 것은 묻기를 생각하며, 화가 날 때는 후환을 생각하며, 이로운 것을 보면 도의를 생각한다."

16-11 　공자께서 말씀하셨다. "'선한 것을 보고 그렇게 하지 못할까 두려워하며, 불선한 일을 보고 뜨거운 물에 손을 넣은 듯이 한다'고 하는데, 나는 그런 사람을 보았고, 그러한 말을 들었다. '숨어 살면서 자기의 뜻을 추구하고, 의를 행해서 자기의 도를 달성한다'고 하는데, 나는 그런 말을 들었지만, 그런 사람은 아직 보지 못했다.

齊景公有馬千駟, 死之日, 民無德而稱焉. 伯夷·叔齊餓于首陽之下, 民到于今稱之, 其斯之謂與?

陳亢問於伯魚曰: "子亦有異聞乎?" 對曰: "未也. 嘗獨立, 鯉趨而過庭. 曰: '學詩乎?' 對曰: '未也.' '不學詩, 無以言.' 鯉退而學詩. 他日, 又獨立,

선과 불선을 제대로 안다면 선을 좋아하고 불선을 싫어할 수 있다. 또한 은 거하면서도 도에 뜻을 둔다면 현실 속에서 의를 실천함으로써 그 도를 구현 할 수가 있다. 그럴 때 비로소 은거가 세상을 등지는 데 머물지 않을 것이며, 현실 참여도 현실에 막연히 뛰어드는 것이 아닐 수 있다. 『맹자』「진심 상」 편에서 말했다. "옛날 사람들은 자신이 뜻을 이루게 되면 그 혜택이 백성들 에게 베풀어졌고, 뜻을 이루지 못하면 자신을 수양하여 세상에 드러냈다. 곤궁하면 홀로 자신을 수양해 나갔고, 높은 지위에 오르면 천하 사람들과 함께 선을 행했다.〔古之人, 得志, 澤加於民. 不得志, 修身見於世. 窮則獨善其 身, 達則兼善天下〕" 이 장과 같은 맥락이라고 하겠다.

16-12

제 경공은 말 4000필을 가지고 있었으나 죽은 날에 백성들 이 칭송할 만한 덕이 없었고, 백이와 숙제는 수양산 아래에 서 굶어 죽었으나 백성들이 지금까지 칭송하고 있다. 아마 이것을 일컫는 것이 아닐까?"

해설

『논어집주』에서는 호인의 설을 인용하면서 윗장과 분장되는 것이 당연하다 고 보았다. "정자는 「안연」 편의 착간인 '부유하게 하지도 못하고 다만 이 상함을 취할 뿐이다.〔誠不以富, 亦祇以異〕'(12-10)가 이 장의 머리에 있어야 한다고 생각한다." 그러나 정약용은 호인의 설을 반박하며 착간이 아니라 11장과 12장이 한 장으로 합쳐져야 한다고 주장한다. 그 이유로 이 장의 "아 마 이것을 일컫는 것이 아닐까?〔其斯之謂與?〕"에서 사(斯)는 11장의 내용 가운데 공자가 인용한 옛사람의 말을 가리킨다는 점을 내세웠다.

16-13

진강이 백어에게 물었다. "그대는 별도로 들은 것이라도 있 는가?" 백어가 대답했다. "없습니다. 일찍이 홀로 서 계실

鯉趨而過庭. 曰: '學禮乎?' 對曰: '未也.' '不學禮, 無以立.' 鯉退而學禮.
聞斯二者." 陳亢退而喜曰: "問一得三, 聞詩, 聞禮, 又聞君子之遠其子也."

陳亢(진강) 진자금(陳子禽).　遠其子(원기자) 진강은 백어에게 '별도로 들은 것이라도 있는
지' 물었을 때 백어는 공자의 아들이니 때로는 백어를 개별적으로 가르칠 테고, 그렇다면 제자
들이 들은 것과는 다른 것이 있으리라고 생각했다. 그러나 백어의 말을 듣고 나서 '군자는 자기
자식이라 해서 특별히 친히 여기는 일이 없음'을 깨치게 되었다.

邦君之妻, 君稱之曰夫人, 夫人自稱曰小童, 邦人稱之曰君夫人, 稱諸異邦
曰寡小君. 異邦人稱之亦曰君夫人.

때 제가 종종걸음으로 마당을 지나가자, '시를 배웠느냐?' 하고 물어보셨습니다. '아직 배우지 못했습니다.'라고 대답했더니, '시를 배우지 않으면 말을 할 수 없다.' 하시기에 물러 나온 뒤에 시를 배웠습니다. 다른 날에 또 홀로 서 계시는데 제가 종종걸음으로 마당을 지나가니, '예를 배웠느냐?' 하고 물어보셨습니다. '아직 배우지 못했습니다.'라고 하니, '예를 배우지 않으면 남 앞에 나설 수가 없느니라.' 하시기에 물러 나온 뒤 예를 배웠습니다. 이 두 가지를 들었습니다." 진강이 물러나 즐거워하며 말했다. "한 가지를 물었다가 세 가지를 얻었다. 시에 대해서 들었고, 예에 대해서 들었고, 군자가 자기 아들을 제자보다 특별히 가까이하지 않는다는 것을 들었다."

16-14   임금의 아내를 임금이 부를 때는 '부인'이라 하고, 부인이 자신을 칭할 때는 '소동(小童)'이라고 한다. 그 나라 사람들이 그를 부를 때는 '군부인(君夫人)'이라 한다. 그 나라 사람들이 다른 나라 사람에게 일컬을 때는 '과소군(寡小君)'이라 하고, 다른 나라 사람이 그를 부를 때는 '군부인'이라고 한다.

17 양화
陽貨

이 편은 모두 26장이다. 나라의 신하뿐 아니라 제후의 신하까지 흉악하고 부패해져서 사
회가 더욱 어지러워졌음을 말했다. 그리하여 「계씨」 편 다음에 온다. 편 가운데 "사람의
성품은 서로 비슷하나 습관에 의해서 서로 멀어진다."라고 한 말은 유가 인성론의 전제가
되어 왔다. 그리고 "향원(鄕原)은 덕을 해친다.", "길에서 듣고 길에서 말하면 덕을 버리게
될 것이다.", "듣기 좋게만 말하고 얼굴 표정을 잘 꾸미는 사람에게는 인덕이 드물다.", "나
이 마흔이 되어서도 사람들에게 미움을 받으면, 그의 일생은 더 이상 가망이 없다."라고
한 공자의 가르침은 점점 타락해 가는 당시 사회를 반증하는 것이기도 하다.

陽貨欲見孔子, 孔子不見, 歸孔子豚. 孔子時其亡也, 而往拜之. 遇諸塗. 謂
孔子曰: "來! 予與爾言." 曰: "懷其寶而迷其邦, 可謂仁乎?" 曰: "不可."
"好從事而亟失時, 可謂知乎?" 曰: "不可." "日月逝矣, 歲不我與." 孔子曰:
"諾, 吾將仕矣."

陽貨(양화) 공안국에 따르면 양호(陽虎)다. 유보남의 『논어정의』에서는 화가 이름이고 호는
자라고 추정했다. 양호는 본래 노나라 공족(公族) 맹씨(孟氏)다. 계씨의 가신으로 계환자를
구금하고 국정을 전횡했는데, 삼환을 제거하려 하다가 결국 실패해 진(晉)으로 도망갔다. 자
세한 내용은 이어지는 5장의 주석 참고. 歸(귀) 정약용은 『맹자』에 근거해 궤(饋, 보내다)로
풀었다. 즉 선물을 보낸다는 뜻이다. 豚(돈) 『맹자』 「등문공 하」에 증돈(蒸豚, 삶은 돼지)이
라는 표현이 있다. 형병은 작은 돼지라고 보았다. 정약용은 양화가 공자에게 돈을 보낸 것이
공자가 대부가 된 때(노 정공 8년)보다 이전인 정공 6년 혹은 7년이라고 추정했다. 不可(불
가) 『한시외전』 권1에서는 "그 보배와 같은 도덕과 학문을 품고 있으면서도 그의 나라를 구하
려 하지 않는 사람과는 더불어 인을 말할 수 없다.〔懷其寶而迷其國者, 不可與語仁〕"라 한
다. 이탁오(李卓吾)는 두 차례 '불가'라 말한 사람이 공자가 아니라 양화로, 자문자답해서 공
자를 풍자한 것으로 보았다. 모기령의 『논어구계편(論語求稽篇)』, 유월의 『고서의의거례(古
書疑義擧例)』 권2에서는 한 사람의 말이면서도 왈(曰) 자를 덧붙인 사례〔一人之辭而加曰字
例〕에 해당한다고 했다. 逝(서) 베틀에 북을 치듯 돌아가 버려서 다시 오지 않는 것이다.

子曰: "性相近也, 習相遠也."
性(성) 태어날 때 부여받은 성품(性稟)이다. 이에 비해 흔히 말하는 성품(性品)은 현재 지닌
인품을 가리킨다.

子曰: "唯上知與下愚不移."
上知(상지) 황간에 따르면 성인을 가리킨다. 下愚(하우) 황간에 따르면 어리석은 사람이다.

17-1   양화가 공자를 만나고자 했으나 공자께서 찾아가 보지 않으시니, 공자께 (삶은) 돼지를 선물로 보냈다. 공자께서는 그가 없는 틈을 타서 찾아가 사례하고 나오다가, 길에서 그를 마주쳤다. (양화가) 공자께 말했다. "이리 와 보시오. 그대에게 할 말 있소." (공자께서 가까이 가니 양화가) 말했다. "그 보배와 같은 도덕과 학문을 가지고서도 자기 나라가 어지러워지도록 가만히 있는 것을 인하다고 일컬을 수 있겠습니까?" (공자께서) 말씀하셨다. "옳지 않지요." "일하기를 좋아하면서도 자주 시기를 놓치는 것을 지혜롭다고 일컬을 수 있겠습니까?" "옳지 않지요." "해와 달이 (번갈아) 돌아가기를 그치지 않으니, 세월이 나를 기다려 주지 않을 것입니다." 공자께서 말씀하셨다. "알겠소. 내가 장차 벼슬하리다."

17-2   선생님께서 말씀하셨다. "사람의 성품은 서로 비슷하나 습관에 의해서 서로 멀어진다."

17-3   선생님께서 말씀하셨다. "오직 상지(上知)와 하우(下愚)만이 바뀌지 않는다."

不移(불이) 정약용의 풀이에 따르면 '상지'는 악한 사람과 가까이하더라도 오염되지 않으며 '하우'는 선한 사람과 가까이하더라도 그에게 훈도(薰陶)되지 않는다.

子之武城, 聞弦歌之聲. 夫子莞爾而笑, 曰: "割鷄焉用牛刀?" 子游對曰: "昔者, 偃也聞諸夫子曰: '君子學道則愛人, 小人學道則易使也.'" 子曰: "二三子! 偃之言是也. 前言戱之耳."

武城(무성) 노나라 남쪽의 비읍(鄙邑). 「옹야」 6-13에 보이듯이 자유는 무성의 재였다. 弦歌(현가) 정약용은 현은 금슬(琴瑟)과 같은 악기, 가는 시를 읊는 것이라 보았다. 형병에 따르면 자유는 무성 사람들을 예악으로써 교화하려고 했다.

公山弗擾以費畔, 召, 子欲往. 子路不說, 曰: "末之也已, 何必公山氏之之也?" 子曰: "夫召我者, 而豈徒哉! 如有用我者, 吾其爲東周乎?"

公山弗擾(공산불요) 『춘추좌전』에 나오는 공산불뉴(公山不狃)로, 자는 자예(子洩)이고 계씨에 속한 비읍의 재다. 畔(반) 황간은 계씨를 배반한 것으로 보았다. 之(지) "말지(末之)" 와 "지지(之之)"에서 뒤의 '지'는 모두 가다[往]라는 뜻이다. 吾其爲東周乎(오기위동주호) 『춘추좌전』에 따르면 당시 정황은 다음과 같다. 노나라 정공 5년 9월에 양호가 계환자를 구금했다. 정공 8년 계오(季寤)·공서극(公鉏極)·공산불뉴는 계씨 밑에서 뜻을 펴지 못했고, 숙손첩(叔孫輒)은 숙손씨에게 총애받지 못했으며, 숙중지(叔仲志)는 노나라에서 뜻을 펴지 못했다. 그리하여 이 다섯 사람은 양호에게 기대게 되었다. 양호는 삼환을 제거해서 계오로 계씨를 대신하고, 숙손첩으로 숙손씨를 대신하며, 자기 자신은 맹씨를 대신하겠다고 구상했다. 그러나 일이 실패하자 양관(陽關)으로 가서 반란을 꾀했다. 정공 9년에 양관이 공격받자 양호는 제나라로 도망가서 군대를 파견해 노나라를 쳐 달라고 청했다. 제후(齊侯)는 양호가

2장과 3장을 나눈 것은 주희의 『논어집주』에 따랐다. 『논어집주』 이전의 판본들을 비롯한 대부분에서는 2장과 3장을 하나의 장으로 편찬했다. 대표적인 것은 하안의 『논어집해』이며, 정약용도 이 점을 지적해 『논어집주』 이전의 판본들을 따른다.

17-4

선생님께서 무성 땅에 가셔서 거문고에 맞추어 부르는 노랫소리를 들으셨다. 선생님께서 빙그레 웃으며 말씀하셨다. "닭 잡는 데 어찌 소 잡는 칼을 쓰는가?" 자유가 대답했다. "이전에 제가 선생님께 들었는데, '군자가 도를 배우면 남을 사랑하고, 소인이 도를 배우면 부리기가 쉬워진다.'라고 하셨습니다." 선생님께서 말씀하셨다. "그대들이여, 언(자유)의 말이 옳다. 앞서 한 말은 괜히 해 본 소리에 지나지 않는다."

17-5

공산불요가 비 땅에서 계씨를 배반하고 부르니, 공자께서 가려고 하셨다. 자로가 언짢아하며 말했다. "갈 곳이 없으면 그만둘 일이지, 하필 공산씨에게 가려 하십니까?" 선생님께서 말씀하셨다. "대저 나를 부르는 사람이 어찌 공연히 그랬겠느냐? 만약 나를 써 주는 사람이 있다면, 나는 동방에서 주나라 도를 일으켜 보겠다."

해설

이 장에 대한 정약용의 관점은 다음과 같다. 공산불요가 비 땅을 근거지 삼아 반란을 꾀한 것은 당시 국정을 전횡하며 참월을 일삼았던 계씨에 항거한 것이지 노나라에 대한 반란은 아니었으므로, 공자를 불러 함께 일을 도모하고자 한 것이다. 공자가 가고자 했다는 것도 그저 한번 고려해 본 일이었겠지만 도의를 해치는 일은 아니었다. 공자가 끝내 가지 않았던 까닭은 공산불화근이 될 수 있다는 신하의 말을 듣고 오히려 그를 체포했다. 제나라 수도에 구금되었던 양호는 가까스로 탈출해 송나라로 갔다가, 다시 진(晉)나라로 도망쳐 조씨(趙氏)에게 귀의했다. 이 일에 대해 공자는 "조씨는 아마도 대대손손 안녕을 얻지 못하리라."라고 말했다.

정공 12년에 자로는 계씨의 가신이 되었다. 이때 노나라는 세 도성(비(費)·후(郈)·성(成))을 치려고 했다. 숙손씨는 후를 함락했다. 계씨는 비를 공략할 계획이었는데 오히려 공산불뉴와 숙손첩이 비 땅 사람들을 이끌고 노나라의 수도를 공격했다. 정공과 삼환은 계씨의 궁실로 들어가 무자대(武子臺, 계씨 궁실 안의 누대)에 올랐다. 비 땅 사람들이 공격했으나 함락하지는 못했다. 화살이 바로 가까이까지 떨어지자, 당시 노나라 사구를 맡았던 공자는 신구수(申句須, 낙기(樂頎))에게 내려가 공격하라고 명령을 내렸다. 비 땅 사람들은 결국 패배했고, 공산불뉴와 숙손첩은 제나라로 도망가 비 땅은 함락되었다.

子張問仁於孔子. 孔子曰: "能行五者於天下, 爲仁矣." "請問之." 曰: "恭, 寬, 信, 敏, 惠. 恭則不侮, 寬則得衆, 信則人任焉, 敏則有功, 惠則足以使人."

爲仁(위인) 인은 '인한 사람'이다. 得衆(득중) 황간에 따르면 많은 사람들이 그를 따른다[衆附歸之]는 뜻이다. 형병도 관대하고 까다롭지 않으면 대중이 따르는 바가 된다[寬簡則爲衆所歸]고 풀이했다.

佛肸召, 子欲往. 子路曰: "昔者, 由也聞諸夫子曰: '親於其身爲不善者, 君子不入也.' 佛肸以中牟畔, 子之往也, 如之何?" 子曰: "然, 有是言也, 不曰堅乎, 磨而不磷. 不曰白乎, 涅而不緇. 吾豈匏瓜也哉? 焉能繫而不食?"

佛肸(필힐) 진(晉)의 대부로 조간자(趙簡子)의 읍재다. 『사기』 「공자세가」에 따르면 필힐은 중모(中牟)읍의 읍재였다. 그런데 조간자가 범중행(范中行)을 정벌할 때 필힐은 범중행의 가신이었고, 그 읍을 근거지로 범중행에게 반란을 일으켰다. 한편 정약용에 따르면 조간자는 필요의 출발점이 역시 계씨 밑에서 뜻을 펴지 못한 데서 온 사사로운 원한이었기 때문이다. 공자의 본래 생각은 정공을 맞아 수도를 비로 옮겨 노나라 동쪽 교외의 땅을 모두 거두어들임으로써 공실을 강화하고 옛 지역은 여전히 삼환에게 촉탁한다면, 세금과 장정들이 다 공실로 귀속할 것이니 삼환은 결국 빈 그릇만 가진 꼴이 되지 않겠는가 하는 것이었다.

정약용은 또한 "나는 동방에서 주나라 도를 일으켜 보겠다.〔吾其爲東周乎〕"란 말을 공안국처럼 "나는 동방에서 주나라 문화를 일으켜 보겠다."라 해석하면 잘못이라고 생각했다. 공자의 뜻은 노나라 임금이 동쪽으로 천도하게 해서 동쪽의 노나라를 세우겠다는 것이었고, 그렇게 하는 편이 삼환이 노나라를 삼분한 현실보다는 낫다는 것이었기 때문이다.

17-6   자장이 공자께 인에 관하여 물었다. 공자께서 말씀하셨다. "다섯 가지를 천하에 실행할 수 있다면 인한 사람이다." "삼가 그것을 여쭙겠습니다." (하니, 공자께서) 말씀하셨다. "공손, 관대, 신의, 민첩함과 은혜. 공손하면 모욕을 당하지 않고, 관대하면 많은 사람들이 따르고, 신의가 있으면 사람들이 일을 맡기고, 민첩하면 공을 세울 수 있고, 은혜로우면 충분히 남을 부릴 수 있을 것이다."

17-7   필힐이 부르니 공자께서 가려고 하셨다. 자로가 말했다. "전에 제가 선생님께 듣기를, '그 자신이 선하지 못한 짓을 한 사람과는 군자가 함께하지 않는다.'라고 하셨습니다. 필힐은 중모읍에서 반란을 일으켰는데 선생님께서 가신다니 어찌된 일입니까?" 선생님께서 말씀하셨다. "그렇다. 그런 말을 한 적이 있다. (그러나) 단단하다고 말할 수 있지 않느냐? 갈

힐을 중모의 재로 삼았는데, 필힐은 반란을 일으켜 범씨를 도왔다. 그러나 최술(崔述)은 『수사고신록(洙泗考信錄)』에서 필힐이 반란한 때는 공자가 죽은 지 5년 뒤라고 의문을 제기했다. 공자 사후에 『논어』가 편찬되었으니 공자의 문인들 혹은 재전(再傳) 제자들의 착오일 수 있다는 것이다. 不入(불입) 이 구절에 대한 본문의 번역은 의역이며, 다음 견해들을 참고했다. 공안국과 형병은 군자는 선하지 않은 나라에 들어가지 않는다[君子不入不善之國也]고 풀었다. 황간은 그 집에 들어가지 않는다[不入其家]고 해석했다. 주희는 그 마을[黨]에 들어가지 않는다[不入其黨]는 뜻으로 보았다. 不曰(불왈) 본문 번역과 달리 황간은 과거에 공자가 한 말을 상기시키는 것으로 보았다. 즉 "전에 이런 말도 하지 않았느냐? 지극히 단단하구나! 갈아도 얇아지지 않으니……"라는 식으로 해석해야 한다는 것이다. 또한 공안국에 따르면 "지극히 단단한 것은 아무리 갈아도 얇아지지 않고, 지극히 흰 것은 검은 물을 들여도 검어지지 않는다고 말하지 않았느냐?"로 해석된다. 磷(린) 얇은 돌. 涅(날) 검은 개흙. 원래의 음은 '녈'인데, 여기에서는 '날'이라고 읽는다. 형병은 물속의 검은 흙[水中黑土]이라 했다. 공안국은 검게 물들일 수 있는 일종의 염료로 보고, 갈아도 얇아지지 않고 물들여도 검어지지 않는 것이란 혼탁하고 혼란한 세상에 살더라도 군자를 오염시킬 수 없음을 비유한 것으로 풀이했다. 匏瓜(포과) 포는 과(瓠)니 박을 가리킨다. 황간에 따르면 위 구절은 다음과 같이 옮겨진다. "포과가 한곳에 매달려 있는 것은 따로 먹을 것을 찾아다니지 않아도 자연히 성장하기 때문이다. (그러나) 나는 먹을 것이 필요한 사람이니 동서남북을 돌아다녀 그것을 구해야 한다. 그러니 어찌 먹지 않아도 되는 사물처럼 한곳에 매달려 있기만 할 것인가?" 또 일설에 포과는 별 이름이라고 한다. 사람이 재능과 지혜가 있으면 마땅히 시의에 맞는 책무를 해야 하는 까닭에 남에게 등용되기도 하는 것이다. 그러니 어찌 포과라는 별처럼 하늘에 매달려 있어 따 먹을 수 없는 것과 같겠느냐는 뜻이 된다. 한편 하안은 포과란 오늘날 조롱박 같은 것으로, 맛이 쓰기 때문에 먹지 않고 벽에 걸어 보기만 하는 것이라고 했다.

子曰: "由也! 女聞六言六蔽矣乎?" 對曰: "未也." "居! 吾語女. 好仁不好學, 其蔽也愚. 好知不好學, 其蔽也蕩. 好信不好學, 其蔽也賊. 好直不好

아도 얇아지지 않으니. 희다고 말할 수 있지 않느냐? 검게
물들여도 검어지지 않는다면. 내가 어찌 박에 지나지 않겠
느냐? 어찌 박처럼 한곳에 매달려 있기만 하고 쓰이지 않을
수 있겠느냐?"

선생님께서 말씀하셨다. "유야, 너는 여섯 가지 말에 여섯
가지 폐단이 있다는 것을 들었느냐?"(자로가) 대답했다.

學, 其蔽也絞. 好勇不好學, 其蔽也亂. 好剛不好學, 其蔽也狂."

賊(적) 일반적으로 남과 자신을 모두 해치는 것이 '적'인데, 여기에서는 특히 자신을 해치는
것이라 보았다. 예를 들면 『장자』 「도척」에 나오는 미생의 죽음이 그 예다.(「학이」 1-13 해설
참고) 絞(교) 황간에 따르면 찌르다(刺)와 같다. "남의 잘못 찌르기를 잘해서 나의 정직함을
밝히려고 하는 것이다.(好譏刺人之非, 以成己之正直也.)" 「태백」 8-2의 "강직하되 예가 없
다(直而無禮)"라는 문구를 참고할 만하다. 정약용은 급절(急切, 매우 급하게 닥침)로 보고,
"강직하지만 부드러움을 알지 못한다면 그 잘못은 급절하게 되는 데 있다.(引繩而不知婉, 則
其失也絞)"라 새겼다. 양보쥔은 "언설이 날카롭고 자극적이어서 남의 마음을 찔러 아프게 하
는 것"으로 풀이했다.

子曰: "小子何莫學夫詩? 詩, 可以興, 可以觀, 可以群, 可以怨. 邇之事父,
遠之事君, 多識於鳥獸草木之名."

興(흥) 공안국에 따르면 비유를 통해 같은 부류의 사물과 연관 짓는(引譬連類) 것, 즉 연상
력을 길러 준다는 뜻이다. 주희는 뜻을 감발시키다(感發志意)라 풀었다. 觀(관) 본문은 정
현의 해석을 따랐다. 주희에 따르면 정치상의 득실을 살펴본다(考見得失)는 뜻이다. 정약용
은 시에는 권선징악이 드러나므로 그것을 보고 느낀다는 뜻으로 새겼다. 怨(원) 공안국에 따
르면 윗사람의 정치를 풍자하고 비판하는 것(怨刺上政)을 뜻한다. 황간은 원망하고 비판하고
간하며 풍자하는 것(怨刺諷諫)으로 보았다.

子謂伯魚曰: "女爲周南·召南矣乎? 人而不爲周南·召南, 其猶正牆面而立
也與?"

周南(주남)·召南(소남) 『시경』의 맨 앞부분이다. 마융에 따르면 요조숙녀와 군자를 짝지우
는 즐거움을 노래한 것으로 삼강의 으뜸이요 교화의 단초이니, 사람이 배워 행하지 못한다면
마치 담벼락을 마주하고 서 있는 것과 같다고 풀이했다. 주희는 주남·소남의 내용이 모두 수

"아직 듣지 못했습니다." "앉거라. 내가 너에게 말해 주마. 인을 좋아하되 배우기를 좋아하지 않으면 그 폐단은 어리석어지는 데〔愚〕 있고, 지혜롭게 처신하기를 좋아하되 배우기를 좋아하지 않으면 그 폐단은 방탕해지는 데〔蕩〕 있고, 신의를 좋아하되 배우기를 좋아하지 않으면 그 폐단은 자기를 해치는 데〔賊〕 있고, 정직을 좋아하되 배우기를 좋아하지 않으면 그 폐단은 남의 아픈 곳을 찌르는 데〔絞〕 있고, 용기를 좋아하되 배우기를 좋아하지 않으면 그 폐단은 소란을 피우기 쉬운 데〔亂〕 있고, 굳센 것을 좋아하되 배우기를 좋아하지 않으면 그 폐단은 저돌적인 데〔狂〕에 있다."

17·9   선생님께서 말씀하셨다. "자네들은 어찌하여 시를 배우지 않는가? 시는 감흥을 불러일으킬 수 있으며, 풍속의 성쇠를 살필 수 있게 하며, 사람과 잘 어울릴 수 있게 하며, 윗사람의 잘못을 풍자할 수 있으며, 가까이는 부모를 섬기는 도리가 있고, 멀리는 임금을 섬기는 도리가 있으며, 새와 짐승과 초목의 이름을 많이 알게 해 준다."

17·10   선생님께서 백어에게 말씀하셨다. "너는 주남과 소남을 배웠느냐? 사람이 주남과 소남을 배우지 않으면, 바로 담벼락을 마주 보고 서 있는 것과 같지 않겠는가?"

신제가(修身齊家)의 도리를 밝힌 것이라고 했다. 정약용의 설명은 좀 독특하다. 악기를 연주하고 노래를 할 때 아·송이나 국풍에 나오는 일반적인 음조와는 달리 남음(南音, 주남·소남의 음)은 현격히 어렵다. 「태백」 8-15에서 공자는 악사 지(摯)가 「관저」의 종장(終章, 난(亂))을 처음 연주할 때 본래의 음을 잘 살려 냈기에 그 소리가 귀에 가득 찼다고 칭찬했다. 반면 「선진」 11-15에서 공자는 자로가 비파로 아·송을 잘 탔지만 남음은 제대로 낼 수 없었던 까닭에 당에 오르는 수준에는 이르렀으나 아직 입실의 경지에는 이르지 못했다고 꾸짖었다. 이 점에서 본다면 주남과 소남은 교양의 세련도를 재는 척도였다. 당시에는 예악을 익히는 것이 필수적이었는데, 노래를 읊조리고 거문고를 타면서 주남·소남을 제대로 하지 못하면 연사(燕射, 연회와 활쏘기), 이업(肄業, 학업 수행), 빈객(賓客, 손님 접대)에서 구석 자리나 차지하게 되었던 것이다. 정약용의 해석에 따르면 주남·소남은 단지 교양의 기초가 아니라 세련된 교양의 상징이라고 할 수 있다. 正牆面而立(정장면이립) 주희에 따르면 "아주 가까운 곳인데도 무엇 하나 제대로 살펴보질 못해, 한 걸음도 내딛을 수 없다.〔其至近之地, 而一物無所見, 一步不可行〕"라는 뜻이다. 정약용에 따르면 마음과 눈이 트이지 못한 것〔心目不疏通〕으로, 세칭 '답답한 사람〔沓沓之人〕'을 가리킨다.

子曰: "禮云禮云, 玉帛云乎哉? 樂云樂云, 鐘鼓云乎哉?"

17-11   선생님께서 말씀하셨다. "예, 예 하는데, 옥이나 비단 같은
         예물만을 말하겠는가? 음악, 음악 하는데, 종이나 북 같은
         악기만을 말하겠는가?"

해설   공경하는 자세로 옥이나 비단을 쓰는 것이 예이고, 화락한 마음을 종이나
         북으로 표현해 내는 것이 악이다. 그러나 예의 근본은 옥과 비단에 있는 것
         이 아니며, 악의 근본도 종과 북에 있는 것이 아니다. 『효경』에서는 "풍속을
         바꾸는 데는 악보다 나은 것이 없고, 윗사람을 편안하게 하고 백성을 다스
         리는 데는 예보다 나은 것이 없다.〔移風易俗莫善於樂, 安上治民莫善於禮〕"
         했는데, 풍속을 바꾸거나 윗사람을 편안하게 하고 백성을 다스릴 수 있음

子曰: "色厲而內荏, 譬諸小人, 其猶穿窬之盜也與?"

色厲而內荏(색려이내임) 형병은 '려'를 우쭐대고 뻐기며 사나운 태도[矜莊]로 보았다. 공안국에 따르면 '임'은 유약하고 아첨하는 태도[柔佞]를 말한다. 황간은 도적이 남의 집 담장을 넘어갈 때 얼굴빛은 앞으로 나아가려고 하지만 마음은 항상 도망갈 길을 생각하는 까닭에 '몸은 나아가지만 마음속으로는 물러나니 안과 밖이 서로 어긋난다[形進心退, 內外相乖]'고 했다. 窬(유) 판장문.

子曰: "鄕原, 德之賊也."

鄕原(향원) 향원에 대해서는 아래와 같은 해석들이 가능하다.

하안은 "이르는 마을마다 번번이 그 마을의 인정을 헤아리고, 그것을 자기의 뜻으로 삼아서 그들을 대하는 것이 덕을 해치는 것이다.[所至之鄕, 輒原其人情, 而爲己意以待之, 是賊亂德者也.]"라고 한 주생렬의 말을 소개했다. 이에 따르면 '향'은 마을을 뜻하고 '원'은 미루어 근원을 헤아린다[推原]는 뜻이다. 하안은 또 일설을 덧붙였다. "향은 향(向)이다. 옛 글자는 서로 같았다. 사람이 강의(剛毅)하지 못해서 남을 보면 번번이 그의 취향을 살피고 아첨하면서 부합하려고 하니, 이것이 덕을 해치는 바임을 말한 것이다.[鄕, 向也. 古字同. 謂人不能剛毅, 而見其人輒原其趣向, 容媚而合之, 言此所以亂德者也.]"이때 '향'은 취향(趣向)을 뜻하고 '원'은 역시 미루어 근원을 헤아린다는 뜻이다.

주희는 마을 사람 가운데 공손한 체하는 사람[鄕人之愿者]으로 풀었다. 원(原)과 원(愿, 성실하다)은 같은 글자로, 향리 사람들이 원인(愿人, 성실한 사람)이라고 부른다면 그것을 향원이라 한다는 주석이다. 덕이 있는 듯하면서도 덕을 갖추지 않았으니 덕을 해치는 사람이라는

은 곧 예악의 효용에 해당된다고 하겠다. 「팔일」3-3에서 공자가 "사람이면서 인하지 않으면 예는 해서 무엇하며, 사람이면서 인하지 않으면 악은 해서 무엇하겠는가?(人而不仁, 如禮何? 人而不仁, 如樂何?)"라 말했듯이, 예악의 근본은 인이다.

17-12   선생님께서 말씀하셨다. "얼굴빛은 위엄이 있는 것 같으나 마음속이 유약한 것을 소인에게 비유하면, 아마도 벽을 뚫고 담장을 넘을 때의 도적과 같지 않을까?"

17-13   선생님께서 말씀하셨다. "향원(鄕原)은 덕을 해친다."

해설   『맹자』「진심 하」(14-37)에는 향원에 관한 다음과 같은 대목이 있다.
"공자께서는 '내 집 문 앞을 지나가면서 내 집에 들어오지 않아도 내가 유감스럽게 생각하지 않을 사람이 있다면 그것은 오직 향원일 것이다. 향원은 도덕을 해치는 사람이다.'라고 말씀하셨다." (만장이 또) 물었다. "어떠한 사람을 향원이라고 할 수 있습니까?" 맹자께서 말씀하셨다. "(향원은 분방하고 강직한 인물을 비평하여) '(그들은) 어째서 뜻만 높고 큰가? 하는 말은 행위와 서로 맞지 않고, 행위도 말과 서로 맞지 않으면서 다만 입만 열면 옛날 사람들은 이러했는데 옛날 사람들은 이러했는데라고 말한다.' 또 '어째서 행동함에 거리낌 없이 나아가지 못하고 외로움을 자처하나? 이 세상에 태어났으면 이 세상을 위해 일하고 다만 그렇게 맞추어 살아가면서 남들이 나를 좋은 사람이라고 말만 하면 된다.'라고 말하면서 결점을 숨기고 세속에 아첨

것이니, 향원을 사람으로 본 것이다. 주희를 따른다면 본문은 "향원은 덕을 해치는 사람이다."로 번역된다. 이러한 해석의 근거는 『맹자』 「진심 하」 편이다.

황간은 장빙(張憑)의 말을 인용했다. "향원은 원양(原壤)으로 공자의 동향인이다. 그러므로 향원이라고 한 것이다. 그는 사방으로 떠돌아다녔는데 행실이 법도에 맞지 않았으니 가르칠 수가 없었다. 따라서 매번 그의 행적을 억지하는 것이 덕을 넓히는 방도인 것이다.〔鄉原, 原壤也, 孔子鄉人. 故曰鄉原也. 彼遊方之外, 行不應規矩, 不可以訓, 故每抑其迹, 所以弘德也.〕" 이에 따르면 '향'은 공자와 동향을, '원'은 원양이라는 사람을 가리킨다.

子曰: "道聽而塗說, 德之棄也."

道聽而塗說(도청이도설) 형병에 따르면 남의 스승이 될 사람은 온고지신하고 구습을 다듬은 〔研精久習〕 다음에야 남에게 설명할 수 있다. 길에서 들은 즉시 남에게 전하면 반드시 잘못과 거짓이 많게 되는 것이다. 즉 이 구절은 심사숙고하지 않고 함부로 전한다는 뜻이다. 정약용은 '여기에서 듣고 저기에 전하는 것〔明聽於此而傳於彼也〕'이라고 했다.

子曰: "鄙夫可與事君也與哉? 其未得之也, 患得之. 既得之, 患失之. 苟患失之, 無所不至矣."

患得之(환득지) 하안은 얻지 못할까 근심한다〔患不能得之〕고 해석했다.

子曰: "古者民有三疾, 今也或是之亡也. 古之狂也肆, 今之狂也蕩; 古之矜也廉, 今之矜也忿戾; 古之愚也直, 今之愚也詐而已矣."

矜(긍) 자존심이 강한 사람. 정약용은 긍이 원래 견(獧)이라 했다. 견은 마음은 좁으나 절개

하는 자가 바로 향원이다." 만장이 말했다. "한 고장 사람들이 모두 정중하고 성실한 사람이라고 부른다면 가는 곳마다 정중하고 성실한 사람이 되지 않을 수 없는데 공자께서 도덕을 해치는 자라고 한 것은 무엇 때문입니까?" (맹자께서) 말씀하셨다. "(향원은) 나무라려고 해도 나무랄 수 있는 증거가 없고, 비방하려고 해도 비방할 만한 것이 없으며, 세상의 풍속에 동조하고, 혼탁한 사회에 영합하여, 가만히 있으면 충성스럽고 진실한 듯하며, 행동하면 청렴결백한 것 같아서 모두가 그를 좋아하고 그 자신도 옳다고 여긴다. 그러나 그러한 사람과는 함께 요순의 도에 들어갈 수 없다. 그래서 '도덕을 해치는 자'라고 말씀하신 것이다."

17-14

선생님께서 말씀하셨다. "길에서 듣고 길에서 말하면 덕을 버리게 될 것이다."

17-15

선생님께서 말씀하셨다. "비열한 사람과 함께 임금을 섬길 수 있겠는가? 그는 벼슬자리를 얻지 못했을 때는 얻지 못할까 근심하고, 그 자리를 얻고 나서는 그것을 잃게 될까 걱정한다. 만일 그것을 잃을까 근심하게 되면 못할 짓이 없게 될 것이다."

17-16

선생님께서 말씀하셨다. "옛날 사람들에게 세 가지 병폐가 있었는데, 지금은 아마 이것마저도 없어진 것 같다. 옛날 뜻이 큰 사람은 자질구레한 예절에 구애받지 않았는데 오늘를 굳게 지키는 사람〔狷介〕으로, 「자로」 13-21에 나온다. 詐(사) 속이다.

子曰: "巧言令色, 鮮矣仁."

子曰: "惡紫之奪朱也, 惡鄭聲之亂雅樂也, 惡利口之覆邦家者."
奪(탈) 붉은색〔朱色〕은 정색(正色)이지만 담담하고, 자주색〔紫色〕은 간색(間色)이지만 곱기 때문에 사람들은 주색보다 자색을 취하니, 이것이 자주색이 붉은색을 빼앗는다는 것이다. 정색은 섞이지 않은 색, 간색은 정색의 사이에 있는 색, 잡색은 정색과 간색 혹은 간색과 간색이 섞여서 만들어지는 여러 가지 색을 말한다.

子曰: "予欲無言." 子貢曰: "子如不言, 則小子何述焉?" 子曰: "天何言哉? 四時行焉, 百物生焉, 天何言哉?"
述(술) 황간은 따르고 전하다〔傳述〕로 보았다. 마오쯔수이(毛子水)의 『논어금주금역(論語今註今譯)』에서는 준순(遵循, 따르다), 『설문해자』에서는 순(循, 그대로 따라 실행하다)으로 풀이했다.

날 뜻이 큰 사람은 방탕하고, 옛날 자존심 강한 사람은 모났지만 깨끗했는데 오늘날 자존심 강한 사람은 화를 잘 내고, 옛날 어리석은 사람은 우직하더니 오늘날 어리석은 사람은 자기를 이롭게 하고자 남을 속일 따름이다."

17-17 선생님께서 말씀하셨다. "듣기 좋게만 말하고 얼굴 표정을 잘 꾸미는 사람에게는 인덕이 드물다."

해설 「학이」 1-3 참조.

17-18 선생님께서 말씀하셨다. "자주색이 붉은색의 지위를 빼앗는 것을 미워하며, 정나라의 음탕한 음악이 우아한 음악을 어지럽히는 것을 미워하며, 말재주가 있는 사람이 국가를 뒤집어엎는 것을 미워한다."

해설 공자는 사악한 사람이 정당한 사람의 지위를 빼앗는 것을 미워했다.

17-19 선생님께서 말씀하셨다. "나는 말이 없고자 한다." 자공이 말했다. "선생님께서 만약 아무 말씀도 하시지 않으면, 저희들은 무엇을 따르고 전하겠습니까?" 선생님께서 말씀하셨다. "하늘이 무슨 말을 하더냐? 사계절이 운행하며, 온갖 물건이 생겨난다. 하늘이 무슨 말을 하더냐?"

해설 공자는 말보다는 몸소 행함으로써 가르치고자 했다. 그러므로 가까이 있는 제자들은 보고 배울 수 있었겠지만 다른 사람에게 전해 본받게 하는 것은

孺悲欲見孔子, 孔子辭以疾. 將命者出戶, 取瑟而歌, 使之聞之.

孺悲(유비) 하안에 따르면 노나라 사람이다. 『예기』「잡기(雜記)」에는 공자의 제자라고 되어
있다. 그에 따르면 휼유(恤由)의 상을 당했을 때 노나라 애공이 유비를 공자에게 보내서 사상
례(士喪禮)를 배우게 했다. 주희는 이를 근거로 유비가 사상례를 배우다 죄를 얻었기 때문에
공자가 병이 있다고 거절한 것이라 추측했다. 하안과 주희는 공자가 고의로 만나지 않음을 알
게 해서 유비가 자기의 잘못을 반성하도록 한 것이라고 간주한다. 반대로 정약용은 이 장의
내용이 유비가 공자에게 예를 배우기 이전의 일이라고 보았다. 將命者(장명자) 황간은 유비
가 공자를 만나고 싶어서 보낸 사람. 정약용은 유비가 직접 찾아와 뵙고자 했을 때 말을 전한
공자 쪽 사람이라 보았다. 取瑟而歌(취슬이가) 정약용은 『의례』「사상례」의 "질병이 있으면
금슬을 치운다."라는 문구에 근거해 '질병이 없음을 말한 것'이라 새겼다.

宰我問: "三年之喪, 期已久矣. 君子三年不爲禮, 禮必壞; 三年不爲樂, 樂
必崩. 舊穀既沒, 新穀既升, 鑽燧改火, 期可已矣." 子曰: "食夫稻, 衣夫錦,
於女安乎?" 曰: "安." "女安, 則爲之. 夫君子之居喪, 食旨不甘, 聞樂不樂,
居處不安, 故不爲也. 今女安, 則爲之!" 宰我出. 子曰: "予之不仁也! 子生
三年, 然後免於父母之懷. 夫三年之喪, 天下之通喪也, 予也有三年之愛於
其父母乎!"

崩(붕) 장보첸은 황폐라 했다. 양보쥔은 전해지지 않음. 주희는 붕괴로 해석했다. 鑽(찬) 뚫
다. 燧(수) 형병은 나무를 뚫어 불이 나게 하는 것[鑽木出火]이라고 했다. 改火(개화) 정약
용에 따르면 『주례』에서 계춘에 불을 낸다[季春出火]고 했으니 1년에 한 번 불을 바꾸는 것
을 가리킨다. 이와는 달리 마융에 따르면 고대에는 나무에 구멍을 뚫고 비비면서 불을 얻는
방법을 썼는데, 이때 쓰는 나무는 사계절마다 달랐다고 한다. 그 근거로 『주서(周書)』「월령
(月令)」의 다음 구절을 들었다. "봄에는 느릅나무·버드나무, 여름에는 대추나무·은행나무,

어려웠을 것이다.

17-20   유비가 공자를 만나고자 했으나 공자는 몸이 아프다고 거절 하시고, 심부름 온 사람이 문을 나서자 비파를 타며 노래를 불러 그에게 들리게끔 하셨다.

17-21   재아가 물었다. "삼년상의 기간이 너무 깁니다. 군자가 3년 동안 예를 행하지 않으면 예가 반드시 무너지고, 3년 동안 음악을 연주하지 않으면 음악도 반드시 황폐하게 될 것입니 다. 묵은 곡식이 동나고 햇곡식이 이미 익었으며, 불붙이는 나무를 한 차례 바꾸어 사용했으니 1년에 상을 끝낼 만합 니다." 선생님께서 말씀하셨다. "쌀밥을 먹으며 비단옷을 입 는 것이 네 마음에 편하겠느냐?" "편합니다." "네가 편하다 면 그렇게 해라. 대체로 군자가 상을 입을 때에 맛있는 음식 을 먹어도 달지 않고, 음악을 들어도 즐겁지 않으며, 거처함 에 편안하지 않기 때문에 하지 않는 것이다. 이제 네가 편하 다면 그렇게 하여라!" 재아가 나가자 선생님께서 말씀하셨 다. "여는 인하지 않구나! 자식은 태어난 지 3년 된 뒤라야

늦여름에는 뽕나무·산뽕나무〔柘〕, 가을은 자작나무·졸참나무, 겨울에는 회나무·박달나무의 불을 각각 취하며, 1년에 한 번씩 윤회한다." 予(여) 재아의 이름. 재아는 공자의 학생이므로 이름으로 부른 것이다.

子曰: "飽食終日, 無所用心, 難矣哉! 不有博奕者乎? 爲之, 猶賢乎已."
賢(현) 형병은 낫다〔勝〕로 풀이했다.

子路曰: "君子尙勇乎?" 子曰: "君子義以爲上, 君子有勇而無義爲亂, 小人有勇而無義爲盜."

子貢曰: "君子亦有惡乎?" 子曰: "有惡: 惡稱人之惡者, 惡居下流而訕上者, 惡勇而無禮者, 惡果敢而窒者." 曰: "賜也亦有惡乎?" "惡徼以爲知者, 惡不孫以爲勇者, 惡訐以爲直者."
稱人之惡(칭인지악) 여기에서 악은 선악의 악이며 다른 구절의 악 자는 호오(好惡)의 뜻, 즉 '싫어하다'이다. 下流(하류) 양보쥔은 청나라 때 학자인 혜동(惠棟)의 『구경고의(九經古義)』와 풍등부(馮登府)의 『논어이문고증(論語異文考證)』에 근거하면 만당(晚唐) 이전의 판본에는 '류' 자가 없었으므로 필요 없다고 했다. 訕(산) 비방하다. 窒(질) 마음은 막히다〔塞〕로 보았다. 형병은 사람의 선한 도리를 막는 것〔塞人之善道〕이라고 했다. 曰: "賜也亦有惡乎"(왈사야역유오호) 황간의 『논어의소』에 자공이 스스로 한 말이라는 강희의 설이 소개되어 있다. 이에 따르면 "저〔賜〕도 미워함이 있다고 할까요?"로 해석된다. 徼以爲知(요이위지) 요는 돌아다닌다는 뜻이다. 공안국은 "요는 베끼다이다. 다른 사람의 생각을 베껴 자기의 것처

부모의 품에서 벗어난다. 삼년상은 천하의 공통적인 상례다. 여도 자기 부모로부터 3년 동안 사랑을 받지 않았던가?"

17-22   선생님께서 말씀하셨다. "배부르게 먹고 해가 지도록 마음 쓰는 곳이 없다면 곤란하도다! 장기와 바둑이 있지 않은가? 그것이라도 하는 편이 아무것도 하지 않는 것보다는 나을 것이다."

17-23   자로가 말했다. "군자는 용맹을 숭상합니까?" 선생님께서 말씀하셨다. "군자는 의를 으뜸으로 여긴다. 군자가 용맹은 있으나 의가 없다면 난을 일으키고, 소인이 용맹은 있으나 의가 없으면 도둑질을 한다."

17-24   자공이 말했다. "군자도 역시 미워함이 있습니까?" 선생님께서 말씀하셨다. "미워함이 있다. 남의 나쁜 점을 말하는 사람을 미워하고, 손아랫사람으로서 윗사람 헐뜯는 사람을 미워하고, 용맹스럽기는 하지만 무례한 사람을 미워하고, 과감하기는 하지만 막힌 사람을 미워한다." (선생님께서) 말씀하셨다. "사야, 네게도 미워하는 것이 있느냐?" "남의 뜻을 자기 생각인 것처럼 베끼는 사람을 미워하고, 불손한 것을 용맹하다고 생각하는 사람을 미워하고, 남의 비밀을 들추어내는 것을 정직하다고 생각하는 사람을 미워합니다."

럼 하는 것이다.[徼, 抄也. 抄人之意, 以爲己有]"라 했다. 즉 남의 것을 베껴 자신이 총명한 것처럼 보이게 한다는 뜻이다. 주희는 훔쳐보다[伺察]로 해석한다.

子曰: "唯女子與小人爲難養也, 近之則不孫, 遠之則怨."
女子(여자), 小人(소인) 정현은 빈천한 남녀의 호칭이라고 보았다. 養(양) 유보남은 상대하다[待]로 풀이했다.

子曰: "年四十而見惡焉, 其終也已."
已(이) 동사로 끝나다. 그치다[止]이다. 정현은 "불혹의 나이가 되어서도 사람들에게 미움을 받는다면 끝내 선행이 없을 것이다.[年在不惑, 而爲人所惡, 終無善行也.]"로 해석했다.

17-25 선생님께서 말씀하셨다. "여자와 소인만은 상대하기가 어렵다. 가까이하면 불손하고, 멀리하면 원망한다."

17-26 선생님께서 말씀하셨다. "나이 마흔이 되어서도 사람들에게 미움을 받으면, 그의 일생은 더 이상 가망이 없다."

18 미자
微子

모두 11장이다. 악한 사람이 세력을 얻는 세상이 되면 현자들은 멀리 피해서 숨는다. 따라서 이 편을 「양화」 편 다음에 두었다. 이 편에는 은자들과 달리 공자는 구세의 의지가 강해서 은둔할 수가 없었으며, 그러한 까닭에 공자가 성인이라는 숨은 뜻이 있다. "군자는 그와 가까운 사람을 편애하지 않으며, 대신이 써 주지 않는다고 원망하지 않게 하며, 옛 친구에게 큰 잘못이 없으면 버리지 않으며, 어떤 한 사람에게 완전무결하기를 요구하지 않는다."라는 말이나 "제나라 사람이 여악(女樂)을 보내왔다. 계환자가 그것을 받아들이고 사흘 동안이나 조회를 하지 않으니, 공자께서는 떠나셨다."라는 말이 이를 잘 나타낸다.

微子去之, 箕子爲之奴, 比干諫而死. 孔子曰: "殷有三仁焉."

微子(미자) 주(紂)의 서형(庶兄)이다.　箕子(기자) 정약용은 『사기』 「송세가(宋世家)」에 따라 주의 친척이라고 했다. 양보쥔은 주의 숙부라고 했다.　比干(비간) 주의 숙부다.

柳下惠爲士師, 三黜. 人曰: "子未可以去乎?"曰: "直道而事人, 焉往而不三黜? 枉道而事人, 何必去父母之邦?"

士師(사사) 공안국에 따르면 전옥지관(典獄之官)이니 오늘의 법관이다. 정현은 『주례』의 주에서 사(士)는 찰(察)이며 주로 옥송(獄訟)의 일을 살핀다고 했다.　黜(출) 물리치다.

齊景公待孔子曰: "若季氏, 則吾不能, 以季·孟之間待之." 曰: "吾老矣, 不能用也." 孔子行.

待孔子(대공자) 황간은 제 경공이 처음에는 공자를 대우해서 함께 정치 교화를 행하려 했다고 풀이했다. 이때 공자는 35세였다.

齊人歸女樂, 季桓子受之, 三日不朝, 孔子行.

歸(귀) 궤(饋), 즉 보낸다는 뜻이다.　女樂(여악) 춤과 노래를 할 줄 아는 미녀들로 구성된 일종의 연예인단이다.　不朝(부조) 여악을 즐기다가 아침에 조회하러 나가지 못한 것을 뜻한다.

18-1 | 미자는 떠나갔고, 기자는 노예가 되었고, 비간은 간하다가 죽었다. 공자께서 말씀하셨다. "은나라에 어진 이 셋이 있었다."

해설 | 주의 폭정을 보고 미자는 떠났고, 기자는 폭정을 비판하며 충고하다가 노예로 전락했고, 비간 역시 폭정을 비판하다 주에게 죽임당했다. 공자는 바른 정치를 위해 죽음을 무릅쓰고 비판한 것이나 폭정을 일삼는 군주를 떠난 것은 행동으로는 서로 다르지만, 국가가 위란에 처했을 때 자기 몸을 던져 구하고자 하는 마음이 모두 인을 실천하는 것이라고 보았다. 유자들이 살신성인(殺身成仁)의 기개를 갖게 된 바탕을 알 수 있다.

18-2 | 유하혜가 법관이 되었다가 세 번이나 면직되었다. 어떤 사람이 물었다. "그대는 아직도 이 나라를 떠나지 않았는가?" (유하혜가) 말했다. "도를 곧게 지켜 남을 섬긴다면, 어디를 간들 여러 차례 면직되지 않겠는가? 도를 굽혀 남을 섬긴다면, 어찌 반드시 부모의 나라를 떠나야 하겠는가?"

18-3 | 제 경공이 공자를 대접하며 말했다. "계씨처럼 대우하란다면 내가 못하지만, 계씨와 맹씨의 중간 정도로는 대우해 드리겠습니다." (그 뒤 마음이 바뀌어) "내가 늙어서 선생을 등용할 수 없습니다."라고 하니 공자께서 떠나셨다.

18-4 | 제나라 사람이 여악(女樂)을 보내왔다. 계환자가 그것을 받아들이고 사흘 동안이나 조회를 하지 않으니, 공자께서는 떠나셨다.

孔子行(공자행) 이때 공자는 노나라에서 사구의 직책에 있었는데, 그로 말미암아 노나라가 강성해질 것을 두려워한 제나라에서 정치를 혼란케 하고자 미녀들을 보냈다. 계환자가 이들을 받아들이는 모습을 본 공자는 자기의 이상이 실현되지 않을 것을 알고 노나라를 떠났다.

楚狂接輿歌而過孔子, 曰: "鳳兮鳳兮, 何德之衰? 往者不可諫, 來者猶可追. 已而, 已而, 今之從政者殆而!" 孔子下, 欲與之言. 趨而辟之, 不得與之言.

接輿(접여) 형병에 따르면 성은 육(陸)이고 이름은 통(通)이며 자가 접여다. 주나라 소왕(昭王) 때 정령(政令)이 무상하여 머리를 풀고 미치광이 행세를 하면서 벼슬하지 않았다. 당시 사람들이 초나라 미치광이[楚狂]라고 일컬었다. 양보쿼은 조지승(曹之升)의 『사서척여설(四書撫餘說)』을 인용해서 『논어』에 나오는 은자들의 이름은 그가 하는 일과 연관해서 붙여진 것이라고 설명한다. 접여는 공자의 여(輿)에 접(接)한 사람이라는 뜻이므로 이름도 아니고 자도 아니라는 것이다. 이에 따르면 첫 구절은 "초나라 미치광이가 공자의 수레에 접근하여 노래를 부르고 지나갔다."로 해석된다. 來者猶可追(내자유가추) 공안국과 주희에 따르면 '앞으로는[來者] 어지러움을 피해 은거할 수 있다'고 해석된다. 황간에 따르면 내자(來者)는 아직 이르지 않은 일[未至之事]이니, '아직 이르지 않은 일은 오히려 그만두고 다시 천하를 두루 돌아다니지[周流天下] 않을 수 있다'고 풀이된다. 下(하) 형병에 따르면 이때는 공자가 초나라로 가는 도중이었다. 그러므로 수레에서 내린다는 뜻이다. 정현에 따르면 마루에서 내려와 문을 나섰다[下堂出門]는 뜻이다. 『장자』 「인간세(人間世)」에 따르면 공자는 이미 초나라에 도착해 있었고, 접여는 그가 머무는 집 문 앞을 지나가며 노래한 것이다.

長沮·桀溺耦而耕, 孔子過之, 使子路問津焉. 長沮曰: "夫執輿者爲誰?" 子路曰: "爲孔丘." 曰: "是魯孔丘與?" 曰: "是也." 曰: "是知津矣." 問於桀溺. 桀溺曰: "子爲誰?" 曰: "爲仲由." 曰: "是魯孔丘之徒與?" 對曰: "然." 曰: "滔滔者天下皆是也, 而誰以易之? 且而與其從辟人之士也, 其若從辟世之士哉?" 耰而不輟. 子路行以告. 夫子憮然, 曰: "鳥獸不可與同群,

18-5 　　초나라의 미치광이 접여가 공자가 탄 수레 곁을 노래 부르며 지나갔다. "봉황새여! 봉황새여! 어찌하여 덕이 그처럼 쇠하였는가? 지난 세월이야 간해 본들 되돌릴 수 없지만, 앞으로는 그래도 은둔자의 길을 따를 수 있으리. 그만두소, 그만두소. 지금 세상에 정치하는 사람은 위태하외다!" 공자께서 수레에서 내려 그와 말하고 싶어 하셨으나, 재빠르게 피해 버리니 그와 더불어 말할 수 없었다.

해설 　　여기에서 은자는 도가 사상을 가진 인물이라고 할 수 있다. 은자는 공자에게 혼탁한 현실 정치 상황에서 벗어날 것을 충고한다. 그러나 우환 의식을 가지고 사회 정의의 실현을 자신의 도덕적 책임으로 여기는 유가들로서는 받아들이기 어려운 충고이다. 은자는 공자를 봉황에 비유함으로써 유가에 대한 존중을 보여 주고, 공자 역시 그를 보고 싶어 했다는 점에서 은자를 존중하고 있음을 읽을 수 있다. 다만 공자와 은자의 대화가 직접적으로 이루어지지 않은 것이 아쉽다.

18-6 　　장저와 걸익이 함께 밭을 갈고 있는데, 공자께서 그곳을 지나가다가 자로에게 나루터를 묻게 하셨다. 장저가 말했다. "저기서 고삐를 잡고 있는 저 사람은 뉘신가?" 자로가 말했다. "공구십니다." "그러면 노나라의 공구인가?" "그렇습니다." "그가 나루터를 알 것이다."

吾非斯人之徒與而誰與? 天下有道, 丘不與易也."

長沮(장저)·桀溺(걸익) 은자들이다. 주희에 따르면 공자가 초나라를 떠나 채나라로 돌아갈 때가 배경이다. 정약용에 따르면 공자는 이때 물이 넘쳐서 어느 곳으로 건너야 할지 모르는 상황이었다. 耦(우) 밭 갈다. 執輿(집여) 자로가 물으러 간 사이에 공자가 고삐를 잡고 있는 것을 말한다. 滔滔者天下皆是也(도도자천하개시야) 황간은 천하가 악으로 가득 찼음[天下 周流 一切皆惡]을 비유한 것으로 보았다. 而誰以(이수이) 주희에 따르면 이(而)는 여(汝)이고, 이(以)는 '더불어'의 뜻이다. 辟人(피인) 공자가 자기 뜻을 받아 주지 않는 사람을 피해서 여러 나라를 두루 돌아다닌 것[周遊列國]을 풍자하는 말이다. 耰(우) 씨 뿌리고 나서 흙을 덮어 주는 일. 이와 달리 정약용은 흙덩이를 부수어 고르게 하는 일이라고 했다. 憮然(무연) 황간은 경악하는 모양 또는 낙심하는 모양이라고 보았다. 형병은 실의에 찬 모습이라고 하였다. 주희는 자기 뜻을 이해하지 못해서 애석해하는 모습[悵然]이라고 했다. 斯人之徒(사인 지도) 이 세상 사람들을 가리킨다.

子路從而後, 遇丈人以杖荷蓧. 子路問曰: "子見夫子乎?"丈人曰: "四體不勤, 五穀不分, 孰爲夫子?"植其杖而芸. 子路拱而立. 止子路宿, 殺鷄爲黍而食之, 見其二子焉. 明日, 子路行以告. 子曰: "隱者也."使子路反見之. 至, 則行矣. 子路曰: "不仕無義. 長幼之節, 不可廢也; 君臣之義, 如之何其廢之? 欲潔其身, 而亂大倫. 君子之仕也, 行其義也. 道之不行, 已知之矣."

蓧(조) 삼태기. 형병에 따르면 김매는 기구[芸田器]다. 五穀不分(오곡불분) 황간은 파종할 걸익에게 물으니, 걸익이 말했다. "그대는 뉘시오?" "중유라고 합니다." "당신이 노나라 공구의 제자인가?" "그렇습니다." "흙탕물이 도도하게 흘러 퍼져 천하가 모두 그러한데, 당신은 누구와 더불어 그것을 바꾸겠는가? 또 그대는 사람을 피하는 선비를 따르기보다는, 차라리 세상을 피하는 선비를 따르는 것이 낫지 않겠는가?" (걸익은 이렇게) 말하면서, 씨를 심고 흙 덮는 일을 그치지 않았다.

자로가 수레로 돌아와서 아뢰니, 선생님께서 깜짝 놀라며 말씀하셨다. "새와 짐승과는 어울려 살아갈 수는 없으니, 내가 이 세상 사람들과 함께하지 않고 누구와 함께하겠는가? 천하에 도가 있다면, 내가 너희들과 함께 세상을 바꾸어 보려 하지 않을 것이다."

해설   은자인 장저와 걸익이 세상을 구원하겠다고 돌아다니는 공자를 풍자했다. 세상을 위하여 도를 말하는 사람이 어째서 다른 사람에게 길을 묻고, 물 건너는 곳도 모르는 사람이 어떻게 천하를 태평하게 하겠다는 것인가! 그러나 공자는 은자로 살아가면 근심 걱정이야 없겠지만, 세상 사람들과 더불어 살고자 한다면 바른 도리를 실현하기 위해 노력해야 한다고 보았다.

18-7   자로가 (공자를) 따라가다가 뒤에 처졌는데, 지팡이로 김매는 기구를 메고 가는 노인을 만났다. 자로가 물었다. "어르신께서는 저희 선생님을 보셨는지요?" 노인은 "손발을 부지런히 움직여 일하지 않고 오곡을 파종하지도 못하는데, 누가 선생이란 말인가?"라 대답하고, 그 지팡이를 세워 놓고 김을 맸다.

때 오곡을 분별하지 못하는 것이라고 했다. 주희는 콩과 보리를 구별하지 못하는 것〔不辨菽麥〕이라고 새겼다. 子路曰(자로왈) 자로가 노인의 두 아들에게 하는 말이다. 정약용은 자로의 독백이라고 보았다.

逸民: 伯夷·叔齊·虞仲·夷逸·朱張·柳下惠·少連. 子曰: "不降其志, 不辱其身, 伯夷·叔齊與!" 謂"柳下惠·少連, 降志辱身矣, 言中倫, 行中慮, 其斯而已矣." 謂"虞仲·夷逸, 隱居放言, 身中淸, 廢中權. 我則異於是, 無可無不可."

逸民(일민) 황간에 따르면 절조와 품행이 뛰어나서 세상에 구애받지 않는 사람〔節行超逸, 不拘於世者〕이다. 虞仲(우중) 주희에 따르면 중옹(仲雍)으로, 태백(泰伯)과 함께 형만(荊蠻)으로 숨어들었다고 한다. 夷逸(이일) 정약용은 설방산(薛方山)의 설을 소개했다. "이궤지족(夷詭之族)으로, 홀로 은거하면서 벼슬하지 않았다." 朱張(주장) 왕필에 따르면 자는 자궁(子弓)이다. 형병에 따르면 순자는 주장을 공자에 비유했다. 少連(소련) 주희는 동이인(東夷人)이라고 보았다. 『예기』「잡기」에는 소련이 거상(居喪)을 잘했다〔善居喪〕고 쓰여 있다. 放言(방언) 세상일에 대해서 언급하지 않는 것〔世務不隨及言之者〕을 뜻한다. 정약용에 따르면 근언(謹言)에 반대되는 것으로, 하고 싶은 말을 다하는 것〔縱言〕이다. 身中淸(신중

자로가 두 손을 공손히 모으고 서 있으니 (노인은) 자로를 머물러 자고 가게 하고는, 닭을 잡고 기장밥을 지어 먹이고 그의 두 아들에게 자로를 뵙게 하였다. 이튿날 자로가 떠나와 (공자께) 이를 아뢰었다. 선생님께서 말씀하셨다. "은자로다." 자로에게 되돌아가 만나 보게 하셨으나, 이르고 보니 이미 외출했다.

자로가 (노인의 아들에게) 말했다. "벼슬하지 않는 것은 의가 없는 것이다. 장유의 예절을 폐지할 수 없거늘, 군신의 의를 어떻게 없앨 수 있겠는가? 자기 한 몸을 고결하게 하려다 더 큰 윤리를 어지럽히는 것이다. 군자가 벼슬하는 것은 그의 대의를 행하려는 것이다. (이 시대에는) 도가 행해지지 못하고 있다는 것을 (우리 선생도) 이미 알고 계시다."

18-8   일민(逸民)은 백이와 숙제, 우중과 이일, 주장 그리고 유하혜와 소련이다. 선생님께서 말씀하셨다. "자기 뜻을 굽히지 않고 그 몸을 욕되게 하지 않은 사람은 백이와 숙제이리라." (선생님께서 또 말씀하셨다.) "유하혜와 소련은 뜻을 굽히고 몸을 욕되게 했으나, 말이 윤리에 맞고 행실이 사려에 맞았을 따름이다." (또 말씀하셨다.) "우중과 이일은 은거하며 세상일을 방치하여 말하지 않았고, 그들의 몸가짐은 청렴결백했고, 나서서 일하지 않고 살아가는 것은 시의에 딱 맞았다. 나는 이들과 달라서, 꼭 그래야 한다는 것도 없고 그래서는 안 된다는 것도 없다."

청) 황간에 따르면 어지러운 조정에서 스스로 벼슬하지 않으니 청결에 들어맞는 것[身不仕亂朝, 是中淸潔也]이다. 廢中權(폐중권) 마음에 따르면 '폐'는 난세를 만나 스스로 버려져서 화를 면하고 권도에 맞게 하는 것이다. '중권'이란 시대, 장소, 처지에 알맞게 하는 것이다.

大師摯適齊, 亞飯干適楚, 三飯繚適蔡, 四飯缺適秦, 鼓方叔入於河, 播鼗武入於漢, 小師陽·擊磬襄入於海.

亞飯, 三飯, 四飯(아반, 삼반, 사반) 주희에 따르면 음식 먹을 때 음악 연주를 직책으로 삼는 관리다. 入於海(입어해) 황간은 양(陽)과 양(襄) 두 사람은 흩어져 바다로 도망가 살았다고 했다. 주희는 '바다'를 바다에 있는 섬이라고 했고, 양보쥔은 바닷가라고 했다.

周公謂魯公曰: "君子不施其親, 不使大臣怨乎不以. 故舊無大故, 則不棄也. 無求備於一人!"

施(시) 황간은 불시란 불편과 같다[不施猶不偏也]는 손작의 설을 인용하며 '시'를 편애한다는 뜻으로 풀었다. 공안국에 따르면 사람을 바꾼다는 뜻이다. 공안국에 따르면 군자는 타인의 어버이로 자기의 어버이를 바꾸지 않는다.[不以他人之親, 易己之親] 주희에 따르면 버려두다[遺棄]이고, 정약용에 따르면 무관심하다[弛解]이다. 장보첸은 용(用)으로 보아 자신의 친척을 등용하지 않는 것이라 해석한다.

周有八士: 伯達·伯适·仲突·仲忽·叔夜·叔夏·季隨·季騧.

18-9   태사 지(摯)는 제나라로 가고, 아반 간(干)은 초나라로 가고, 삼반 요(繚)는 채나라로 가고, 사반 결(缺)은 진나라로 가고, 고수 방숙(方叔)은 하내(河內)로 들어가고, 작은 북을 흔드는 무(武)는 한수(漢水) 지방으로 들어가고, 소사 양(陽)과 경쇠를 치는 양(襄)은 바다로 갔다.

해설   공안국에 따르면 노나라 애공 때 예악 제도가 붕괴되자 노나라에서 활약하던 음악인들이 모두 떠났다. 여기에서는 그때 떠난 음악인들이 다른 곳으로 갔음을 설명하고 있는 것이다.

18-10   주공이 아들 노공(魯公)에게 말했다. "군자는 그와 가까운 사람을 편애하지 않으며, 대신이 써 주지 않는다고 원망하지 않게 하며, 옛 친구들에게 큰 잘못이 없으면 버리지 않으며, 어떤 한 사람에게 완전무결하기를 요구하지 않는다."

18-11   주나라에 선비가 여덟 있었으니 백달, 백괄, 중돌, 중홀, 숙야, 숙하, 계수, 계왜다.

포함·황간·형병·마융 등은 모두 "주나라 때 한 어머니가 네 번을 임신해 아이를 낳았는데, 매번 쌍둥이를 낳았다. 그래서 백(伯)·중(仲)·숙(叔)·계 (季)를 써서 여덟 명의 이름을 지었다."라고 했다. 이 장은 주나라 초기에 인 재가 많았음을 설명한 것으로, 한 어머니가 여덟 명의 인재를 낳았다는 예 를 들었다. 그러나 주희는 이 장에 관해 전거가 없다고 보았다. 『논어집주』 에 따르면 장재(張載)는 훌륭한 사람이 많았다는 것을 기록했다고 했다.

19 자장
子張

모두 25장으로, 대부분 공자의 말에 근거한 제자들의 말로 이루어져 있다. 이 가운데 자장의 말이 세 군데(1~3장), 자하의 말이 열 군데(4~11, 13장), 자유의 말이 세 군데(12, 14~15장), 증자의 말이 네 군데(16~19장), 자공의 말이 여섯 군데(20~25장) 실려 있다. 이 편에서 주를 이루는 것은 자하, 자공, 증자의 말로, 안회나 자로의 말이 기록되어 있지 않은 것은 아마 그들이 공자보다 일찍 죽었기 때문일 것이다. 특히 자장과 자하 학파 사이의 상호 비판 그리고 자유와 자하의 논쟁은 공자 사후에 있었던 학파의 대립을 보여 주는 중요한 자료라고 할 수 있다. 자공과 공자를 비교하는 문답을 통해 자공 역시 공자 생존 때부터 사후까지 상당히 존경받는 인물이었고, 또 세력을 가졌던 것을 알 수 있다. 따라서 이 편은 자공을 받드는 제나라 학파에 의해 전승된 것으로 추측된다.

子張曰: "士見危致命, 見得思義, 祭思敬, 喪思哀, 其可已矣."

得(득) 목전의 이익을 말한다.

子張曰: "執德不弘, 信道不篤, 焉能爲有? 焉能爲亡?"

焉能爲有, 焉能爲亡(언능위유, 언능위무) 공안국은 이 부분을 경중을 따질 것이 없다는 뜻
으로 해석했다. 황간은 경중이 없다는 것을 '세상에 이런 사람이 없어도 가볍다고 할 것이 없
고, 있어도 무겁다고 할 것이 없다'고 풀이했다. 정약용은 공안국이 사람을 목적어로 본 것과
는 달리 덕과 도를 목적어로 보았다. 즉 그런 사람의 덕과 도는 있고 없음[有無]을 논할 만하
지 못하다는 해석이다.

子夏之門人, 問交於子張. 子張曰: "子夏云何?" 對曰: "子夏曰: '可者與之,
其不可者拒之.' 子張曰: "異乎吾所聞. 君子尊賢而容衆, 嘉善而矜不能. 我
之大賢與, 於人何所不容? 我之不賢與, 人將拒我, 如之何其拒人也?"

子夏曰: "雖小道, 必有可觀者焉, 致遠恐泥, 是以君子不爲也."

小道(소도) 주희는 농학, 의학, 복술(卜術) 등의 기술로 보았고, 정약용도 군사, 농사짓는 법,
의약 등으로 보았다. 그러나 형병은 제자백가의 말이라고 했다. 致遠(치원) 나라를 경영하

자장이 말했다. "선비는 국난을 보면 목숨을 바치고, 이득이 될 것을 보면 의를 생각하며, 제사에는 경건함을 생각하고, 상사에는 슬픔을 생각해야 한다. 그러면 선비라고 할 만하다."

자장이 말했다. "덕을 지키되 크게 넓히지 않고, 도를 믿되 돈독하게 하지 않는다면, 이런 사람들은 있다고 해도 그만, 없다고 해도 그만이다."

자하의 문인이 자장에게 사람 사귀는 법을 묻자, 자장이 말했다. "자하는 뭐라고 하던가?" "자하께서는 좋은 사람과는 사귀고, 좋지 않은 사람은 멀리해야 한다고 하셨습니다." 자장이 말했다. "내가 들은 바와는 다르구나. 군자는 현자를 존중하고 뭇사람을 포용하며, 착한 사람을 칭찬하고 그렇지 못한 사람을 가엾게 여긴다. 내가 대단히 현명하다면 남들에게 어찌 받아들여지지 않을 것인가? 내가 현명하지 못하다면 남들이 나를 멀리할 것이니, 어떻게 내가 남들을 멀리하겠는가?"

자하가 말했다. "비록 작은 기술이라도 반드시 볼만한 것이 있지만, 원대한 일을 이루기에는 아마도 어려울 것이다. 이 때문에 군자는 그것을 배우지 않는다."

는 것과 같은 일이다. 반면 정약용은 상달(上達)하는 것, 즉 『대학』에서 말하는 "지극한 선에 나아가 머무는[在止於至善]" 경지를 뜻한다고 풀이했다. 泥(니) 황간은 어렵다[難], 주희는 통하지 않음[不通]으로 보았다. 爲(위) 황간과 형병은 배우다[學]라고 했다.

子夏曰: "日知其所亡, 月無忘其所能, 可謂好學也已矣."

子夏曰: "博學而篤志, 切問而近思, 仁在其中矣."
篤志(독지) 주희에 따르면 뜻을 돈독하게 하는 것이며, 황간에 따르면 돈독하게 기억하는 것이다.

子夏曰: "百工居肆以成其事, 君子學以致其道."
肆(사) 관청에 부설된 물건 만드는 곳이다. 致其道(치기도) 황간과 형병은 '그 도에 이르다'라고 해석했고, 주희는 '끝까지 추구한다[極]'라고 해석했다.

子夏曰: "小人之過也必文."

子夏曰: "君子有三變: 望之儼然, 卽之也溫, 聽其言也厲."
厲(려) 정현과 황간에 따르면 엄정하다는 뜻, 주희에 따르면 말이 정확하다는 뜻이다.

子夏曰: "君子信而後勞其民, 未信則以爲厲己也. 信而後諫, 未信則以爲謗己也."

19-5　　　자하가 말했다. "날로 모르던 것을 알게 되고, 달이 가도 그가 알았던 것을 잊어버리지 않는다면, 배우기를 좋아한다고 말할 수 있다."

19-6　　　자하가 말했다. "널리 배우고 뜻을 돈독히 하며, 간절하게 묻고 가까운 것에서부터 생각해 나간다면, 인(仁)은 그 가운데 있을 것이다."

19-7　　　자하가 말했다. "모든 기술자들은 일터를 지킴으로써 그들의 일을 이루어 내고, 군자는 배움으로써 그 도에 이르게 된다."

19-8　　　자하가 말했다. "소인은 잘못을 저지르면 반드시 꾸며 대려고 한다."

19-9　　　자하가 말했다. "군자에게는 세 가지 변화가 있다. 멀리서 바라보면 장엄하고, 가까이 가서 보면 온화하고, 그의 말을 들어 보면 엄정하다."

19-10　　　자하가 말했다. "군자는 신뢰를 얻은 뒤에 그의 백성을 부려야 할 것이다. 신뢰를 얻지 못하고 부리면 백성들은 자기들

君子(군자) 황간은 군자를 군주로 보았고, "신이후간(信而後諫)" 이하의 주어는 신하들이라 보았다.

子夏曰: "大德不踰閑, 小德出入可也."
大德(대덕), 小德(소덕) 주희와 정약용은 대절(大節), 소절(小節)로 해석했다. 可(가) 용납하다.

子游曰: "子夏之門人小子, 當灑掃應對進退, 則可矣, 抑末也. 本之則無, 如之何?" 子夏聞之, 曰: "噫! 言游過矣! 君子之道, 孰先傳焉? 孰後倦焉? 譬諸草木, 區以別矣. 君子之道, 焉可誣也? 有始有卒者, 其惟聖人乎!"
門人小子(문인소자) 문인 가운데 젊은이를 말한다. 本(본) 황간은 선왕지도(先王之道)로 보았고, 주희는 성의정심(誠意正心)의 일이라 했으며, 정약용은 성명(性命)에 관한 학문으로 보았다. 言游(언유) 자유. 孰(숙) 주희는 '어느 것'으로 보았으나, 황간은 '누구'로 보았다. 본문 번역은 주희의 설에 따랐다. 황간에 따라서 해석한다면 "군자의 도를 누가 먼저 전해 받을 것이며, 누가 나중에 싫증 내게 될 것인가?"가 된다. 먼저 익힌 사람이 일찍 해이해질 수도 있고, 나중에 배운 사람이라도 쉽게 싫증 내지 않을 수 있다는 뜻이다. 譬諸草木, 區以別矣(비제초목, 구이별의) 주희는 정자의 말을 인용해서 말했다. "군자가 사람을 가르치는 데는 순서가 있으니, 먼저 작은 것과 비근한 것을 가르친 뒤에 큰 것과 먼 것을 가르친다. 작은 것과 비근한 것을 먼저 가르친다고 해서, 뒤에 큰 것과 먼 것을 가르치지 않는다는 것은 아니다." 한편 황간은 다음과 같은 장빙의 말을 인용했다. "그것을 초목에 견주어 보면 혹 봄에 꽃이 피었다가 일찍 지기도 하고, 혹 가을이 되어서야 꽃피웠다 하더라도 일찍 열매를 맺기도 한다. 군자의 도를 깨치는 데도 더디거나 빠른 사람이 있다." 區(구) 류(類)와 같다. 君子之道, 焉

을 괴롭힌다고 여기게 된다. 신하는 신임을 받은 뒤에 임금에게 간언해야 할 것이다. 신임을 얻기 전에 간언하면 임금은 자기를 비방한다고 여기게 된다."

19-11   자하가 말했다. "큰 원칙에서 한계를 넘지 않으면, 세세한 절목에서는 약간의 차이가 있어도 괜찮다."

해설   덕치의 본질은 인간의 실수를 책망하지 않는 것이다. 공자 문하의 휴머니즘을 볼 수 있는 구절이다.

19-12   자유가 말했다. "자하의 젊은 제자들은 물 뿌리고 비질하며, 손님을 접대하고, 어른 앞에 나아가고 물러나는 예절은 괜찮다. 그러나 이런 것은 지엽적인 일일 뿐, 그 근본적인 일에 대해서는 별것이 없으니, 그것을 어찌하겠는가?" 자하가 그 말을 듣고 말했다. "허 참! 언유가 잘못이로다. 군자의 도에서 어느 것을 먼저 전하며, 어느 것을 뒤로 미루겠는가? 초목에 비유하면 종류에 따라서 구별하는 것과 같으니, 군자의 도를 내가 어찌 속일 수 있겠는가? 처음과 끝을 다 갖춘 사람은 오직 성인뿐일 것이다."

해설   자하는 작은 일부터 가르쳐서 대도(大道)로 나아가게 해야 한다는 교육관을 가졌고, 자유는 선왕의 도를 먼저 배우도록 해야 한다는 교육관을 가졌다.

可誣也(군자지도, 언가무야) 장빙은 "군자의 도에는 느리고 빠름이 있으니 (그것을) 속일 수 있겠는가?"라 했다.

子夏曰: "仕而優則學, 學而優則仕."

子游曰: "喪致乎哀而止."

子游曰: "吾友張也爲難能也, 然而未仁."

爲難能(위난능) 포함은 "자장의 용의(容儀)는 따르기가 어렵다."라고 해석했고, 주희는 "자장은 행동은 고상한 듯하나 성실하고 간곡한 뜻은 적었다."라고 해석했다. 정약용은 "자장은 남들이 하기 어려운 일을 한다."라고 해석했다.

曾子曰: "堂堂乎張也, 難與竝爲仁矣."

曾子曰: "吾聞諸夫子: 人未有自致者也, 必也親喪乎!"

必(필) 반드시. 황간은 '마땅히', 마융은 '저절로 그렇게 된다'로 해석했다. 정약용도 마융의 해석을 따르면서 『맹자』「등문공 상」의 "어버이의 상은 진실로 자신의 효심을 극진하게 다해야 하는 것이다.[親喪固所自盡也.]"라는 구절을 들었다. 이에 따르면 "필야친상호(必也親喪乎)"는 "친상을 당하면 저절로 슬픔을 극진히 표현하게 된다."라 해석된다.

曾子曰: "吾聞諸夫子: 孟莊子之孝也, 其他可能也; 其不改父之臣與父之政, 是難能也."

19-13 　자하가 말했다. "벼슬하면서도 남는 힘이 있으면 배우고, 배워서 인격과 학문이 넉넉하면 벼슬을 할 것이다."

19-14 　자유가 말했다. "상사를 당해서는 슬픔을 다하는 데서 그쳐야 할 것이다."

19-15 　자유가 말했다. "나의 벗 자장은 풍채로는 다른 사람들이 따르기가 어렵다. 그러나 아직 인을 체득하지는 못했다."

19-16 　증자가 말했다. "당당하구나, 자장이여. 그러나 그와 함께 인을 행하기는 어렵다."

19-17 　증자가 말했다. "내가 선생님께 듣기를, '사람이 자기의 정을 극진히 표시한 적이 없었을지라도, 친상을 당하면 반드시 슬픔을 극진히 표현해야 할 것이다.'라고 하셨다."

19-18 　증자가 말했다. "내가 선생님께 듣기를, '맹장자의 효행 가운데 다른 일들은 남들도 모두 할 수 있으나, 아버지의 신하

孟莊子(맹장자) 노나라의 대부로, 성은 맹손(孟孫)이고 이름은 속(速)이다. 아버지 맹헌자(孟獻子)의 뒤를 이었으나 곧 죽었다. 孟莊子之孝(맹장자지효) 황간은 "오직 애경(哀敬) 외에 별다른 일이 있었던 것은 아니다."라고 했다. 맹장자는 정치를 행한 기간도 짧았지만 상주 노릇 한 기간뿐 아니라 죽을 때까지 맹헌자의 정책을 바꾸지 않았다. 이는 「학이」 1-11의 구절과 연관되는 내용이다. "아버지가 살아 계실 때에는 그의 뜻을 보고, 돌아가신 뒤에는 그의 행위를 보아야 할 것이다. 돌아가신 뒤 적어도 3년 동안 아버지의 방식을 바꾸지 않아야 효도라고 할 수 있다."

孟氏使陽膚爲士師, 問於曾子. 曾子曰: "上失其道, 民散久矣. 如得其情, 則哀矜而勿喜!"

陽膚(양부) 증자의 제자라고 하며, 자세한 것은 알려져 있지 않다. 士師(사사) 재판관의 우두머리. 民散(민산) 마음은 가볍게 떠돌아다니면서 법을 어기는 것이라고 해석했다. 이와 달리 주희는 정(情)과 의(義)가 괴리된 상태라 했다.

子貢曰: "紂之不善, 不如是之甚也. 是以君子惡居下流, 天下之惡皆歸焉."

紂(주) 이름은 신(辛), 자는 수(受), 시호가 주다. 은(殷)나라의 마지막 임금으로 폭군이었고 결국 주(周)나라 무왕에게 정벌되어 나라를 빼앗겼다. 下流(하류) 주희의 풀이는 이렇다. "지형이 낮은 곳으로, 모든 물줄기가 모여드는 곳이다. 사람이 더럽고 천한 행실이 있으면 악명이 모여드는 것과 같음을 비유한 것이다."

子貢曰: "君子之過也, 如日月之食焉: 過也, 人皆見之; 更也, 人皆仰之."

衛公孫朝, 問於子貢曰: "仲尼焉學?" 子貢曰: "文武之道, 未墜於地, 在人.

와 아버지의 정책을 바꾸지 않았던 일은 하기 어렵다.'라고
하셨다."

맹손씨가 양부를 법관에 임명하니, 양부가 증자에게 (옥사
에 관해) 물었다. 증자가 말했다. "높은 자리에 있는 사람이
정도를 잃어 백성이 죄를 짓고 흩어진 지 오래되었다. 만약
그 죄상을 밝혀냈을지라도 불쌍히 여길 것이지 기뻐하지는
마라."

자공이 말했다. "주(紂)의 불선함이 그와 같이 심하지는 않
았다. 이 때문에 군자는 하류에 처하기를 싫어하는데, 천하
의 악이 모두 그에게 돌아가기 때문이다."

자공이 말했다. "군자의 잘못은 일식이나 월식과 같다. 잘
못을 저지르면 사람들이 모두 그것을 보게 되고, 그것을 고
치면 사람들이 모두 우러러본다."

위나라 공손조가 자공에게 물었다. "중니는 어디서 배웠는

賢者識其大者, 不賢者識其小者, 莫不有文·武之道焉. 夫子焉不學? 而亦何常師之有?"

公孫朝(공손조) 위나라의 대부. 文武之道(문무지도) 요, 순, 우, 탕, 문왕, 무왕, 주공 등과 같은 선왕의 도를 뜻한다. 未墜於地(미추어지) 정약용은 사람들이 선왕의 도를 보물같이 아껴서 앞다투어 계승하고 수용하기〔人寶惜之爭承受焉〕 때문에 실전(失傳)되지 않고 세상에 남아 있다고 했다.

叔孫武叔語大夫於朝曰: "子貢賢於仲尼." 子服景伯以告子貢. 子貢曰: "譬之宮牆, 賜之牆也及肩, 窺見室家之好. 夫子之牆數仞, 不得其門而入, 不見宗廟之美, 百官之富. 得其門者或寡矣. 夫子之云, 不亦宜乎!"

叔孫武叔(숙손무숙) 노나라 대부로, 성은 숙손이고 이름은 주구(州仇)이다. 仞(인) 깊다. 높다. 百官之富(백관지부) 양보쥔은 관(官) 자의 본의는 방사(房舍)인데, 뒤에 그 뜻을 원용하여 관직을 뜻하게 되었다고 했다. 여기에서는 방을 말한다. 유월의 『군경평의』 권3에 그 설이 보인다.

叔孫武叔毀仲尼. 子貢曰: "無以爲也! 仲尼不可毀也. 他人之賢者, 丘陵也, 猶可踰也;仲尼, 日月也, 無得而踰焉. 人雖欲自絶, 其何傷於日月乎? 多見其不知量也."

多(다) 지(衹)와 같은 글자로, 뜻은 '다만〔適〕'이다.

陳子禽謂子貢曰: "子爲恭也, 仲尼豈賢於子乎?" 子貢曰: "君子一言以爲

가?" 자공이 말했다. "문왕과 무왕의 도가 아직 땅에 떨어지지 않아 사람들에게 남아 있다. 어진 사람은 그 가운데에서 근본적인 것을 알고, 어질지 못한 사람은 그 지엽적인 것을 알고 있다. 문왕과 무왕의 도가 없는 곳이 없으니 선생님께서 어찌 어디에서인들 배우지 않으시며, 또 어찌 일정한 스승이 있어야 하겠는가?"

19-23   숙손무숙이 조정에서 다른 대부에게 "자공이 중니보다 낫다."라고 말했다. 자복경백이 그 말을 자공에게 알려 주니, 자공이 말했다. "집의 담장에 비유하면, 우리 집 담장은 어깨 높이만 하여서 집 안의 좋은 것을 엿볼 수 있다. 선생님의 담장은 너무 높아서, 그 문을 찾아내어 들어가지 않으면 그 안에 있는 종묘의 아름다움과 온갖 방들의 다양함을 볼 수가 없다. 그런데 그 문을 찾아낼 수 있는 사람은 아마도 적을 것이니, 숙손이 그렇게 말할 수도 있지 않겠는가?"

19-24   숙손무숙이 공자를 헐뜯자 자공이 말했다. "그러지 마십시오! 중니는 헐뜯을 수 없습니다. 다른 사람이 잘난 것은 언덕과 같으니 그래도 넘을 수 있겠지만, 중니는 해와 달과 같아서 넘어갈 수 없습니다. 사람들이 비록 해와 달을 스스로 끊어 버리고자 할지라도, 그 어찌 해와 달을 다치게 할 수 있겠습니까? 다만 성인의 도량을 몰라보는 것을 드러낼 뿐입니다."

19-25   진자금이 자공에게 말했다. "그대가 겸손해서 그렇지, 중니

知, 一言以爲不知, 言不可不愼也. 夫子之不可及也, 猶天之不可階而升也. 夫子之得邦家者, 所謂立之斯立, 道之斯行, 綏之斯來, 動之斯和. 其生也榮, 其死也哀, 如之何其可及也?"

動之(동지) 주희는 '고무하다'로, 황간은 '힘들게 일을 시키다'로 풀었다.

가 어찌 그대보다 낫겠습니까?" 자공이 말했다. "군자는 말 한마디로 지혜롭게 되기도 하고, 말 한마디로 지혜롭지 못하게 될 수도 있으니, 말은 신중하게 하지 않을 수 없습니다. 그분을 따를 수 없는 것은 마치 하늘로 계단을 밟고 올라갈 수는 없는 것과 같습니다. 그분께서 제후나 경대부가 되셨다면, 이른바 '가르침을 세우고자 하면 곧 세워지고, 백성들을 인도하면 곧 실행에 옮기고, 그들을 안정시키면 먼 곳의 사람들이 곧 모여들고, 그들을 힘든 일에 동원할지라도 곧 그들 모두가 화목하게 된다.'라는 말처럼 될 것입니다. 그분은 살아 계시면 모두가 영광스럽게 여기고, 돌아가시면 모두가 슬퍼할 것이니, 내가 어떻게 그분에게 미칠 수가 있겠습니까?"

20 요왈
堯曰

이 편은 모두 3장이다. 앞 편에서는 공자가 죽은 뒤 제자들이 학생들과 사람들을 가르치고 배운 내용을 자장, 자공, 자유, 자하, 증자 등의 말을 통해 드러냈다. 그리고 마지막 장에서 자공을 통해 공자는 누구도 따를 수 없는 성인임을 드러냈다. 평소에 공자가 이제삼왕(二帝三王)의 일을 말했던 일을 참고해 「자장」 편 다음에 두었다. 첫째 장은 이제삼왕이 천하를 태평하게 다스린 사실과 그 연유를 공자의 입을 통해서 알려 주었고, 둘째 장은 천하를 태평하게 다스릴 공자의 철학을 말했으며, 셋째 장은 비록 공자는 천명을 얻지 못해 이제 삼왕과 함께하지는 못했지만 그 공은 같음을 말했다. 이로써 「학이」 편의 "남들이 알아주지 않아도 노여움을 품지 않으면 군자답지 않겠는가?"라는 공자의 말이 더욱 새롭다.

堯曰: "咨! 爾舜! 天之曆數在爾躬, 允執其中. 四海困窮, 天祿永終." 舜亦
以命禹.

曆數(역수) 하안은 임금에게 천명이 주어지는 차례인 열차(列次)라고 했다. 주희에 따르면 제
왕들이 서로 계승하는 차례를 가리키니, 세시와 절기의 차례와 같아 역수라고 했다.

曰: "予小子履, 敢用玄牡, 敢昭告于皇皇后帝: 有罪不敢赦. 帝臣不蔽, 簡
在帝心. 朕躬有罪, 無以萬方;萬方有罪, 罪在朕躬."

小子(소자) 천자가 하늘에 대하여 자신을 칭하는 겸손한 표현이다. 履(이) 탕임금의 이름.
牡(모) 수컷. 帝臣不蔽, 簡在帝心(제신불폐, 간재제심) 이 내용이 『서경』「탕고(湯誥)」에는
"너에게 선이 있으면 짐이 감히 가리지 못할 것이며, 죄가 내 몸에 있으면 감히 스스로 용서치
못할 것이니, 간택하는 것은 상제의 마음에 있다."로 되어 있다. 포함은 '폐'를 죄를 가린다는
뜻으로 보아 '걸의 죄를 가릴 수 없다'고 풀었는데, 여기에서는 이 해석을 따랐다. 주희에 따르
면 '폐'는 현인(賢人)을 덮어 가리다, 즉 버려두고 쓰지 않는다는 뜻이고 '간'은 간택한다는 뜻
이 된다. 이 경우 해석은 "죄 있는 자를 감히 용서치 못하며, 천하의 현인들을 가리지 못하니,

20-1-1   요임금이 말했다. "아! 그대 순이여! 하늘의 역수(曆數)가
         그대 몸에 있으니, 진실로 그 중정한 도를 잡아서 지켜라.
         세상 사람들이 곤궁에 처하게 된다면, 하늘이 준 녹위(祿位)
         가 영원히 끊어지리라." 순임금도 이 말씀으로써 우임금에
         게 전해 주었다.

해설   요임금이 순임금에게 제위를 선양할 때 한 말로, 내용은 『서경』「대우모」
         에 있다. 이에 따르면 순임금이 우임금에게 선위할 때에는 "윤집궐중(允執
         厥中)"에 다시 12자를 첨가해 "사람의 마음[人心]은 위태롭고 도를 따르는
         마음[道心]은 은미하니 정밀하게 살피고 일관하여서 진실로 그 중을 잡아
         라.[人心惟危, 道心惟微, 惟精惟一, 允執厥中]"라 한 것으로 되어 있다. 오늘
         날 고증학에서는 이 문장을 『위고문상서』의 글이라고 한다. 송·명 유학자
         들은 이 말을 16자 심결(心訣)이라고 해서 유가 심법(心法)의 요체라고 보았
         다. 우리나라의 경우 조선조에 이르러 사단칠정(四端七情) 논변과 인심도심
         (人心道心) 논쟁의 근거가 되었다.

20-1-2   (탕임금이) 말했다. "소자 저 이(履)는 감히 검은 수소를 제
         물로 올리고, 감히 위대하시고 위대하신 천제께 명명백백하
         게 아룁니다. 죄가 있는 자는 독단적으로 사면하지 않겠습
         니다. (저는) 천제의 신하인 걸(桀)의 죄는 은폐할 수 없으니,
         살펴봄은 천제의 마음속에 있기 때문입니다. 만일 제 자신
         에게 죄가 있다면 백성들에게 연루하지 마십시오. 백성들에
         게 죄가 있다면 그 죄는 제 자신에게 있습니다."

해설   이는 탕임금이 걸을 추방하고 난 뒤 제후들에게 고한 말이다.

간택하는 것은 천제의 마음속에 있습니다."가 된다.

周有大賚, 善人是富. "雖有周親, 不如仁人. 百姓有過, 在予一人."

周有大賚, 善人是富(주유대뢰, 선인시부) 무왕이 은(殷)을 정벌한 뒤 천하에 크게 은혜를 베푼 일을 말한 것이다. 이 내용은 『서경』 「무성(武成)」 편에 보인다. 황간에 따르면 '주'는 주나라 왕실이고, '뢰'는 내려 주는 것이다. 황간의 해석은 다음과 같다. "주나라 왕실에서 하늘이 내려 주는 것을 받았기 때문에 선인들이 부유하고 풍족하게 되었음을 말하거나, 혹은 주나라 왕실이 천하의 착한 사람들에게 재물을 크게 베풀어 주었기 때문에 그들이 부유해졌다는 것이다.[周, 周家也. 賚, 賜也. 言周家受天大賜, 故富足於善人也. 或云, 周家大賜財帛於天下之善人, 善人故是富也.]" 雖有周親, 不如仁人. 百姓有過, 在予一人(수유주친, 불여인인. 백성유과, 재여일인) 『서경』 「태서(泰誓)」에 보인다. 주희와 장보첸은 주왕의 지친(至親)으로 기자, 미자, 비간 등이 있지만 주가(周家)에 인인(仁人)이 많아서 등용된 것만 못하다고 한다. 형병, 양보쥔, 유보남은 '주 무왕이 (말하기를) 내게 비록 지친이 있을지라도'로 해석한다. 이때 지친은 관숙(管叔), 채숙(蔡叔)을 가리키며 인인은 기자, 미자를 가리킨다. 또 형병은 공안국의 주를 '주왕에게 지친이 아무리 많아도 주가에 인인이 적은 것만 못하다'는 뜻으로 해석한다. 周親(주친) 공안국에 따르면 '주'는 지(至)의 의미로 가까운 친척을 말하고, 정약용도 희씨(姬氏, 주 왕실의 성씨)의 친족이라고 했다. 仁人(인인) 기자, 미자 같은 인물들이다.

謹權量, 審法度, 修廢官, 四方之政行焉. 興滅國, 繼絶世, 擧逸民, 天下之民歸心焉. 所重: 民, 食, 喪, 祭. 寬則得衆, 信則民任焉, 敏則有功, 公則說.

權量(권량), 法度(법도) 형병은 법도가 거(車)·복(服)·정(旌)·기(旗)의 예의라고 했고, 주희는 예악과 제도라 했다. 정약용에 따르면 법은 형률(刑律), 도는 수레〔車〕·복식〔服〕·깃발〔旌旗〕·무늬〔章〕·색채〔采〕의 등급으로 구별되는 것이다. 장보첸의 주석에 인용된 성용경(成蓉鏡)의 『경의변지(經義騈枝)』에 따르면 법도와 권량은 법도와 율도(律度) 두 가지 일을 뜻한

20·1·3   주나라에 큰 상을 주시니, 착한 사람들이 부유하게 되었다.
          "비록 주나라 왕실과 가까운 친인척이 있을지라도, 인한 사
          람이 있는 것만 못하다. 만일 백성에게 허물이 있다면, 그
          책임은 나 한 사람에게 있을 것이다."

20·1·4   저울과 되와 말을 바로잡고, 법과 제도를 분명하게 하며, 제
          기능을 발휘하지 못하는 관직과 직무를 고쳐 바로잡으니,
          온 나라의 정치가 제대로 시행되었다. 멸망한 나라를 다시
          일으켜 세워 주고, 끊어진 세대를 이어 주며, 세상을 등지고
          숨어 사는 사람을 등용하니, 천하 백성은 그에게로 마음을
          돌리게 되었다. 그가 중시한 것은 백성과 먹을 것과 상사와

다. 율은 12율로서 악성(樂聲)을 말하며 도는 척(尺)으로, 장단을 측량하는 것이다. 양보쥔은 법도가 분(分), 촌(寸), 척(尺), 장(丈), 인(引) 등 길이의 척도를 가리키는 것이라고 한다. 양보쥔에 따르면 권량과 법도는 합쳐서 도량형을 말한다. 信則民任焉(신즉민임언) 황간본에는 없는 구절이다. 양보쥔은 신이 신실(信實)이라 했으니, 성실의 뜻이다.

子張問於孔子曰: "何如斯可以從政矣?" 子曰: "尊五美, 屛四惡, 斯可以從政矣." 子張曰: "何謂五美?" 子曰: "君子惠而不費, 勞而不怨, 欲而不貪, 泰而不驕, 威而不猛." 子張曰: "何謂惠而不費?" 子曰: "因民之所利而利之, 斯不亦惠而不費乎? 擇可勞而勞之, 又誰怨? 欲仁而得仁, 又焉貪? 君子無衆寡, 無小大, 無敢慢, 斯不亦泰而不驕乎? 君子正其衣冠, 尊其瞻視, 儼然人望而畏之, 斯不亦威而不猛?" 子張曰: "何謂四惡?" 子曰: "不敎而殺謂之虐, 不戒視成謂之暴, 慢令致期謂之賊, 猶之與人也, 出納之吝謂之有司."

惠而不費(혜이불비) 황간에 따르면 비는 비손(費損)이니, 백성에게 은혜를 입게 하되 자신은 허비하는 바가 없다는 뜻이다. 擇可勞而勞之(택가로이로지) "해야 할 일을 가려서 수고롭게 한다면 누가 원망하겠느냐?"로 해석할 수도 있다. 暴(폭) 주희는 갑작스럽고 급박해서 잠시도 틈이 없는 것[卒遽無漸]으로 해설했다. 慢令(만령) 미리 신신당부하지 않고 명령하는 것을 뜻한다. 致期(치기) 갑자기 기한을 정하는 것 또는 기한을 앞에 두고 재촉하는 것이다. 有司(유사) 하급 관리를 뜻하는데, 조선 시대 지방 관청의 아전에 비견된다.

제사다. (임금이) 너그러우면 뭇사람들의 마음을 얻을 것이요, 성실하면 백성들이 맡길 것이요, 민첩하면 공적이 있게 되고, 공평하게 일하면 백성들이 기뻐할 것이다.

20-2　　　자장이 공자께 여쭈었다. "어떻게 해야 정치를 잘할 수 있습니까?" 공자께서 말씀하셨다. "다섯 가지 미덕을 존중하고 네 가지 악덕을 물리치면 정치를 잘할 수 있을 것이다."
자장이 여쭈었다. "무엇을 다섯 가지 미덕이라 합니까?" 공자께서 말씀하셨다. "군자는 백성들이 은혜를 입게 하되 자신은 허비하는 바가 없게 하고, 백성들을 수고롭게 하되 원망하지 않게 하고, 욕구하되 탐내지 않고, 너그러우면서도 교만하지 않으며, 위엄이 있어도 사납지 않은 것이니라."
"은혜를 입게 하되 자신은 허비하는 바가 없게 한다는 말은 무슨 뜻입니까?"
"백성에게 이익이 될 만한 것을 살펴 그들을 이롭게 한다면 이것이 은혜는 입게 하되 자신은 허비하는 바가 없는 것이 아니겠느냐? 백성들 가운데 일할 만한 사람을 가려서 일을 시키면 또 누가 원망할 것이냐? 인을 이루고자 하여 인을 얻으면 또 어찌 탐낸다고 하겠는가? 군자는 재물이 많건

孔子曰: "不知命, 無以爲君子也. 不知禮, 無以立也. 不知言, 無以知人也."

적건, 또 권력이 크건 작건 감히 태만하게 대하는 일이 없으니, 이것이 너그러우면서도 교만하지 않다는 것이 아니겠느냐? 군자는 의관을 바르게 착용하고 시선을 바르게 하면 장엄하여 사람들이 바라보고 두려워하니, 이것이 위엄이 있어도 사납지 않다는 것이 아니겠느냐?"

"그러면 무엇을 네 가지 악덕이라고 합니까?"

"백성을 교화하지 않고 죽이는 것을 잔학하다고 하고, 평소에 타이르지 않다가 보자마자 완성을 요구하는 것을 포악하다고 하며, 소홀하게 명령하고 갑자기 기한을 정하는 것을 해치는 것이라 하고, 균등하게 사람들에게 나누어 주어야 하는데 내주기를 아까워하는 것을 아전 같다고 한다."

20-3 공자께서 말씀하셨다. "명을 알지 못하면 군자가 될 수 없고, 예를 모르면 남 앞에 나설 수 없고, 말을 분별하지 못하면 사람을 알 수가 없다."

참고 문헌

십삼경주소(十三經注疏)『논어』.

『논어집해(論語集解)』, 위(魏) 하안(何晏).

『논어소(論語疏)』, 북송(北宋) 형병(形昺).

『논어집해의소(論語集解義疏)』, 양(梁) 황간(皇侃).

『논어집주(論語集注)』, 남송(南宋) 주희(朱熹).

『논어정의(論語正義)』, 청(淸) 유보남(劉寶楠).

『논어집석(論語集釋)』, 청 청수더(程樹德).

『논어역주(論語譯註)』, 중국 양보쥔(楊伯峻).

『사서독본 논어(四書讀本論語)』, 대만 장보첸(蔣伯潛).

『논어금주금역(論語今註今譯)』, 대만 마오쯔수이(毛子水).

『사서언해(四書諺解)』, 조선 이이(李珥).

『논어고금주(論語古今註)』, 조선 정약용(丁若鏞).

『논어집해(論語集解)』, 대만 쉬즈잉(許世瑛).

찾아보기

서(恕) 16, 81, 90, 105, 136, 251,
   334~335
선사후득(先事後得) 262, 264
선인(善人) 154~155, 236~237, 239,
   276, 288~289, 422
성(性) 104~105, 148, 364
성인(成人) 298~299, 320
성인(聖人) 16, 50~51, 76, 109, 137,
   139~141, 152, 154~155, 185~188,
   191, 236~237, 249, 251, 317, 332,
   347, 354~355, 364, 389, 408~409,
   415, 419
소(韶) 76~77, 146~147, 328~330
소남(召南) 233, 372~374
소목(昭穆) 270
소인(小人) 49, 81, 83, 89, 93, 124~125,
   161, 163, 260~261, 267, 271, 273,
   283, 285, 287, 295, 307, 323, 325,
   334~335, 341, 354~355, 367, 377,
   385~387, 407
소자(小子) 110, 166, 234, 372, 380,
   408, 420~421
승당(升堂) 204, 232~233
시동(尸童) 68
신(信) 24, 26, 28, 32~33, 56, 86,
   100, 102, 112, 114, 140, 152, 154,
   168, 174, 196, 254, 256, 262, 268,
   270~271, 280, 288, 300, 302, 310,
   318, 326, 332, 368, 370, 404, 406,
   408, 422, 424

신종추원(愼終追遠) 28

ㅇ
악(樂) 12, 23, 55, 59, 61, 74, 128, 328,
   352, 375, 389~391, 424
약례(約禮) 134
여제(旅祭) 63, 65
역수(曆數) 420~421
예(禮) 12, 15~17, 23, 26, 32, 34, 38,
   40, 42, 56, 60, 62, 64, 66, 68, 70,
   72, 74, 78, 86, 90, 134, 136, 148,
   150, 156, 164, 170, 182, 188, 198,
   204, 206, 244, 248, 251~252, 258,
   270, 273, 280, 292, 296, 318, 332,
   338, 360, 372, 374~375, 377, 382,
   384, 426
예악(禮樂) 23, 55, 59, 61, 81, 110,
   128~129, 140~141, 152, 184,
   221~223, 233, 269, 299, 351~353,
   366, 374, 377, 399, 422
예양(禮讓) 90~91
오륜(五倫) 327
옹(雍) 60
용(勇) 56, 86, 100, 164, 172, 196, 240,
   288, 292, 298, 310, 372, 384
유사(有司) 268, 424
육예(六禮) 12, 26, 143, 225
윤집궐중(允執厥中) 421
윤집기중(允執其中) 420
의(義) 32~33, 48, 56, 81, 86, 88~89,

동양고전연구회

원전에 충실한 주석과 현대적 해석을 통한 동양 고전 출판을 목표로 1992년 6월 출범했다. 한국 철학·선진 유가 철학·송명 유학·청 대 유학·도가 철학을 전공한 연구자들로 구성되어 있으며, 지난 25년 동안 회합하며 고전을 번역하고 주해해 왔다. 우리 전통의 발판 위에 미래 문화를 창달하기 위해 계속해서 번역 작업에 힘쓰고자 한다. 동양고전연구회의 첫 사업으로 간행한 『논어』는 《교수신문》 선정 최고의 번역본으로 꼽혔다.

이강수(李康洙)   고려대 철학과 졸업. 국립 타이완대 대학원 철학과 석사, 고려대 대학원 철학과 박사. 경희대 국민윤리학과 조교수, 중앙대 철학과 부교수, 연세대 철학과 교수 역임. 저서 『노자와 장자』·『중국 고대 철학의 이해』, 역서 『노자』·『장자』 외.

김병채(金炳采)   고려대 철학과 및 동 대학원 졸업, 국립 타이완대 대학원 철학과 석사, 대만 푸런대학 대학원 철학과 박사. 한국공자학회 회장, 한양대 철학과 교수 역임. 저서 『전통 유학의 현대적 해석』(공저), 논문 「선진 유가 철학의 도덕의식 연구」 외.

장숙필(張淑必)   고려대 철학과 졸업, 고려대 대학원 철학과 석사, 박사. 현재 고려대 민족문화연구원 선임연구원, 한양대 겸임교수. 저서 『현대 사회와 동양 사상』(공저)·『한국 유학 사상 대계 사회사상편』(공저), 역서 『성학집요』 외.

고재욱(高在旭)   고려대 철학과 및 동 대학원 석사, 대만 푸런대 대학원 철학과 박사. 베이징대 및 지린대 교환교수 역임. 한국중국학회장 및 한국중국현대철학연구회장 역임. 현재 강원대 철학과 명예교수. 저서 『중국 사회사상의 이해』(공저)·『처음 읽는 중국 현대 철학』(공저), 역서 『중국 사회사상사』·『중국 근대 철학사』·『일곱 주제로 만나는 동서 비교 철학』 외.

이명한(李明漢)   중앙대 철학과 졸업, 국립 타이완대 대학원 철학과 석사, 중국문화대 대학원 철학과 박사. 현재 중앙대 철학과 명예교수. 논문 「양명 양지 개념의 형성과 그 의의 연구」 외.

김백현(金白鉉) 한국외국어대 중국어과(철학 부전공) 졸업, 국립 타이완대 대학원 철학과 석사, 대만 푸런대 대학원 철학과 박사. 현재 강릉원주대 철학과 교수. 베이징대 및 쓰촨대 공동연구교수, 중국학연구회장 및 한국도가철학회장 역임. 저서 『중국 철학 사상사』·『도가 철학 연구』·『莊子哲學中天人之際研究』(대만) 외.

유권종(劉權鐘) 고려대 철학과 졸업, 고려대 철학과 석사, 박사. 현재 중앙대 철학과 교수. 저서 『유교적 마음 모델과 예 교육』(공저)·Ecology and Korean Confucianism(공저)·Encyclopedia of Food and Culture(Springler)(공저) 외, 논문 「위기지학의 개념화 과정」·「통합 마음 연구를 위한 마음 모형」 외.

정상봉(鄭相峯) 서울대 철학과 졸업, 국립 타이완대 대학원 철학과 석사, 박사. 현재 건국대 철학과 교수. 논문 「주자 심론 연구」(박사학위논문)·「주희의 격물치지와 경 공부」·「주희의 인론」·「주자 형이상의 심층 구조」·「정명도의 천리와 인성에 대한 이해」·「퇴계의 주자 철학에 대한 이해와 그 특색」·「유가의 정감 윤리학」 외.

안재호(安載晧) 중앙대 철학과 졸업, 국립 타이완대 대학원 철학과 석사, 베이징대 철학과 박사. 현재 중앙대 철학과 부교수. 저서 『왕부지 철학』·『공자왈, 공자는 이렇게 말했다』, 역서 『송명 성리학』·『중국 철학 강의』 외.

이연승(李姸承) 서울대 종교학과 졸업, 타이완대 박사. 현재 서울대 종교학과 부교수. 저서 『양웅: 어느 한 대 지식인의 고민』·『제국의 건설자 이사』, 역서 『방언소증』·『법언』·『사상사를 어떻게 쓸 것인가』 등.

김태용(金兌勇) 한양대 철학과 및 동 대학원 졸업, 타이완대 석사, 베이징대 박사. 현재 한양대 철학과 부교수. 논문 「『중용』의 '성' 개념에 대한 연구」, 저서 『현대 신유학과 중국 특색의 사회주의』(공저)·『처음 읽는 중국 현대 철학』(공저) 외.

이진용(李溱鎔) 연세대 철학과 졸업, 연세대 대학원 철학과 석사, 베이징대 철학과 박사. 건국대 연구전임조교수 역임. 현재 연세대 원주캠퍼스 철학과 부교수. 저서 『포박자 연구』(공저), 논문 「회남자의 우주 생성론 고찰」 외.

논어

1판 1쇄 펴냄 2016년 8월 29일
1판 8쇄 펴냄 2024년 1월 17일

옮긴이 동양고전연구회
발행인 박근섭, 박상준
펴낸곳 (주)민음사
출판등록 1966. 5. 19 (제16-490호)
서울특별시 강남구 도산대로1길 62(신사동) 강남출판문화센터 5층 (우편번호 06027)
대표전화 02-515-2000
팩시밀리 02-515-2007
ⓒ 동양고전연구회, 2016. Printed in Seoul, Korea
ISBN 978-89-374-3331-3 04140
ISBN 978-89-374-3330-6 (세트)